CHEFS-D'ŒUVRE

DE

P. CORNEILLE.

TOME QUATRIÈME.

A PARIS,
DE L'IMPRIMERIE DE CORDIER.
1817.

CHEFS-D'OEUVRE

DE

P. CORNEILLE,

AVEC

LES COMMENTAIRES DE VOLTAIRE,

ET

DES OBSERVATIONS CRITIQUES SUR CES COMMENTAIRES,

Par M. LEPAN;

Seule édition où l'on trouve le véritable texte de CORNEILLE et les changements adoptés par la Comédie Française,

FAITE, PAR SOUSCRIPTION,

Au profit de Mlle J.-M. CORNEILLE.

« Il n'est pas inutile de remarquer que les censures « faites avec passion ont toutes été maladroites. »
VOLTAIRE, 4e remarque sur les *Observations de Scudéri.*

TOME QUATRIÈME.

A PARIS,

CHEZ CORDIER, IMPRIMEUR-LIBRAIRE.

M. DCCC. XVII.

RODOGUNE,

PRINCESSE DES PARTHES,

TRAGÉDIE

REPRÉSENTÉE EN 1646.

A MONSEIGNEUR
LE PRINCE.

Monseigneur,

Rodogune se présente à votre altesse avec quelque sorte de confiance, et ne peut croire qu'après avoir fait sa bonne fortune vous dédaigniez de la prendre en votre protection. Elle a trop de connoissance de votre bonté pour craindre que vous veuilliez laisser votre ouvrage imparfait, et lui dénier la continuation des grâces dont vous lui avez été si prodigue. C'est à votre illustre suffrage qu'elle est obligée de tout ce qu'elle a reçu d'applaudissemens; et les favorables regards dont il vous plut fortifier la foiblesse de sa naissance, lui donnèrent tant d'éclat et de vigueur, qu'il sembloit que vous eussiez pris plaisir à répandre sur elle un rayon de cette gloire qui vous environne, et à lui faire part de cette facilité de vaincre qui vous suit par-tout. Après cela, Monseigneur, quels hommages peut-elle rendre à votre altesse qui ne soient au-dessous de ce qu'elle lui doit? Si elle tâche à lui témoigner quelque reconnoissance par l'admiration de ses vertus, où trouvera-t-elle des éloges dignes de cette main qui fait trembler tous nos ennemis, et dont les coups d'essai furent signalés par la défaite des premiers capitaines de l'Europe? Votre altesse sut vaincre avant qu'ils se pussent imaginer qu'elle sût combattre; et ce grand courage qui n'avoit encore vu la guerre que dans les livres, effaça tout ce qu'il y avoit lu des Alexandre et des César, sitôt qu'il parut à la tête d'une armée. La générale consternation où la perte de notre grand monarque nous avoit plongés, enfloit l'orgueil de nos adversaires en un tel point, qu'ils osoient se persuader que du siége de Rocroi dépendoit la prise de Paris; et l'avidité de leur ambition dévoroit déjà le cœur d'un royaume dont ils pensoient avoir surpris les frontières : cependant les premiers miracles de votre valeur renversèrent si pleinement toutes leurs espérances, que ceux-là même qui s'étoient promis tant de conquêtes sur nous, virent terminer la campagne de cette même année par celles que vous fîtes sur eux. Ce fut par-là, Monseigneur, que vous commençâtes ces grandes victoires que vous avez toujours si bien choisies, qu'elles ont honoré deux règnes tout-à-la-fois, comme si c'eût été trop peu pour votre altesse d'étendre les bornes de l'état sous celui-ci, si elle n'eût en même temps effacé quelques-uns des malheurs qui s'étoient mêlés aux longues prospérités de l'autre. Thionville, Philisbourg et Norlinghen étoient des lieux funestes pour la France; elle n'en pouvoit entendre les noms sans gémir, elle ne pouvoit y porter sa pensée sans soupirer : et ces mêmes lieux, dont le souvenir lui arrachoit des soupirs et des gémissements, sont devenus les éclatantes marques de sa nouvelle félicité, les dignes occasions de ses feux de joie, et les glorieux sujets des actions de grâces qu'elle a rendues au ciel pour les triomphes que votre courage invincible en a obtenus. Dispensez-moi, MONSEIGNEUR, de vous parler de Dunkerque : j'épuise toutes les forces de mon imagination, et je ne conçois rien qui réponde à la dignité de ce grand ouvrage, qui nous vient d'assurer l'Océan par la prise de cette fameuse retraite de corsaires. Tous nos havres en étoient comme assiégés; il n'en pouvoit échapper un vaisseau qu'à la merci de leurs brigandages; et nous en avons vu souvent de pillés à la vue des mêmes ports dont ils venoient de faire voile : et maintenant, par la conquête d'une seule ville, je vois, d'un côté, nos mers libres, nos côtes affranchies, notre commerce rétabli, la racine de nos maux publics coupée; d'autre côté, la Flandre ouverte, l'embouchure de ses rivières captive, la porte de son secours fermée, la source de son abondance en notre pouvoir; et ce que je vois n'est rien encore au prix de ce que je prévois, sitôt que votre altesse y reportera la terreur de ses armes. Dispensez-moi donc, Monseigneur, de profaner des effets si merveilleux, et des attentes si hautes, par la bassesse de mes idées, et par l'impuissance de mes expressions; et trouvez bon que, demeurant dans un respectueux silence, je n'ajoute rien ici qu'une protestation très-inviolable d'être toute ma vie,

MONSEIGNEUR,

DE VOTRE ALTESSE

Le très-humble, très-obéissant
et très-passionné serviteur,

P. Corneille.

PRÉFACE DE CORNEILLE.

APPIAN ALEXANDRIN,

AU LIVRE DES GUERRES DE SYRIE, SUR LA FIN.

« Démétrius, surnommé Nicanor, roi de Syrie, entreprit la guerre contre les Parthes, et, étant devenu leur prisonnier, vécut dans la cour de leur roi Phraates, dont il épousa la sœur, nommée Rodogune. Cependant Diodotus, domestique des rois précédents, s'empara du trône de Syrie, et y fit asseoir un Alexandre encore enfant, fils d'Alexandre le Bâtard, et d'une fille de Ptolomée. Ayant gouverné quelque temps comme son tuteur, il se défit de ce malheureux pupille, et eut l'insolence de prendre lui-même la couronne sous un nouveau nom de Tryphon qu'il se donna. Mais Antiochus, frère du roi prisonnier, ayant appris à Rhodes sa captivité, et les troubles qui l'avoient suivie, revint dans le pays, où, ayant défait Tryphon avec beaucoup de peine, il le fit mourir : de là il porta ses armes contre Phraates, lui redemandant son frère ; et, vaincu dans une bataille, il se tua lui-même. Démétrius, retourné en son royaume, fut tué par sa femme Cléopâtre, qui lui dressa des embûches en haine de cette seconde femme Rodogune qu'il avait épousée, dont elle avait conçu une telle indignation, que, pour s'en venger, elle avoit épousé ce même Antiochus, frère de son mari. Elle avoit eu deux fils de Démétrius, l'un nommé Séleucus, et l'autre Antiochus, dont elle tua le premier d'un coup de flèche sitôt qu'il eut pris le diadème après la mort de son père, soit qu'elle craignît qu'il ne la voulût venger, soit que l'impétuosité de la même fureur la portât à ce nouveau parricide. Antiochus lui succéda, qui contraignit cette mauvaise mère de boire le poison qu'elle lui avoit préparé. C'est ainsi qu'elle fut enfin punie. »

Voilà ce que m'a prêté l'histoire, où j'ai changé les circonstances de quelques incidents, pour leur donner plus de bienséance. Je me suis servi du nom de Nicanor plutôt que de celui de Démétrius, à cause que le vers souffroit plus aisément l'un que l'autre. J'ai supposé qu'il n'avoit pas encore épousé Rodogune, afin que ses deux fils pussent avoir de l'amour pour elle sans choquer les spectateurs, qui eussent trouvé étrange cette passion pour la veuve de leur père, si j'eusse suivi l'histoire. L'ordre de leur naissance incertain, Rodogune prisonnière, quoiqu'elle ne vint jamais en Syrie, la haine de Cléopâtre pour elle, la proposition sanglante qu'elle fait à ses fils, celle que cette princesse est obligée de leur faire pour se garantir, l'inclination qu'elle a pour Antiochus, et la jalouse fureur de cette mère, qui se résout plutôt à perdre ses fils qu'à se voir sujette de sa rivale, ne sont que des embellissements de l'invention, et des acheminements vraisemblables à l'effet dénaturé que me présentoit l'histoire, et que les lois du poëme ne me permettoient pas de changer. Je l'ai même adouci tant que j'ai pu en Antiochus, que j'avois fait trop honnête homme dans le reste de l'ouvrage, pour forcer à la fin sa mère à s'empoisonner elle-même.

On s'étonnera peut-être de ce que j'ai donné à cette tragédie le nom de Rodogune, plutôt que celui de Cléopâtre, sur qui tombe toute l'action tragique; et même on pourra douter si la liberté de la poésie peut s'étendre jusqu'à feindre un sujet entier sous des noms véritables, comme j'ai fait ici, où, depuis la narration du premier acte, qui sert de fondement au reste, jusqu'aux effets qui paroissent dans le cinquième, il n'y a rien que l'histoire avoue.

Pour le premier, je confesse ingénument que ce poëme devoit porter plutôt le nom de Cléopâtre que de Rodogune : mais ce qui m'a fait en user ainsi, a été la peur que j'ai eue qu'à ce nom le peuple ne se laissât préoccuper des idées de cette fameuse et dernière reine d'Egypte, et ne confondît cette reine de Syrie avec elle, s'il l'entendoit prononcer. C'est pour cette même raison que j'ai évité de le mêler dans mes vers, n'ayant jamais fait parler de cette seconde Médée que sous celui de la reine; et je me suis enhardi à cette licence d'autant plus librement, que j'ai remarqué parmi nos anciens maîtres, qu'ils se sont fort peu mis en peine de donner à leurs poëmes le nom des héros qu'ils y faisoient paroître, et leur ont souvent fait porter celui des chœurs, qui ont encore bien moins de part dans l'action que les personnages épisodiques, comme Rodogune; témoin les Trachiniennes de Sophocle, que nous n'aurions jamais voulu nommer autrement que la Mort d'Hercule.

Pour le second point, je le tiens un peu plus difficile à résoudre, et n'en voudrois pas donner mon opinion pour bonne : j'ai cru que, pourvu que nous conservassions les effets de l'histoire, toutes les circonstances, ou, comme je viens de les nommer, les achevements, étoient en notre pouvoir; au moins je ne pense point avoir vu de règle qui restreigne cette liberté que j'ai prise. Je m'en suis assez bien trouvé en cette tragédie; mais comme je l'ai poussée encore plus loin dans Héraclius, que je viens de mettre sur le théâtre, ce sera en le donnant au public que je tâcherai de la justifier, si je vois que les savants s'en offensent, ou que le peuple en murmure. Cependant, ceux qui auront quelque scrupule, m'obligeront de considérer les deux Electres de Sophocle et d'Euripide, qui, conservant le même effet, y parviennent par des voies si différentes, qu'il faut nécessairement conclure que l'une des deux est tout-à-fait de l'invention de son auteur. Ils pourront encore jeter l'œil sur l'Iphigénie IN TAURIS, que notre Aristote nous donne pour exemple d'une parfaite tragédie, et qui a bien la mine d'être toute de même nature, vu qu'elle n'est fondée que sur cette feinte que Diane enleva Iphigénie du sacrifice dans une nuée, et supposa une biche en sa place. Enfin ils pourront prendre garde à l'Hélène d'Euripide, où la principale action et les épisodes, le nœud et le dénoûment, sont entièrement inventés sous des noms véritables.

Au reste, si quelqu'un a la curiosité de voir cette histoire plus au long, qu'il prenne la peine de lire Justin, qui la commence au trente-sixième livre, et, l'ayant quittée, la reprend sur la fin du trente-huitième, et l'achève au trente-neuvième. Il la rapporte un peu autrement, et ne dit pas que Cléopâtre tua son mari, mais qu'elle l'abandonna, et qu'il fut tué par le commandement d'un des capitaines d'un Alexandre qu'il lui oppose. Il varie aussi beaucoup sur ce qui regarde Tryphon et son pupille, qu'il nomme Antiochus, et ne s'accorde avec Appian que sur ce qui se passe entre la mère et les deux fils.

Le premier livre des Machabées, aux chapitres 11, 13, 14 et 15, parle de ces guerres de Tryphon, et de la prison de Démétrius chez les Parthes; mais il nomme ce pupille Antiochus ainsi que Justin, et attribue la défaite de Tryphon à Antiochus, fils de Démétrius, et non pas à son frère, comme fait Appian, que j'ai suivi, et ne dit rien du reste.

Joseph, au treizième livre des *Antiquités judaïques*, nomme encore ce pupille de Tryphon Antiochus, fait marier Cléopâtre à Antiochus, frère de Démétrius, durant la captivité de ce premier mari chez les Parthes, lui attribue la défaite et la mort de Tryphon, s'accorde avec Justin touchant la mort de Démétrius, abandonné et non pas tué par sa femme, et ne parle point de ce qu'Appian et lui rapportent d'elle et de ses deux fils, dont j'ai fait cette tragédie.

PERSONNAGES.

CLÉOPATRE, reine de Syrie, veuve de Démétrius Nicanor.

SÉLEUCUS,} fils de Démétrius et de Cléopâtre.
ANTIOCHUS,}

RODOGUNE, sœur de Phraates, roi des Parthes.

TIMAGÈNE, gouverneur des deux princes.

ORONTE, ambassadeur de Phraates.

LAONICE, sœur de Timagène, confidente de Cléopâtre.

La scène est à Séleucie, dans le palais royal.

RODOGUNE,

TRAGÉDIE.

ACTE PREMIER.

SCÈNE I.ère

LAONICE, TIMAGÈNE.

LAONICE.

Enfin ce jour pompeux, cet heureux jour nous luit,[1]
Qui d'un trouble si long doit dissiper la nuit ;
Ce grand jour où l'hymen, étouffant la vengeance,
Entre le Parthe et nous remet l'intelligence,
Affranchit sa princesse, et nous fait pour jamais
Du motif de la guerre un lien de la paix ;
Ce grand jour est venu, mon frère, où notre reine,[2]
Cessant de plus tenir la couronne incertaine,
Doit rompre aux yeux de tous son silence obstiné,
De deux princes jumeaux nous déclarer l'aîné :
Et l'avantage seul d'un moment de naissance,
Dont elle a jusqu'ici caché la connoissance,
Mettant au plus heureux le sceptre dans la main,
Va faire l'un sujet, et l'autre souverain.

Mais n'admirez-vous point que cette même reine 3
Le donne pour époux à l'objet de sa haine,
Et n'en doit faire un roi qu'afin de couronner 4
Celle que dans les fers elle aimoit à gêner?
Rodogune, par elle en esclave traitée, 5
Par elle se va voir sur le trône montée,
Puisque celui des deux qu'elle nommera roi
Lui doit donner la main et recevoir sa foi.

TIMAGÈNE.

Pour le mieux admirer, trouvez bon, je vous prie, 6
Que j'apprenne de vous les troubles de Syrie.
J'en ai vu les premiers, et me souviens encor 7
Des malheureux succès du grand roi Nicanor,
Quand des Parthes vaincus, pressant l'adroite fuite, 8
Il tomba dans leurs fers au bout de sa poursuite.
Je n'ai pas oublié que cet événement 9
Du perfide Tryphon fit le soulèvement.
Voyant le roi captif, la reine désolée,
Il crut pouvoir saisir la couronne ébranlée; 10
Et le sort, favorable à son lâche attentat,
Mit d'abord sous ses lois la moitié de l'état.
La reine, craignant tout de ces nouveaux orages, 11
En sut mettre à l'abri ses plus précieux gages;
Et, pour n'exposer pas l'enfance de ses fils, 12
Me les fit chez son frère enlever à Memphis.
Là, nous n'avons rien su que de la renommée, 13
Qui, par un bruit confus diversement semée,
N'a porté jusqu'à nous ces grands renversements
Que sous l'obscurité de cent déguisements.

ACTE I, SCÈNE I.

LAONICE.

Sachez donc que Tryphon, après quatre batailles, 14
Ayant su nous réduire à ces seules murailles,
En forma tôt le siége ; et, pour comble d'effroi, 15
Un faux bruit s'y coula touchant la mort du roi. 16
Le peuple épouvanté, qui déjà dans son âme
Ne suivoit qu'à regret les ordres d'une femme,
Voulut forcer la reine à choisir un époux.
Que pouvoit-elle faire et seule et contre tous ?
Croyant son mari mort, elle épousa son frère. 17
L'effet montra soudain ce conseil salutaire. 18
Le prince Antiochus, devenu nouveau roi, 19
Sembla de tous côtés traîner l'heur avec soi : 20
La victoire attachée au progrès de ses armes,
Sur nos fiers ennemis rejeta nos alarmes ; 21
Et la mort de Tryphon, dans un dernier combat, 22
Changeant tout notre sort, lui rendit tout l'état.
Quelque promesse alors qu'il eût faite à la mère 23
De remettre ses fils au trône de leur père,
Il témoigna si peu de la vouloir tenir,
Qu'elle n'osa jamais les faire revenir.
Ayant régné sept ans, son ardeur militaire 24
Ralluma cette guerre où succomba son frère : 25
Il attaqua le Parthe, et se crut assez fort 26
Pour en venger sur lui la prison et la mort.
Jusque dans ses états il lui porta la guerre ;
Il s'y fit par-tout craindre à l'égal du tonnerre ;
Il lui donna bataille, où mille beaux exploits....
Je vous acheverai le reste une autre fois : 27
Un des princes survient. 28

(Laonice veut se retirer.)

SCÈNE II.

ANTIOCHUS, TIMAGÈNE, LAONICE.

ANTIOCHUS.

Demeurez, Laonice ;
Vous pouvez, comme lui, me rendre un bon office.
Dans l'état où je suis, triste et plein de souci,
Si j'espère beaucoup, je crains beaucoup aussi.
Un seul mot aujourd'hui, maître de ma fortune,
M'ôte ou donne à jamais le sceptre et Rodogune,
Et de tous les mortels ce secret révélé
Me rend le plus content ou le plus désolé.
Je vois dans le hasard tous les biens que j'espère,
Et ne puis être heureux sans le malheur d'un frère,
Mais d'un frère si cher, qu'une sainte amitié
Fait sur moi de ses maux rejaillir la moitié.
Donc pour moins hasarder j'aime mieux moins prétendre :
Et, pour rompre le coup que mon cœur n'ose attendre,
Lui cédant de deux biens le plus brillant aux yeux,
M'assurer de celui qui m'est plus précieux :
Heureux si, sans attendre un fâcheux droit d'aînesse,
Pour un trône incertain j'en obtiens la princesse,
Et puis par ce partage épargner les soupirs
Qui naîtroient de ma peine ou de ses déplaisirs !

Va le voir de ma part, Timagène, et lui dire
Que, pour cette beauté, je lui cède l'empire ;
Mais porte-lui si haut la douceur de régner,
Qu'à cet éclat du trône il se laisse gagner ;
Qu'il s'en laisse éblouir jusqu'à ne pas connoître
A quel prix je consens de l'accepter pour maître.

SCÈNE III.

ANTIOCHUS, LAONICE.

ANTIOCHUS.

Et vous, en ma faveur voyez ce cher objet,
Et tâchez d'abaisser ses yeux sur un sujet
Qui peut-être aujourd'hui porteroit la couronne,
S'il n'attachoit les siens à sa seule personne,
Et ne la préféroit à cet illustre rang
Pour qui les plus grands cœurs prodiguent tout leur sang.

SCÈNE IV.

ANTIOCHUS, LAONICE, TIMAGÈNE.

TIMAGÈNE.

Seigneur, le prince vient; et votre amour lui-même
Lui peut sans interprète offrir le diadême.

ANTIOCHUS.

Ah! je tremble; et la peur d'un trop juste refus
Rend ma langue muette et mon esprit confus.

SCÈNE V.

SÉLEUCUS, ANTIOCHUS, TIMAGÈNE, LAONICE.

SÉLEUCUS.

Vous puis-je en confiance expliquer ma pensée?

ANTIOCHUS.

Parlez; notre amitié par ce doute est blessée.

SÉLEUCUS.

Hélas! c'est le malheur que je crains aujourd'hui.
L'égalité, mon frère, en est le ferme appui ;
C'en est le fondement, la liaison, le gage ;
Et, voyant d'un côté tomber tout l'avantage,
Avec juste raison je crains qu'entre nous deux
L'égalité rompue en rompe les doux nœuds,
Et que ce jour, fatal à l'heur de notre vie, [2]
Jette sur l'un de nous trop de honte ou d'envie.

ANTIOCHUS.

Comme nous n'avons eu jamais qu'un sentiment,
Cette peur me touchoit, mon frère, également ;
Mais, si vous le voulez, j'en sais bien le remède. [3]

SÉLEUCUS.

Si je le veux! bien plus, je l'apporte, et vous cède [4]
Tout ce que la couronne a de charmant en soi.
Oui, seigneur, car je parle à présent à mon roi,
Pour le trône cédé, cédez-moi Rodogune,
Et je n'envîrai point votre haute fortune.
Ainsi notre destin n'aura rien de honteux,
Ainsi notre bonheur n'aura rien de douteux,
Et nous mépriserons ce foible droit d'aînesse,
Vous, satisfait du trône, et moi, de la princesse.

ANTIOCHUS.

Hélas!

SÉLEUCUS.

Recevez-vous l'offre avec déplaisir ?

ANTIOCHUS.

Pouvez-vous nommer offre une ardeur de choisir,

ACTE I, SCÈNE V.

Qui, de la même main qui me cède un empire,
M'arrache un bien plus grand, et le seul où j'aspire?

SÉLEUCUS.

Rodogune?

ANTIOCHUS.

Elle-même; ils en sont les témoins.

SÉLEUCUS.

Quoi! l'estimez-vous tant?

ANTIOCHUS.

Quoi! l'estimez-vous moins?

SÉLEUCUS.

Elle vaut bien un trône, il faut que je le die.

ANTIOCHUS.

Elle vaut à mes yeux tout ce qu'en a l'Asie.

SÉLEUCUS.

Vous l'aimez donc, mon frère?

ANTIOCHUS.

Et vous l'aimez aussi;
C'est là tout mon malheur, c'est là tout mon souci.
J'espérois que l'éclat dont le trône se pare
Toucheroit vos désirs plus qu'un objet si rare;
Mais aussi bien qu'à moi son prix vous est connu,
Et dans ce juste choix vous m'avez prévenu.
Ah! déplorable prince!

SÉLEUCUS.

Ah! destin trop contraire!

ANTIOCHUS.

Que ne ferois-je point contre un autre qu'un frère!

SÉLEUCUS.

O mon cher frère ! ô nom pour un rival trop doux ! 7
Que ne ferois-je point contre un autre que vous !

ANTIOCHUS.

Où nous vas-tu réduire, amitié fraternelle ?

SÉLEUCUS.

Amour, qui doit ici vaincre, de vous ou d'elle ? 8

ANTIOCHUS.

L'amour, l'amour doit vaincre ; et la triste amitié 9
Ne doit être à tous deux qu'un objet de pitié.
Un grand cœur cède un trône, et le cède avec gloire ;
Cet effort de vertu couronne sa mémoire :
Mais lorsqu'un digne objet a pu nous enflammer, 10
Qui le cède est un lâche, et ne sait pas aimer.
 De tous deux Rodogune a charmé le courage ;
Cessons par trop d'amour de lui faire un outrage :
Elle doit épouser, non pas vous, non pas moi,
Mais de moi, mais de vous, quiconque sera roi.
La couronne entre nous flotte encore incertaine ;
Mais sans incertitude elle doit être reine :
Cependant, aveuglés dans notre vain projet,
Nous la faisions tous deux la femme d'un sujet !
Régnons : l'ambition ne peut être que belle,
Et pour elle quittée, et reprise pour elle ;
Et ce trône, où tous deux nous osions renoncer,
Souhaitons-le tous deux, afin de l'y placer :
C'est dans notre destin le seul conseil à prendre ;
Nous pouvons nous en plaindre, et nous pouvons l'attendre.

ACTE I, SCÈNE V.

SÉLEUCUS.

Il faut encor plus faire, il faut qu'en ce grand jour
Notre amitié triomphe aussi bien que l'amour.

 Ces deux siéges fameux de Thèbes et de Troie, [11]
Qui mirent l'une en sang, l'autre aux flammes en proie, [12]
N'eurent pour fondement à leurs maux infinis
Que ceux que contre nous le sort a réunis.
Il sème entre nous deux toute la jalousie
Qui dépeupla la Grèce et saccagea l'Asie;
Un même espoir du sceptre est permis à tous deux;
Pour la même beauté nous faisons mêmes vœux.
Thèbes périt pour l'un, Troie a brûlé pour l'autre.
Tout va choir en ma main, ou tomber en la vôtre. [13]
En vain votre amitié tâchoit à partager;
Et, si j'ose tout dire, un titre assez léger,
Un droit d'aînesse obscur, sur la foi d'une mère,
Va combler l'un de gloire, et l'autre de misère.
Que de sujets de plainte en ce double intérêt
Aura le malheureux contre un si foible arrêt!
Que de sources de haine! Hélas! jugez le reste; [14]
Craignez-en avec moi l'événement funeste;
Ou plutôt avec moi faites un digne effort
Pour armer votre cœur contre un si triste sort.
Malgré l'éclat du trône et l'amour d'une femme,
Faisons si bien régner l'amitié sur notre âme,
Qu'étouffant dans leur perte un regret suborneur,
Dans le bonheur d'un frère on trouve son bonheur.
Ainsi ce qui jadis perdit Thèbes et Troie [15]
Dans nos cœurs mieux unis ne versera que joie :

Ainsi notre amitié, triomphante à son tour,
Vaincra la jalousie en cédant à l'amour;
Et, de notre destin bravant l'ordre barbare,
Trouvera des douceurs aux maux qu'il nous prépare.

ANTIOCHUS.

Le pourrez-vous, mon frère?

SÉLEUCUS.

Ah! que vous me pressez!
Je le voudrai du moins, mon frère, et c'est assez;
Et ma raison sur moi gardera tant d'empire,
Que je désavoûrai mon cœur, s'il en soupire.

ANTIOCHUS.

J'embrasse comme vous ces nobles sentiments.
Mais allons leur donner le secours des serments,
Afin qu'étant témoins de l'amitié jurée,
Les dieux contre un tel coup assurent sa durée.

SÉLEUCUS.

Allons, allons l'étreindre, au pied de leurs autels,
Par des liens sacrés et des nœuds immortels.

SCÈNE VI.

LAONICE, TIMAGÈNE.

LAONICE.

Peut-on plus dignement mériter la couronne? [1]

TIMAGÈNE.

Je ne suis point surpris de ce qui vous étonne;
Confident de tous deux, prévoyant leur douleur,
J'ai prévu leur constance, et j'ai plaint leur malheur.

Mais, de grâce, achevez l'histoire commencée. 2

LAONICE.

Pour la reprendre donc où nous l'avons laissée,
Les Parthes, au combat par les nôtres forcés,
Tantôt presque vainqueurs, tantôt presque enfoncés,
Sur l'une et l'autre armée également heureuse,
Virent long-temps voler la victoire douteuse :
Mais la fortune enfin se tourna contre nous;
Si bien qu'Antiochus, percé de mille coups, 3
Près de tomber aux mains d'une troupe ennemie,
Lui voulut dérober les restes de sa vie,
Et, préférant aux fers la gloire de périr,
Lui-même par sa main acheva de mourir.
La reine, ayant appris cette triste nouvelle,
En reçut tôt après une autre plus cruelle;
Que Nicanor vivoit; que, sur un faux rapport,
De ce premier époux elle avoit cru la mort;
Que, piqué jusqu'au vif contre son hyménée,
Son âme à l'imiter s'étoit déterminée,
Et que, pour s'affranchir des fers de son vainqueur,
Il alloit épouser la princesse sa sœur. 4
C'est cette Rodogune où l'un et l'autre frère 5
Trouve encor les appas qu'avoit trouvés leur père.

La reine envoie en vain pour se justifier; 6
On a beau la défendre, on a beau le prier,
On ne rencontre en lui qu'un juge inexorable;
Et son amour nouveau la veut croire coupable :
Son erreur est un crime; et, pour l'en punir mieux,
Il veut même épouser Rodogune à ses yeux,

Arracher de son front le sacré diadême
Pour ceindre une autre tête en sa présence même;
Soit qu'ainsi sa vengeance eût plus d'indignité,
Soit qu'ainsi cet hymen eût plus d'autorité, 7
Et qu'il assurât mieux, par cette barbarie,
Aux enfants qui naîtroient le trône de Syrie.

   Mais tandis qu'animé de colère et d'amour,
Il vient déshériter ses fils par son retour,
Et qu'un gros escadron de Parthes pleins de joie 8
Conduit ces deux amants, et court comme à la proie,
La reine, au désespoir de n'en rien obtenir, 9
Se résout de se perdre, ou de le prévenir.
Elle oublie un mari qui veut cesser de l'être,
Qui ne veut plus la voir qu'en implacable maître;
Et, changeant à regret son amour en horreur, 10
Elle abandonne tout à sa juste fureur.
Elle-même leur dresse une embûche au passage,
Se mêle dans les coups, porte par-tout sa rage, 11
En pousse jusqu'au bout les furieux effets.
Que vous dirai-je enfin? les Parthes sont défaits;
Le roi meurt, et, dit-on, par la main de la reine;
Rodogune captive est livrée à sa haine.
Tous les maux qu'un esclave endure dans les fers,
Alors sans moi, mon frère, elle les eût soufferts.
La reine, à la gêner prenant mille délices, 12
Ne commettoit qu'à moi l'ordre de ses supplices; 13
Mais, quoi que m'ordonnât cette âme toute en feu, 14
Je promettois beaucoup, et j'exécutois peu.
Le Parthe cependant en jure la vengeance; 15
Sur nous à main armée il fond en diligence, 16

Nous surprend, nous assiége, et fait un tel effort,
Que, la ville aux abois, on lui parle d'accord.
Il veut fermer l'oreille, enflé de l'avantage; [17]
Mais voyant parmi nous Rodogune en otage,
Enfin il craint pour elle, et nous daigne écouter; [18]
Et c'est ce qu'aujourd'hui l'on doit exécuter.
La reine, de l'Égypte a rappelé nos princes,
Pour remettre à l'aîné son trône et ses provinces.
Rodogune a paru, sortant de sa prison, [19]
Comme un soleil levant dessus notre horizon.
Le Parthe a décampé, pressé par d'autres guerres
Contre l'Arménien qui ravage ses terres;
D'un ennemi cruel il s'est fait notre appui. [20]
La paix finit la haine; et, pour comble aujourd'hui, [21]
Dois-je dire de bonne ou mauvaise fortune?
Nos deux princes tous deux adorent Rodogune.

TIMAGÈNE.

Sitôt qu'ils ont paru tous deux en cette cour,
Ils ont vu Rodogune, et j'ai vu leur amour:
Mais comme étant rivaux nous les trouvons à plaindre;
Connoissant leur vertu, je n'en vois rien à craindre.
Pour vous, qui gouvernez cet objet de leurs vœux...

LAONICE.

Je n'ai point encor vu qu'elle aime aucun des deux.

TIMAGÈNE.

Vous me trouvez mal propre à cette confidence; [22]
Et peut-être à dessein.... Je la vois qui s'avance. [23]
Adieu: je dois au rang qu'elle est prête à tenir [24]
Du moins la liberté de vous entretenir.

SCÈNE VII.

RODOGUNE, LAONICE.

RODOGUNE.

Je ne sais quel malheur aujourd'hui me menace, 1
Et coule dans ma joie une secrète glace;
Je tremble, Laonice, et te voulois parler, 2
Ou pour chasser ma crainte, ou pour m'en consoler.

LAONICE.

Quoi! madame, en ce jour pour vous si plein de gloire!

RODOGUNE.

Ce jour m'en promet tant, que j'ai peine à tout croire.
La fortune me traite avec trop de respect; 3
Et le trône, et l'hymen, tout me devient suspect.
L'hymen semble à mes yeux cacher quelque supplice, 4
Le trône sous mes pas creuser un précipice.
Je vois de nouveaux fers après les miens brisés,
Et je prends tous ces biens pour des maux déguisés;
En un mot, je crains tout de l'esprit de la reine.

LAONICE.

La paix qu'elle a jurée en a calmé la haine. 5

RODOGUNE.

La haine entre les grands se calme rarement;
La paix souvent n'y sert que d'un amusement; 6
Et, dans l'état où j'entre, à te parler sans feinte, 7
Elle a lieu de me craindre, et je crains cette crainte; 8
Non qu'enfin je ne donne au bien des deux états 9
Ce que j'ai dû de haine à de tels attentats:

J'oublie, et pleinement, toute mon aventure.
Mais une grande offense est de cette nature, [10]
Que toujours son auteur impute à l'offensé
Un vif ressentiment dont il le croit blessé ; [11]
Et, quoiqu'en apparence on les réconcilie,
Il le craint, il le hait, et jamais ne s'y fie ;
Et, toujours alarmé de cette illusion,
Sitôt qu'il peut le perdre, il prend l'occasion.
Telle est pour moi la reine.

LAONICE.

       Ah ! madame, je jure
Que par ce faux soupçon vous lui faites injure.
Vous devez oublier un désespoir jaloux [12]
Où força son courage un infidèle époux.
Si, teinte de son sang et toute furieuse,
Elle vous traita lors en rivale odieuse,
L'impétuosité d'un premier mouvement
Engageoit sa vengeance à ce dur traitement ;
Il falloit un prétexte à vaincre sa colère,
Il y falloit du temps ; et, pour ne vous rien taire,
Quand je me dispensois à lui mal obéir, [13]
Quand en votre faveur je semblois la trahir,
Peut-être qu'en son cœur plus douce et repentie [14]
Elle en dissimuloit la meilleure partie ;
Que, se voyant tromper, elle fermoit les yeux,
Et qu'un peu de pitié la satisfaisoit mieux.
A présent que l'amour succède à la colère,
Elle ne vous voit plus qu'avec des yeux de mère ;
Et si de cet amour je la voyois sortir, [15]
Je jure de nouveau de vous en avertir :

Vous savez comme quoi je vous suis tout acquise. [16]
Le roi souffriroit-il d'ailleurs quelque surprise?

RODOGUNE.

Qui que ce soit des deux qu'on couronne aujourd'hui,
Elle sera sa mère, et pourra tout sur lui.

LAONICE.

Qui que ce soit des deux, je sais qu'il vous adore :
Connoissant leur amour, pouvez-vous craindre encore?

RODOGUNE.

Oui, je crains leur hymen, et d'être à l'un des deux.

LAONICE.

Quoi! sont-ils des sujets indignes de vos feux?

RODOGUNE.

Comme ils ont même sang avec pareil mérite, [17]
Un avantage égal pour eux me sollicite; [18]
Mais il est malaisé, dans cette égalité,
Qu'un esprit combattu ne penche d'un côté.
Il est des nœuds secrets, il est des sympathies [19]
Dont par le doux rapport les âmes assorties
S'attachent l'une à l'autre, et se laissent piquer
Par ces je ne sais quoi qu'on ne peut expliquer.
C'est par-là que l'un d'eux obtient la préférence :
Je crois voir l'autre encore avec indifférence;
Mais cette indifférence est une aversion
Lorsque je la compare avec ma passion.
Étrange effet d'amour! incroyable chimère! [20]
Je voudrois être à lui si je n'aimois son frère;
Et le plus grand des maux toutefois que je crains,
C'est que mon triste sort me livre entre ses mains.

LAONICE.

Ne pourrai-je servir une si belle flamme ? [21]

RODOGUNE.

Ne crois pas en tirer le secret de mon âme : [22]
Quelque époux que le ciel veuille me destiner,
C'est à lui pleinement que je veux me donner.
De celui que je crains si je suis le partage,
Je saurai l'accepter avec même visage ;
L'hymen me le rendra précieux à son tour, [23]
Et le devoir fera ce qu'auroit fait l'amour,
Sans crainte qu'on reproche à mon humeur forcée [24]
Qu'un autre qu'un mari règne sur ma pensée.

LAONICE.

Vous craignez que ma foi vous l'ose reprocher !

RODOGUNE.

Que ne puis-je à moi-même aussi bien le cacher ! [25]

LAONICE.

Quoi que vous me cachiez, aisément je devine ; [26]
Et, pour vous dire enfin ce que je m'imagine,
Le prince....

RODOGUNE.

Garde-toi de nommer mon vainqueur :
Ma rougeur trahiroit les secrets de mon cœur ; [27]
Et je te voudrois mal de cette violence
Que ta dextérité feroit à mon silence ;
Même, de peur qu'un mot, par hasard échappé,
Te fasse voir ce cœur et quels traits l'ont frappé,

Je romps un entretien dont la suite me blesse :
Adieu. Mais souviens-toi que c'est sur ta promesse
« Que mon esprit reprend quelque tranquillité.

LAONICE.

« Madame, assurez-vous sur ma fidélité. *a*

a Et comptant pour jamais sur ta fidélité,
  Que mon esprit reprend quelque tranquillité.

FIN DU PREMIER ACTE.

ACTE SECOND.

SCÈNE I.ère

CLÉOPATRE.

Serments fallacieux, salutaire contrainte [1]
Que m'imposa la force et qu'accepta ma crainte,
Heureux déguisements d'un immortel courroux,
Vains fantômes d'état, évanouissez-vous :
Si d'un péril pressant la terreur vous fit naître,
Avec ce péril même il vous faut disparoître,
Semblables à ces vœux dans l'orage formés, [2]
Qu'efface un prompt oubli quand les flots sont calmés.
Et vous, qu'avec tant d'art cette feinte a voilée,
Recours des impuissants, haine dissimulée, [3]
Digne vertu des rois, noble secret de cour,
Éclatez, il est temps, et voici notre jour :
Montrons-nous toutes deux, non plus comme sujettes, [4]
Mais telle que je suis, et telle que vous êtes.
Le Parthe est éloigné, nous pouvons tout oser :
Nous n'avons rien à craindre, et rien à déguiser;
Je hais, je règne encor. Laissons d'illustres marques [5]
En quittant, s'il le faut, ce haut rang des monarques :
Faisons-en avec gloire un départ éclatant, [6]
Et rendons-le funeste à celle qui l'attend.
C'est encor, c'est encor cette même ennemie [7]
Qui cherchoit ses honneurs dedans mon infamie,

Dont la haine à son tour croit me faire la loi,
Et régner par mon ordre et sur vous et sur moi.
Tu m'estimes bien lâche, imprudente rivale,
Si tu crois que mon cœur jusque-là se ravale,
Qu'il souffre qu'un hymen qu'on t'a promis en vain
Te mette ta vengeance et mon sceptre à la main.
Vois jusqu'où m'emporta l'amour du diadême,
Vois quel sang il me coûte, et tremble pour toi-même :
Tremble, te dis-je, et songe, en dépit du traité,
Que, pour t'en faire un don, je l'ai trop acheté.

SCÈNE II.

CLÉOPATRE, LAONICE.

CLÉOPATRE.

LAONICE, vois-tu que le peuple s'apprête [1]
Au pompeux appareil de cette grande fête ?

LAONICE.

La joie en est publique, et les princes tous deux
Des Syriens ravis emportent tous les vœux :
L'un et l'autre fait voir un mérite si rare, [2]
Que le souhait confus entre les deux s'égare ;
Et ce qu'en quelques-uns on voit d'attachement, [3]
N'est qu'un foible ascendant d'un premier mouvement. [4]
Ils penchent d'un côté, prêts à tomber de l'autre : [5]
Leur choix pour s'affermir attend encor le vôtre ;
Et de celui qu'ils font ils sont si peu jaloux,
Que votre secret su les réunira tous.

ACTE II, SCÈNE II.

CLÉOPATRE.

Sais-tu que mon secret n'est pas ce que l'on pense?

LAONICE.

J'attends avec eux tous celui de leur naissance.

CLÉOPATRE.

Pour un esprit de cour, et nourri chez les grands, 6
Tes yeux dans leurs secrets sont bien peu pénétrants,
Apprends, ma confidente, apprends à me connoître.
Si je cache en quel rang le ciel les a fait naître, 7
Vois, vois que, tant que l'ordre en demeure douteux,
Aucun des deux ne règne, et je règne pour eux :
Quoique ce soit un bien que l'un et l'autre attende,
De crainte de le perdre, aucun ne le demande ;
Cependant je possède, et leur droit incertain 8
Me laisse, avec leur sort, leur sceptre dans la main.
Voilà mon grand secret. Sais-tu par quel mystère 9
Je les laissois tous deux en dépôt chez mon frère ?

LAONICE.

J'ai cru qu'Antiochus les tenoit éloignés
Pour jouir des états qu'il avoit regagnés.

CLÉOPATRE.

Il occupoit leur trône, et craignoit leur présence ;
Et cette juste crainte assuroit ma puissance.
Mes ordres en étoient de point en point suivis.
Quand je le menaçois du retour de mes fils, 10
Voyant ce foudre prêt à suivre ma colère,
Quoi qu'il me plût oser, il n'osoit me déplaire ; 11
Et content, malgré lui, du vain titre de roi,
S'il régnoit au lieu d'eux, ce n'étoit que sous moi.

Je te dirai bien plus. Sans violence aucune [12]
J'aurois vu Nicanor épouser Rodogune,
Si, content de lui plaire et de me dédaigner,
Il eût vécu chez elle en me laissant régner.
Son retour me fâchoit plus que son hyménée, [13]
Et j'aurois pu l'aimer s'il ne l'eût couronnée. [14]
Tu vis comme il y fit des efforts superflus : [15]
Je fis beaucoup alors, et ferois encor plus
S'il étoit quelque voie, infâme ou légitime, [16]
Que m'enseignât la gloire, ou que m'ouvrît le crime,
Qui me pût conserver un bien que j'ai chéri [17]
Jusqu'à verser pour lui tout le sang d'un mari.
Dans l'état pitoyable où m'en réduit la suite, [18]
Délice de mon cœur, il faut que je te quitte ; [19]
On m'y force, il le faut : mais on verra quel fruit [20]
En recevra bientôt celle qui m'y réduit.
L'amour que j'ai pour toi tourne en haine pour elle ; [21]
Autant que l'un fut grand, l'autre sera cruelle ; [22]
Et, puisqu'en te perdant j'ai sur qui me venger, [23]
Ma perte est supportable, et mon mal est léger.

LAONICE.

Quoi ! vous parlez encor de vengeance et de haine [24]
Pour celle dont vous-même allez faire une reine !

CLÉOPATRE.

Quoi ! je ferois un roi pour être son époux,
Et m'exposer aux traits de son juste courroux !
N'apprendras-tu jamais, âme basse et grossière, [25]
A voir par d'autres yeux que les yeux du vulgaire ?
Toi qui connois ce peuple, et sais qu'aux champs de Mars
Lâchement d'une femme il suit les étendards ;

Que, sans Antiochus, Tryphon m'eût dépouillée;
Que sous lui son ardeur fut soudain réveillée;
Ne saurois-tu juger que si je nomme un roi, 27
C'est pour le commander, et combattre pour moi?
J'en ai le choix en main avec le droit d'aînesse; 28
Et, puisqu'il en faut faire une aide à ma foiblesse, 29
Que la guerre sans lui ne peut se rallumer, 30
J'userai bien du droit que j'ai de le nommer.
On ne montera point au rang dont je dévale, 31
Qu'en épousant ma haine au lieu de ma rivale : 32
Ce n'est qu'en me vengeant qu'on me le peut ravir; 33
Et je ferai régner qui me voudra servir.

LAONICE.

Je vous connoissois mal. 34

CLÉOPATRE.

     Connois-moi tout entière. 35
Quand je mis Rodogune en tes mains prisonnière,
Ce ne fut ni pitié, ni respect de son rang,
Qui m'arrêta le bras, et conserva son sang.
La mort d'Antiochus me laissoit sans armée;
Et d'une troupe en hâte à me suivre animée,
Beaucoup dans ma vengeance ayant fini leurs jours, 36
M'exposoient à son frère, et foible, et sans secours: 37
Je me voyois perdue à moins d'un tel otage.
Il vint, et sa fureur craignit pour ce cher gage:
Il m'imposa des lois, exigea des serments;
Et moi j'accordai tout pour obtenir du temps.
Le temps est un trésor plus grand qu'on ne peut croire;
J'en obtins, et je crus obtenir la victoire.

J'ai pu reprendre haleine; et, sous de faux apprêts...
Mais voici mes deux fils que j'ai mandés exprès;
Écoute, et tu verras quel est cet hyménée
Où se doit terminer cette illustre journée.

SCÈNE III.

CLÉOPATRE, ANTIOCHUS, SÉLEUCUS, LAONICE.

CLÉOPATRE.

Mes enfants, prenez place. Enfin voici le jour [1]
Si doux à mes souhaits, si cher à mon amour,
Où je puis voir briller sur une de vos têtes
Ce que j'ai conservé parmi tant de tempêtes,
Et vous remettre un bien, après tant de malheurs,
Qui m'a coûté pour vous tant de soins et de pleurs.
Il peut vous souvenir quelles furent mes larmes
Quand Tryphon me donna de si rudes alarmes,
Que, pour ne vous pas voir exposés à ses coups,
Il fallut me résoudre à me priver de vous.
Quelles peines depuis, grand dieux! n'ai-je souffertes!
Chaque jour redoubla mes douleurs et mes pertes.
Je vis votre royaume entre ces murs réduit;
Je crus mort votre père; et sur un si faux bruit
Le peuple mutiné voulut avoir un maître.
J'eus beau le nommer lâche, ingrat, parjure, traître,
Il fallut satisfaire à son brutal désir; [2]
Et, de peur qu'il n'en prît, il m'en fallut choisir. [3]
Pour vous sauver l'état, que n'eussé-je pu faire? [4]
Je choisis un époux avec des yeux de mère,

Votre oncle Antiochus, et j'espérai qu'en lui
Votre trône tombant trouveroit un appui.
Mais à peine son bras en relève la chute, 5
Que par lui de nouveau le sort me persécute ;
Maître de votre état par sa valeur sauvé,
Il s'obstine à remplir ce trône relevé :
Qui lui parle de vous attire sa menace.
Il n'a défait Tryphon que pour prendre sa place ;
Et de dépositaire et de libérateur
Il s'érige en tyran et lâche usurpateur.
Sa main l'en a puni : pardonnons à son ombre ;
Aussi bien en un seul voici des maux sans nombre.
Nicanor votre père, et mon premier époux...
Mais pourquoi lui donner encor des noms si doux,
Puisque, l'ayant cru mort, il sembla ne revivre
Que pour s'en dépouiller afin de nous poursuivre?
Passons ; je ne me puis souvenir, sans trembler, 6
Du coup dont j'empêchai qu'il nous pût accabler.
Je ne sais s'il est digne ou d'horreur ou d'estime,
S'il plut aux dieux ou non, s'il fut justice ou crime ;
Mais, soit crime ou justice, il est certain, mes fils,
Que mon amour pour vous fit tout ce que je fis :
Ni celui des grandeurs, ni celui de la vie,
Ne jeta dans mon cœur cette aveugle furie.
J'étois lasse d'un trône où d'éternels malheurs
Me combloient chaque jour de nouvelles douleurs.
Ma vie est presque usée, et ce reste inutile
Chez mon frère avec vous trouvoit un sûr asile :
Mais voir, après douze ans et de soins et de maux,
Un père vous ôter le fruit de mes travaux !

Mais voir votre couronne après lui destinée
Aux enfants qui naîtroient d'un second hyménée!
A cette indignité je ne connus plus rien;
Je me crus tout permis pour garder votre bien. 7
Recevez donc, mes fils, de la main d'une mère
Un trône racheté par le malheur d'un père.
Je crus qu'il fit lui-même un crime en vous l'ôtant;
Et si j'en ai fait un en vous le rachetant,
Daigne du juste ciel la bonté souveraine,
Vous en laissant le fruit, m'en réserver la peine,
Ne lancer que sur moi les foudres mérités,
Et n'épandre sur vous que des prospérités!

ANTIOCHUS.

Jusques ici, madame, aucun ne met en doute 8
Les longs et grands travaux que notre amour vous coûte;
Et nous croyons tenir des soins de cet amour 9
Ce doux espoir du trône aussi bien que le jour;
Le récit nous en charme, et nous fait mieux comprendre
Quelles grâces tous deux nous vous en devons rendre:
Mais afin qu'à jamais nous les puissions bénir,
Épargnez le dernier à notre souvenir;
Ce sont fatalités dont l'âme embarrassée 10
A plus qu'elle ne veut se voit souvent forcée. 11
Sur les noires couleurs d'un si triste tableau 12
Il faut passer l'éponge, ou tirer le rideau :
Un fils est criminel quand il les examine;
Et, quelque suite enfin que le ciel y destine, 13
J'en rejette l'idée, et crois qu'en ces malheurs
Le silence et l'oubli nous sied mieux que les pleurs.

Nous attendons le sceptre avec même espérance :
Mais si nous l'attendons, c'est sans impatience ;
Nous pouvons sans régner vivre tous deux contents ;
C'est le fruit de vos soins, jouissez-en long-temps :
Il tombera sur nous quand vous en serez lasse ;
Nous le recevrons lors de bien meilleure grâce ;
Et l'accepter sitôt semble nous reprocher
De n'être revenus que pour vous l'arracher.

SÉLEUCUS.

J'ajouterai, madame, à ce qu'a dit mon frère, [14]
Que, bien qu'avec plaisir et l'un et l'autre espère, [15]
L'ambition n'est pas notre plus grand désir. [16]
Régnez, nous le verrons tous deux avec plaisir ;
Et c'est bien la raison que pour tant de puissance [17]
Nous vous rendions du moins un peu d'obéissance,
Et que celui de nous dont le ciel a fait choix
Sous votre illustre exemple apprenne l'art des rois.

CLÉOPATRE.

Dites tout, mes enfants : vous fuyez la couronne,
Non que son trop d'éclat ou son poids vous étonne ;
L'unique fondement de cette aversion,
C'est la honte attachée à sa possession.
Elle passe à vos yeux pour la même infamie, [18]
S'il faut la partager avec notre ennemie,
Et qu'un indigne hymen la fasse retomber [19]
Sur celle qui venoit pour vous la dérober.
  O nobles sentiments d'une âme généreuse !
O fils vraiment mes fils ! ô mère trop heureuse !
Le sort de votre père enfin est éclairci :
Il étoit innocent, et je puis l'être aussi ;

Il vous aima toujours, et ne fut mauvais père
Que charmé par la sœur, ou forcé par le frère;
Et dans cette embuscade où son effort fut vain,
Rodogune, mes fils, le tua par ma main. [20]
Ainsi de cet amour la fatale puissance [21]
Vous coûte votre père, à moi mon innocence;
Et si ma main pour vous n'avoit tout attenté,
L'effet de cet amour vous auroit tout coûté.
Ainsi vous me rendrez l'innocence et l'estime, [22]
Lorsque vous punirez la cause de mon crime.
De cette même main qui vous a tout sauvé,
Dans son sang odieux je l'aurois bien lavé;
Mais comme vous aviez votre part aux offenses,
Je vous ai réservé votre part aux vengeances;
Et, pour ne tenir plus en suspens vos esprits,
Si vous voulez régner, le trône est à ce prix. [23]
Entre deux fils que j'aime avec même tendresse,
Embrasser ma querelle est le seul droit d'aînesse;
La mort de Rodogune en nommera l'aîné. [24]

Quoi! vous montrez tous deux un visage étonné!
Redoutez-vous son frère? Après la paix infâme
Que même en la jurant je détestois dans l'âme,
J'ai fait lever des gens par des ordres secrets [25]
Qu'à vous suivre en tous lieux vous trouverez tout prêts;
Et, tandis qu'il fait tête aux princes d'Arménie,
Nous pouvons sans péril briser sa tyrannie.
Qui vous fait donc pâlir à cette juste loi?
Est-ce pitié pour elle? est-ce haine pour moi?
Voulez-vous l'épouser afin qu'elle me brave,
Et mettre mon destin aux mains de mon esclave?....

Vous ne répondez point! Allez, enfants ingrats, 26
Pour qui je crus en vain conserver ces états :
J'ai fait votre oncle roi, j'en ferai bien un autre ;
Et mon nom peut encore ici plus que le vôtre.

SÉLEUCUS.

Mais, madame, voyez que pour premier exploit...

CLÉOPATRE.

Mais que chacun de vous pense à ce qu'il me doit.
Je sais bien que le sang qu'à vos mains je demande
N'est pas le digne essai d'une valeur bien grande ;
Mais si vous me devez et le sceptre et le jour,
Ce doit être envers moi le sceau de votre amour :
Sans ce gage ma haine à jamais s'en défie ;
Ce n'est qu'en m'imitant que l'on me justifie.
Rien ne vous sert ici de faire les surpris ; 27
Je vous le dis encor, le trône est à ce prix ;
Je puis en disposer comme de ma conquête :
Point d'aîné, point de roi, qu'en m'apportant sa tête ;
Et puisque mon seul choix vous y peut élever, 28
Pour jouir de mon crime, il le faut achever. 29

SCÈNE IV.

SÉLEUCUS, ANTIOCHUS.

SÉLEUCUS.

Est-il une constance à l'épreuve du foudre 1
Dont ce cruel arrêt met notre espoir en poudre ?

ANTIOCHUS.

Est-il un coup de foudre à comparer aux coups
Que ce cruel arrêt vient de lancer sur nous ?

SÉLEUCUS.

O haines! ô fureurs dignes d'une Mégère!
O femme que je n'ose appeler encor mère!
Après que tes forfaits ont régné pleinement,
Ne saurois-tu souffrir qu'on règne innocemment?
Quels attraits penses-tu qu'ait pour nous la couronne,
S'il faut qu'un crime égal par ta main nous la donne?
Et de quelles horreurs nous doit-elle combler,
Si, pour monter au trône, il faut te ressembler!

ANTIOCHUS.

Gardons plus de respect aux droits de la nature,
Et n'imputons qu'au sort notre triste aventure:
Nous le nommions cruel; mais il nous étoit doux
Quand il ne nous donnoit à combattre que nous.
Confidents tout ensemble et rivaux l'un de l'autre,
Nous ne concevions point de mal pareil au nôtre;
Cependant, à nous voir l'un de l'autre rivaux,
Nous ne concevions pas la moitié de nos maux.

SÉLEUCUS.

Une douleur si sage et si respectueuse
Ou n'est guère sensible, ou guère impétueuse;
Et c'est en de tels maux avoir l'esprit bien fort,
D'en connoître la cause, et l'imputer au sort.
Pour moi, je sens les miens avec plus de foiblesse;
Plus leur cause m'est chère, et plus l'effet m'en blesse;
Non que pour m'en venger j'ose entreprendre rien;
Je donnerois encor tout mon sang pour le sien;
Je sais ce que je dois: mais dans cette contrainte,
Si je retiens mon bras, je laisse aller ma plainte;

ACTE II, SCÈNE IV. 43

Et j'estime qu'au point qu'elle nous a blessés,
Qui ne fait que s'en plaindre, a du respect assez.
Voyez-vous bien quel est le ministère infâme
Qu'ose exiger de nous la haine d'une femme?
Voyez-vous qu'aspirant à des crimes nouveaux,
De deux princes ses fils elle fait ses bourreaux?
Si vous pouvez le voir, pouvez-vous vous en taire?

ANTIOCHUS.

Je vois bien plus encor, je vois qu'elle est ma mère; [2]
Et plus je vois son crime indigne de ce rang,
Plus je lui vois souiller la source de mon sang.
J'en sens de ma douleur croître la violence;
Mais ma confusion m'impose le silence,
Lorsque dans ses forfaits sur nos fronts imprimés
Je vois les traits honteux dont nous sommes formés. [3]
Je tâche à cet objet d'être aveugle ou stupide;
J'ose me déguiser jusqu'à son parricide;
Je me cache à moi-même un excès de malheur
Où notre ignominie égale ma douleur;
Et détournant les yeux d'une mère cruelle,
J'impute tout au sort qui m'a fait naître d'elle.

Je conserve pourtant encore un peu d'espoir:
Elle est mère, et le sang a beaucoup de pouvoir;
Et, le sort l'eût-il faite encor plus inhumaine,
Une larme d'un fils peut amollir sa haine. [4]

SÉLEUCUS.

Ah! mon frère, l'amour n'est guère véhément
Pour des fils élevés dans un bannissement,
Et qu'ayant fait nourrir presque dans l'esclavage
Elle n'a rappelés que pour servir sa rage.

De ses pleurs tant vantés je découvre le fard ; 5
Nous avons en son cœur vous et moi peu de part :
Elle fait bien sonner ce grand amour de mère ; 6
Mais elle seule enfin s'aime et se considère ;
Et, quoi que nous étale un langage si doux,
Elle a tout fait pour elle, et n'a rien fait pour nous.
Ce n'est qu'un faux amour que la haine domine ;
Nous ayant embrassés, elle nous assassine,
En veut au cher objet dont nous sommes épris,
Nous demande son sang, met le trône à ce prix.
Ce n'est plus de sa main qu'il nous le faut attendre ;
Il est, il est à nous si nous osons le prendre :
Notre révolte ici n'a rien que d'innocent ;
Il est à l'un de nous si l'autre le consent. 7
Régnons, et son courroux ne sera que foiblesse ;
C'est l'unique moyen de sauver la princesse :
Allons la voir, mon frère, et demeurons unis ;
C'est l'unique moyen de voir nos maux finis.
Je forme un beau dessein que son amour m'inspire ;
Mais il faut qu'avec lui notre union conspire :
Notre amour, aujourd'hui si digne de pitié,
Ne sauroit triompher que par notre amitié.

ANTIOCHUS.

Cet avertissement marque une défiance
Que la mienne pour vous souffre avec patience.
Allons, et soyez sûr que même le trépas
Ne peut rompre des nœuds que l'amour ne rompt pas.

FIN DU SECOND ACTE.

ACTE TROISIÈME,

SCÈNE I.ère

RODOGUNE, ORONTE, LAONICE.

RODOGUNE.

Voila comme l'amour succède à la colère,
Comme elle ne me voit qu'avec des yeux de mère,
Comme elle aime la paix, comme elle fait un roi,
Et comme elle use enfin de ses fils et de moi ! [1]
Et tantôt mes soupçons lui faisoient une offense !
Elle n'avoit rien fait qu'en sa juste défense !
Lorsque tu la trompois, elle fermoit les yeux !
Ah ! que ma défiance en jugeoit beaucoup mieux !
Tu le vois, Laonice.

LAONICE.

    Et vous voyez, madame,
Quelle fidélité vous conserve mon âme,
Et qu'ayant reconnu sa haine et mon erreur,
Le cœur gros de soupirs et frémissant d'horreur,
Je romps une foi due aux secrets de ma reine,
Et vous viens découvrir mon erreur et sa haine.

RODOGUNE.

Cet avis salutaire est l'unique secours
A qui je crois devoir le reste de mes jours.
Mais ce n'est pas assez de m'avoir avertie ;
Il faut de ces périls m'aplanir la sortie ;

Il faut que tes conseils m'aident à repousser....

LAONICE.

Madame, au nom des dieux, veuillez m'en dispenser;
C'est assez que pour vous je lui sois infidèle,
Sans m'engager encore à des conseils contre elle.
Oronte est avec vous, qui, comme ambassadeur, [2]
Devoit de cet hymen honorer la splendeur;
Comme c'est en ses mains que le roi votre frère
A déposé le soin d'une tête si chère,
Je vous laisse avec lui pour en délibérer.
Quoi que vous résolviez, laissez-moi l'ignorer.
Au reste, assurez-vous de l'amour des deux princes;
Plutôt que de vous perdre ils perdront leurs provinces;
Mais je ne réponds pas que ce cœur inhumain
Ne veuille à leur refus s'armer d'une autre main.
Je vous parle en tremblant; si j'étois ici vue,
Votre péril croîtroit, et je serois perdue.
Fuyez, grande princesse, et souffrez cet adieu.

RODOGUNE.

Va, je reconnoîtrai ce service en son lieu.

SCÈNE II. [1]

RODOGUNE, ORONTE.

RODOGUNE.

Que ferons-nous, Oronte, en ce péril extrême,
Où l'on fait de mon sang le prix d'un diadême?
Fuirons-nous chez mon frère? attendrons-nous la mort?
Ou ferons-nous contre elle un généreux effort?

ACTE III, SCÈNE II.

ORONTE.

Notre fuite, madame, est assez difficile;
J'ai vu des gens de guerre épandus par la ville.
Si l'on veut votre perte, on vous fait observer;
Ou, s'il vous est permis encor de vous sauver,
L'avis de Laonice est sans doute une adresse : 2
Feignant de vous servir, elle sert sa maîtresse.
La reine, qui sur-tout craint de vous voir régner,
Vous donne ces terreurs pour vous faire éloigner;
Et, pour rompre un hymen qu'avec peine elle endure,
Elle en veut à vous-même imputer la rupture.
Elle obtiendra par vous le but de ses souhaits,
Et vous accusera de violer la paix;
Et le roi, plus piqué contre vous que contre elle,
Vous voyant lui porter une guerre nouvelle,
Blâmera vos frayeurs et nos légèretés
D'avoir osé douter de la foi des traités;
Et peut-être, pressé des guerres d'Arménie,
Vous laissera moquée, et la reine impunie.

A ces honteux moyens gardez de recourir.
C'est ici qu'il vous faut ou régner, ou périr.
Le ciel pour vous ailleurs n'a point fait de couronne;
Et l'on s'en rend indigne alors qu'on l'abandonne.

RODOGUNE.

Ah! que de vos conseils j'aimerois la vigueur,
Si nous avions la force égale à ce grand cœur!
Mais pourrons-nous braver une reine en colère
Avec ce peu de gens que m'a laissés mon frère?

ORONTE.

J'aurois perdu l'esprit si j'osois me vanter
Qu'avec ce peu de gens nous puissions résister.
Nous mourrons à vos pieds ; c'est toute l'assistance
Que vous peut en ces lieux offrir notre impuissance.
Mais pouvez-vous trembler quand dans ces mêmes lieux ³
Vous portez le grand maître et des rois et des dieux?
L'amour fera lui seul tout ce qu'il vous faut faire.
Faites-vous un rempart des fils contre la mère ;
Ménagez bien leur flamme, ils voudront tout pour vous;
Et ces astres naissants sont adorés de tous.
Quoi que puisse en ces lieux une reine cruelle,
Pouvant tout sur ses fils, vous y pouvez plus qu'elle.
Cependant trouvez bon qu'en ces extrémités
Je tâche à rassembler nos Parthes écartés ;
Ils sont peu, mais vaillants, et peuvent de sa rage
Empêcher la surprise et le premier outrage.
Craignez moins ; et sur-tout, madame, en ce grand jour,
Si vous voulez régner, faites régner l'amour.

SCÈNE III.

RODOGUNE.

Quoi ! je pourrois descendre à ce lâche artifice ¹
D'aller de mes amants mendier le service,
Et, sous l'indigne appât d'un coup d'œil affété, ²
J'irois jusqu'en leurs cœurs chercher ma sûreté !
Celles de ma naissance ont horreur des bassesses ; ³
Leur sang tout généreux hait ces molles adresses.

ACTE III, SCÈNE III.

Quel que soit le secours qu'ils me puissent offrir,
Je croirai faire assez de le daigner souffrir :
Je verrai leur amour, j'éprouverai sa force,
Sans flatter leurs désirs, sans leur jeter d'amorce ;
Et, s'il est assez fort pour me servir d'appui,
Je le ferai régner, mais en régnant sur lui.

    Sentiments étouffés de colère et de haine,
Rallumez vos flambeaux à celles de la reine,
Et d'un oubli contraint rompez la dure loi,
Pour rendre enfin justice aux mânes d'un grand roi :
Rapportez à mes yeux son image sanglante,
D'amour et de fureur encore étincelante,
Telle que je le vis, quand tout percé de coups
Il me cria, *Vengeance ! Adieu ; je meurs pour vous !*
Chère ombre, hélas ! bien loin de l'avoir poursuivie,
J'allois baiser la main qui t'arracha la vie,
Rendre un respect de fille à qui versa ton sang ;
Mais pardonne aux devoirs que m'impose mon rang :
Plus la haute naissance approche des couronnes,
Plus cette grandeur même asservit nos personnes ;
Nous n'avons point de cœur pour aimer ni haïr ;
Toutes nos passions ne savent qu'obéir.
Après avoir armé pour venger cet outrage,
D'une paix mal conçue on m'a faite le gage ;
Et moi, fermant les yeux sur ce noir attentat,
Je suivois mon destin en victime d'état :
Mais aujourd'hui qu'on voit cette main parricide,
Des restes de ta vie insolemment avide,
Vouloir encor percer ce sein infortuné
Pour y chercher le cœur que tu m'avois donné,

De la paix qu'elle rompt je ne suis plus le gage;
Je brise avec honneur mon illustre esclavage;
J'ose reprendre un cœur pour aimer et haïr,
Et ce n'est plus qu'à toi que je veux obéir.
　　Le consentiras-tu cet effort sur ma flamme, 9
Toi, son vivant portrait, que j'adore dans l'âme,
Cher prince, dont je n'ose en mes plus doux souhaits
Fier encor le nom aux murs de ce palais?
Je sais quelles seront tes douleurs et tes craintes;
Je vois déjà tes maux, j'entends déjà tes plaintes:
Mais pardonne aux devoirs qu'exige enfin un roi
A qui tu dois le jour qu'il a perdu pour moi.
J'aurai mêmes douleurs, j'aurai mêmes alarmes;
S'il t'en coûte un soupir, j'en verserai des larmes. 10
　　Mais, dieux! que je me trouble en les voyant tous deux!
Amour, qui me confonds, cache du moins tes feux; 11
Et, content de mon cœur dont je te fais le maître,
Dans mes regards surpris garde-toi de paroître.

SCÈNE IV.

ANTIOCHUS, SÉLEUCUS, RODOGUNE.

ANTIOCHUS.

NE vous offensez pas, princesse, de nous voir 1
De vos yeux à vous-même expliquer le pouvoir.
Ce n'est pas d'aujourd'hui que nos cœurs en soupirent! 2
A vos premiers regards tous deux ils se rendirent:
Mais un profond respect nous fit taire et brûler; 3
Et ce même respect nous force de parler.

L'heureux moment approche où votre destinée 4
Semble être aucunement à la nôtre enchaînée,
Puisque d'un droit d'aînesse incertain parmi nous 5
La nôtre attend un sceptre, et la vôtre un époux.
C'est trop d'indignité que notre souveraine 6
De l'un de ses captifs tienne le nom de reine ;
Notre amour s'en offense, et, changeant cette loi, 7
Remet à notre reine à nous choisir un roi.
Ne vous abaissez plus à suivre la couronne ; 8
Donnez-la, sans souffrir qu'avec elle on vous donne ;
Réglez notre destin qu'ont mal réglé les dieux ;
Notre seul droit d'aînesse est de plaire à vos yeux :
L'ardeur qu'allume en nous une flamme si pure 9
Préfère votre choix au choix de la nature,
Et vient sacrifier à votre élection
Toute notre espérance et notre ambition.

Prononcez donc, madame, et faites un monarque :
Nous céderons sans honte à cette illustre marque ; 10
Et celui qui perdra votre divin objet 11
Demeurera du moins votre premier sujet ;
Son amour immortel saura toujours lui dire
Que ce rang près de vous vaut ailleurs un empire ;
Il y mettra sa gloire, et, dans un tel malheur,
L'heur de vous obéir flattera sa douleur.

RODOGUNE.

Princes, je dois beaucoup à cette déférence
De votre ambition et de votre espérance ;
Et j'en recevrois l'offre avec quelque plaisir, 12
Si celles de mon rang avoient droit de choisir.

Comme sans leur avis les rois disposent d'elles
Pour affermir leur trône, ou finir leurs querelles,
Le destin des états est arbitre du leur,
Et l'ordre des traités règle tout dans leur cœur. [13]
C'est lui que suit le mien, et non pas la couronne : [14]
J'aimerai l'un de vous, parce qu'il me l'ordonne;
Du secret révélé j'en prendrai le pouvoir, [15]
Et mon amour pour naître attendra mon devoir. [16]
N'attendez rien de plus, ou votre attente est vaine.
Le choix que vous m'offrez appartient à la reine;
J'entreprendrois sur elle à l'accepter de vous. [17]
Peut-être on vous a tû jusqu'où va son courroux;
Mais je dois par épreuve assez bien le connoître,
Pour fuir l'occasion de le faire renaître.
Que n'en ai-je souffert! et que n'a-t-elle osé!
Je veux croire avec vous que tout est apaisé;
Mais craignez avec moi que ce choix ne ranime [18]
Cette haine mourante à quelque nouveau crime:
Pardonnez-moi ce mot qui viole un oubli [19]
Que la paix entre nous doit avoir établi.
Le feu qui semble éteint souvent dort sous la cendre; [20]
Qui l'ose réveiller peut s'en laisser surprendre;
Et je mériterois qu'il me pût consumer,
Si je lui fournissois de quoi se rallumer.

SÉLEUCUS.

Pouvez-vous redouter sa haine renaissante,
S'il est en votre main de la rendre impuissante?
Faites un roi, madame, et régnez avec lui;
Son courroux désarmé demeure sans appui,

ACTE III, SCÈNE IV.

Et toutes ses fureurs sans effet rallumées [21]
Ne pousseront en l'air que de vaines fumées.
Mais a-t-elle intérêt au choix que vous ferez, [22]
Pour en craindre les maux que vous vous figurez?
La couronne est à nous; et, sans lui faire injure,
Sans manquer de respect aux droits de la nature,
Chacun de nous à l'autre en peut céder sa part, [23]
Et rendre à votre choix ce qu'il doit au hasard.
Qu'un si foible scrupule en notre faveur cesse;
Votre inclination vaut bien un droit d'aînesse, [24]
Dont vous seriez traitée avec trop de rigueur,
S'il se trouvoit contraire aux vœux de votre cœur.
On vous applaudiroit, quand vous seriez à plaindre; [25]
Pour vous faire régner ce seroit vous contraindre,
Vous donner la couronne en vous tyrannisant,
Et verser du poison sur ce noble présent.
Au nom de ce beau feu qui tous deux nous consume,
Princesse, à notre espoir ôtez cette amertume; [26]
Et permettez que l'heur qui suivra votre époux [27]
Se puisse redoubler à le tenir de vous. [28]

RODOGUNE.

Ce beau feu vous aveugle autant comme il vous brûle; [29]
Et, tâchant d'avancer, son effort vous recule.
Vous croyez que ce choix que l'un et l'autre attend
Pourra faire un heureux sans faire un mécontent;
Et moi, quelque vertu que votre cœur prépare, [30]
Je crains d'en faire deux si le mien se déclare; [31]
Non que de l'un et l'autre il dédaigne les vœux;
Je tiendrois à bonheur d'être à l'un de vous deux: [32]

Mais souffrez que je suive enfin ce qu'on m'ordonne :
Je me mettrai trop haut s'il faut que je me donne ;
Quoiqu'aisément je cède aux ordres de mon roi,
Il n'est pas bien aisé de m'obtenir de moi.
Savez-vous quels devoirs, quels travaux, quels services [33]
Voudront de mon orgueil exiger les caprices ;
Par quels degrés de gloire on me peut mériter ; [34]
En quels affreux périls il faudra vous jeter ?
Ce cœur vous est acquis après le diadême, [35]
Princes, mais gardez-vous de le rendre à lui-même.
Vous y renoncerez peut-être pour jamais
Quand je vous aurai dit à quel prix je le mets.

SÉLEUCUS.

Quels seront les devoirs, quels travaux, quels services, [36]
Dont nous ne vous fassions d'amoureux sacrifices ?
Et quels affreux périls pourrons-nous redouter, [37]
Si c'est par ces degrés qu'on peut vous mériter ?

ANTIOCHUS.

Princesse, ouvrez ce cœur, et jugez mieux du nôtre ;
Jugez mieux du beau feu qui brûle l'un et l'autre ;
Et dites hautement à quel prix votre choix
Veut faire l'un de nous le plus heureux des rois.

RODOGUNE.

Princes, le voulez-vous ?

ANTIOCHUS.

              C'est notre unique envie.

RODOGUNE.

Je verrai cette ardeur d'un repentir suivie.

ACTE III, SCÈNE IV.

SÉLEUCUS.

Avant ce repentir tous deux nous périrons.

RODOGUNE.

Enfin vous le voulez?

SÉLEUCUS.

Nous vous en conjurons.

RODOGUNE.

Eh bien donc, il est temps de me faire connoître.
J'obéis à mon roi, puisqu'un de vous doit l'être ; 38
Mais quand j'aurai parlé, si vous vous en plaignez,
J'atteste tous les dieux que vous m'y contraignez,
Et que c'est malgré moi qu'à moi-même rendue
J'écoute une chaleur qui m'étoit défendue, 39
Qu'un devoir rappelé me rend un souvenir
Que la foi des traités ne doit plus retenir.

   Tremblez, princes, tremblez au nom de votre père; 40
Il est mort, et pour moi, par les mains d'une mère:
Je l'avois oublié, sujette à d'autres lois;
Mais libre, je lui rends enfin ce que je dois.
C'est à vous de choisir mon amour, ou ma haine.
J'aime les fils du roi, je hais ceux de la reine : 41
Réglez-vous là-dessus; et, sans plus me presser,
Voyez auquel des deux vous voulez renoncer.
Il faut prendre parti; mon choix suivra le vôtre :
Je respecte autant l'un que je déteste l'autre.
Mais ce que j'aime en vous du sang de ce grand roi,
S'il n'est digne de lui, n'est pas digne de moi.
Ce sang que vous portez, ce trône qu'il vous laisse, 42
Valent bien que pour lui votre cœur s'intéresse.

Votre gloire le veut, l'amour vous le prescrit.
Qui peut contre elle et lui soulever votre esprit ? [43]
Si vous leur préférez une mère cruelle,
Soyez cruels, ingrats, parricides comme elle :
Vous devez la punir, si vous la condamnez ; [44]
Vous devez l'imiter, si vous la soutenez.
Quoi! cette ardeur s'éteint! l'un et l'autre soupire!
J'avois su le prévoir, j'avois su le prédire..... [45]

ANTIOCHUS.

Princesse....

RODOGUNE.

Il n'est plus temps, le mot en est lâché : [46]
Quand j'ai voulu me taire, en vain je l'ai tâché. [47]
Appelez ce devoir haine, rigueur, colère ; [48]
Pour gagner Rodogune, il faut venger un père ;
Je me donne à ce prix : osez me mériter ; [49]
Et voyez qui de vous daignera m'accepter.
Adieu, princes. [50]

SCÈNE V.

ANTIOCHUS, SÉLEUCUS.

ANTIOCHUS.

Hélas! c'est donc ainsi qu'on traite [1]
Les plus profonds respects d'une amour si parfaite!

SÉLEUCUS.

Elle nous fuit, mon frère, après cette rigueur.

ANTIOCHUS.

Elle fuit, mais en Parthe, en nous perçant le cœur. [2]

ACTE III, SCÈNE V.

SÉLEUCUS.

Que le ciel est injuste ! Une âme si cruelle
Méritoit notre mère, et devoit naître d'elle.

ANTIOCHUS.

Plaignons-nous sans blasphème. 3

SÉLEUCUS.

Ah ! que vous me gênez
Par cette retenue où vous vous obstinez !
Faut-il encor régner ? faut-il l'aimer encore ?

ANTIOCHUS.

Il faut plus de respect pour celle qu'on adore. 4

SÉLEUCUS.

C'est ou d'elle ou du trône être ardemment épris, 5
Que vouloir ou l'aimer ou régner à ce prix.

ANTIOCHUS.

C'est et d'elle et de lui tenir bien peu de compte, 6
Que faire une révolte et si pleine et si prompte. 7

SÉLEUCUS.

Lorsque l'obéissance a tant d'impiété,
La révolte devient une nécessité.

ANTIOCHUS.

La révolte, mon frère, est bien précipitée 8
Quand la loi qu'elle rompt peut être rétractée ; 9
Et c'est à nos désirs trop de témérité 10
De vouloir de tels biens avec facilité.
Le ciel par les travaux veut qu'on monte à la gloire :
Pour gagner un triomphe il faut une victoire. 11
Mais que je tâche en vain de flatter nos tourments !
Nos malheurs sont plus forts que ces déguisements. 12

Leur excès à mes yeux paroît un noir abîme 13
Où la haine s'apprête à couronner le crime,
Où la gloire est sans nom, la vertu sans honneur,
Où sans un parricide il n'est point de bonheur;
Et, voyant de ces maux l'épouvantable image,
Je me sens affoiblir quand je vous encourage;
Je frémis, je chancelle; et mon cœur abattu
Suit tantôt sa douleur, et tantôt sa vertu.
Mon frère, pardonnez à des discours sans suite,
Qui font trop voir le trouble où mon âme est réduite.

SÉLEUCUS.

J'en ferois comme vous, si mon esprit troublé 14
Ne secouoit le joug dont il est accablé.
Dans mon ambition, dans l'ardeur de ma flamme,
Je vois ce qu'est un trône, et ce qu'est une femme; 15
Et, jugeant par leur prix de leur possession,
J'éteins enfin ma flamme et mon ambition;
Et je vous céderois l'un et l'autre avec joie,
Si, dans la liberté que le ciel me renvoie,
La crainte de vous faire un funeste présent
Ne me jetoit dans l'âme un remords trop cuisant.
Dérobons-nous, mon frère, à ces âmes cruelles,
Et laissons-les, sans nous, achever leurs querelles.

ANTIOCHUS.

Comme j'aime beaucoup, j'espère encore un peu. 16
L'espoir ne peut s'éteindre où brûle tant de feu; 17
Et son reste confus me rend quelques lumières 18
Pour juger mieux que vous de ces âmes si fières. 19
Croyez-moi, l'une et l'autre a redouté nos pleurs :
Leur fuite à nos soupirs a dérobé leurs cœurs;

Et si tantôt leur haine eût attendu nos larmes,
Leur haine à nos douleurs auroit rendu les armes.

SÉLEUCUS.

Pleurez donc à leurs yeux, gémissez, soupirez,
Et je craindrai pour vous ce que vous espérez.
Quoi qu'en votre faveur vos pleurs obtiennent d'elles,
Il vous faudra parer leurs haines mutuelles, 20
Sauver l'une de l'autre ; et peut-être leurs coups,
Vous trouvant au milieu, ne perceront que vous :
C'est ce qu'il faut pleurer. Ni maîtresse ni mère 21
N'ont plus de choix ici, ni de lois à nous faire ;
Quoi que leur rage exige ou de vous ou de moi,
Rodogune est à vous puisque je vous fais roi. 22
Épargnez vos soupirs près de l'une et de l'autre.
J'ai trouvé mon bonheur, saisissez-vous du vôtre :
Je n'en suis point jaloux ; et ma triste amitié
Ne le verra jamais que d'un œil de pitié.

SCÈNE VI.

ANTIOCHUS.

Que je serois heureux si je n'aimois un frère !
Lorsqu'il ne veut pas voir le mal qu'il se veut faire,
Mon amitié s'oppose à son aveuglement.
Elle agira pour vous, mon frère, également, 1
Et n'abusera point de cette violence
Que l'indignation fait à votre espérance.
La pesanteur du coup souvent nous étourdit : 2
On le croit repoussé quand il s'approfondit ;

Et, quoi qu'un juste orgueil sur l'heure persuade,
Qui ne sent point son mal est d'autant plus malade;
Ces ombres de santé cachent mille poisons,
Et la mort suit de près ces fausses guérisons.
Daignent les justes dieux rendre vain ce présage !
Cependant allons voir si nous vaincrons l'orage, 3
Et si, contre l'effort d'un si puissant courroux, 4
La nature et l'amour voudront parler pour nous.

FIN DU TROISIÈME ACTE.

ACTE QUATRIÈME.

SCÈNE I.ère

RODOGUNE, ANTIOCHUS.

RODOGUNE.

Prince, qu'ai-je entendu? parce que je soupire [1]
Vous présumez que j'aime, et vous m'osez le dire !
Est-ce un frère, est-ce vous dont la témérité
S'imagine....

ANTIOCHUS.

Apaisez ce courage irrité,
Princesse ; aucun de nous ne seroit téméraire
Jusqu'à s'imaginer qu'il eût l'heur de vous plaire :
Je vois votre mérite et le peu que je vaux, [2]
Et ce rival si cher connoît mieux ses défauts.
Mais si tantôt ce cœur parloit par votre bouche,
Il veut que nous croyions qu'un peu d'amour le touche,
Et qu'il daigne écouter quelques-uns de nos vœux,
Puisqu'il tient à bonheur d'être à l'un de nous deux.
Si c'est présomption de croire ce miracle,
C'est une impiété de douter de l'oracle,
Et mériter les maux où vous nous condamnez,
Qu'éteindre un bel espoir que vous nous ordonnez.
Princesse, au nom des dieux, au nom de cette flamme....

RODOGUNE.

Un mot ne fait pas voir jusques au fond d'une âme ;

Et votre espoir trop prompt prend trop de vanité
Des termes obligeants de ma civilité.
Je l'ai dit, il est vrai ; mais, quoi qu'il en puisse être,
Méritez cet amour que vous voulez connoître.
Lorsque j'ai soupiré, ce n'étoit pas pour vous ; 3
J'ai donné ces soupirs aux mânes d'un époux ; 4
Et ce sont les effets du souvenir fidèle
Que sa mort à toute heure à mon âme rappelle.
Princes, soyez ses fils, et prenez son parti. 5

ANTIOCHUS.

Recevez donc son cœur en nous deux réparti :
Ce cœur, qu'un saint amour rangea sous votre empire,
Ce cœur pour qui le vôtre à tout moment soupire,
Ce cœur, en vous aimant indignement percé, 6
Reprend pour vous aimer le sang qu'il a versé ;
Il le reprend en nous ; il revit, il vous aime,
Et montre, en vous aimant, qu'il est encor le même.
Ah ! princesse, en l'état où le sort nous a mis,
Pouvons-nous mieux montrer que nous sommes ses fils?

RODOGUNE.

Si c'est son cœur en vous qui revit, et qui m'aime,
Faites ce qu'il feroit s'il vivoit en lui-même ; 7
A ce cœur qu'il vous laisse osez prêter un bras : 8
Pouvez-vous le porter, et ne l'écouter pas?
S'il vous explique mal ce qu'il en doit attendre,
Il emprunte ma voix pour se mieux faire entendre.
Une seconde fois il vous le dit par moi ; 9
Prince, il faut le venger.

ANTIOCHUS.

                J'accepte cette loi.

ACTE IV, SCÈNE I.

Nommez les assassins, et j'y cours.

RODOGUNE.

Quel mystère
Vous fait, en l'acceptant, méconnoître une mère?

ANTIOCHUS.

Ah! si vous ne voulez voir finir nos destins,
Nommez d'autres vengeurs, ou d'autres assassins.

RODOGUNE.

Ah! je vois trop régner son parti dans votre âme; 10
Prince, vous le prenez?

ANTIOCHUS.

Oui, je le prends, madame;
Et j'apporte à vos pieds le plus pur de son sang,
Que la nature enferme en ce malheureux flanc.
Satisfaites vous-même à cette voix secrète
Dont la vôtre envers nous daigne être l'interprète :
Exécutez son ordre; et hâtez-vous sur moi
De punir une reine, et de venger un roi :
Mais quitte par ma mort d'un devoir si sévère,
Écoutez-en un autre en faveur de mon frère.
De deux princes unis à soupirer pour vous 11
Prenez l'un pour victime, et l'autre pour époux;
Punissez un des fils des crimes de la mère, 12
Mais payez l'autre aussi des services du père;
Et laissez un exemple à la postérité
Et de rigueur entière, et d'entière équité.
Quoi! n'écouterez-vous ni l'amour ni la haine?
Ne pourrai-je obtenir ni salaire ni peine?

Ce cœur qui vous adore, et que vous dédaignez....
RODOGUNE.
Hélas, prince !
ANTIOCHUS.
Est-ce encor le roi que vous plaignez ? 13
Ce soupir ne va-t-il que vers l'ombre d'un père ?
RODOGUNE.
Allez, ou pour le moins rappelez votre frère.
Le combat pour mon âme étoit moins dangereux
Lorsque je vous avois à combattre tous deux :
Vous êtes plus fort seul que vous n'étiez ensemble ;
Je vous bravois tantôt, et maintenant je tremble.
J'aime ; n'abusez pas, prince, de mon secret :
Au milieu de ma haine il m'échappe à regret ;
Mais enfin il m'échappe, et cette retenue 14
Ne peut plus soutenir l'effort de votre vue.
Oui, j'aime un de vous deux malgré ce grand courroux ;
Et ce dernier soupir dit assez que c'est vous.

Un rigoureux devoir à cet amour s'oppose :
Ne m'en accusez point, vous en êtes la cause ;
Vous l'avez fait renaître en me pressant d'un choix 15
Qui rompt de vos traités les favorables lois.
D'un père mort pour moi voyez le sort étrange : 16
Si vous me laissez libre, il faut que je le venge ; 17
Et mes feux dans mon âme ont beau s'en mutiner, 18
Ce n'est qu'à ce prix seul que je puis me donner.
Mais ce n'est pas de vous qu'il faut que je l'attende ; 19
Votre refus est juste autant que ma demande.
A force de respect votre amour s'est trahi :
Je voudrois vous haïr s'il m'avoit obéi ;

Et je n'estime pas l'honneur d'une vengeance [20]
Jusqu'à vouloir d'un crime être la récompense.
Rentrons donc sous les lois que m'impose la paix,
Puisque m'en affranchir c'est vous perdre à jamais.
Prince, en votre faveur je ne puis davantage :
L'orgueil de ma naissance enfle encor mon courage ;
Et, quelque grand pouvoir que l'amour ait sur moi,
Je n'oublîrai jamais que je me dois un roi.
Oui, malgré mon amour, j'attendrai d'une mère
Que le trône me donne ou vous ou votre frère.
Attendant son secret vous aurez mes désirs ; [21]
Et, s'il le fait régner, vous aurez mes soupirs :
C'est tout ce qu'à mes feux ma gloire peut permettre,
Et tout ce qu'à vos feux les miens osent promettre.

ANTIOCHUS.

Que voudrois-je de plus ? Son bonheur est le mien :
Rendez heureux ce frère, et je ne perdrai rien.
L'amitié le consent, si l'amour l'appréhende :
Je bénirai le ciel d'une perte si grande ;
Et, quittant les douceurs de cet espoir flottant,
Je mourrai de douleur, mais je mourrai content. [22]

RODOGUNE.

Et moi, si mon destin entre ses mains me livre,
Pour un autre que vous s'il m'ordonne de vivre,
Mon amour.... Mais adieu ; mon esprit se confond. [23]
Prince, si votre flamme à la mienne répond,
Si vous n'êtes ingrat à ce cœur qui vous aime, [24]
Ne me revoyez point qu'avec le diadême. [25]

SCÈNE II.

ANTIOCHUS.

Les plus doux de mes vœux enfin sont exaucés. [1]
Tu viens de vaincre, amour; mais ce n'est pas assez;
Si tu veux triompher en cette conjoncture,
Après avoir vaincu, fais vaincre la nature,
Et prête-lui pour nous ces tendres sentiments
Que ton ardeur inspire aux cœurs des vrais amants,
Cette pitié qui force, et ces dignes foiblesses
Dont la vigueur détruit les fureurs vengeresses.
Voici la reine. Amour, nature, justes dieux,
Faites-la-moi fléchir, ou mourir à ses yeux.

SCÈNE III.

CLÉOPATRE, ANTIOCHUS, LAONICE.

CLÉOPATRE.

Eh bien, Antiochus, vous dois-je la couronne? [1]

ANTIOCHUS.

Madame, vous savez si le ciel me la donne.

CLÉOPATRE.

Vous savez mieux que moi si vous la méritez.

ANTIOCHUS.

Je sais que je péris si vous ne m'écoutez.

CLÉOPATRE.

Un peu trop lent peut-être à servir ma colère,
Vous vous êtes laissé prévenir par un frère :
Il a su me venger quand vous délibériez, [2]
Et je dois à son bras ce que vous espériez. [3]

Je vous en plains, mon fils; ce malheur est extrême;
C'est périr en effet que perdre un diadême. 4
Je n'y sais qu'un remède, encore est-il fâcheux,
Étonnant, incertain, et triste pour tous deux;
Je périrai moi-même avant que de le dire :
Mais enfin on perd tout quand on perd un empire.

ANTIOCHUS.

Le remède à nos maux est tout en votre main, 5
Et n'a rien de fâcheux, d'étonnant, d'incertain;
Votre seule colère a fait notre infortune.
Nous perdons tout, madame, en perdant Rodogune :
Nous l'adorons tous deux; jugez en quels tourments
Nous jette la rigueur de vos commandements.

L'aveu de cet amour sans doute vous offense :
Mais enfin nos malheurs croissent par le silence;
Et votre cœur, qu'aveugle un peu d'inimitié,
S'il ignore nos maux, n'en peut prendre pitié.
Au point où je les vois, c'en est le seul remède.

CLÉOPATRE.

Quelle aveugle fureur vous-même vous possède?
Avez-vous oublié que vous parlez à moi?
Ou si vous présumez être déjà mon roi?

ANTIOCHUS.

Je tâche avec respect à vous faire connoître 6
Les forces d'un amour que vous avez fait naître.

CLÉOPATRE.

Moi! j'aurois allumé cet insolent amour?

ANTIOCHUS.

Et quel autre prétexte a fait notre retour? 7

Nous avez-vous mandés qu'afin qu'un droit d'aînesse
Donnât à l'un de nous le trône et la princesse?
Vous avez bien fait plus, vous nous l'avez fait voir;
Et c'étoit par vos mains nous mettre en son pouvoir.
Qui de nous deux, madame, eût osé s'en défendre, 8
Quand vous nous ordonniez à tous deux d'y prétendre?
Si sa beauté dès-lors n'eût allumé nos feux,
Le devoir auprès d'elle eût attaché nos vœux; 9
Le désir de régner eût fait la même chose; 10
Et, dans l'ordre des lois que la paix nous impose,
Nous devions aspirer à sa possession
Par amour, par devoir, ou par ambition.
Nous avons donc aimé, nous avons cru vous plaire:
Chacun de nous n'a craint que le bonheur d'un frère;
Et cette crainte enfin cédant à l'amitié,
J'implore pour tous deux un moment de pitié.
Avons-nous dû prévoir cette haine cachée 11
Que la foi des traités n'avoit point arrachée?

CLÉOPATRE.

Non; mais vous avez dû garder le souvenir 12
Des hontes que pour vous j'avois su prévenir,
Et de l'indigne état où votre Rodogune,
Sans moi, sans mon courage, eût mis votre fortune.
Je croyois que vos cœurs, sensibles à ces coups, 13
En sauroient conserver un généreux courroux;
Et je le retenois avec ma douceur feinte,
Afin que, grossissant sous un peu de contrainte,
Ce torrent de colère et de ressentiment
Fût plus impétueux en son débordement.

Je fais plus maintenant, je presse, sollicite,
Je commande, menace; et rien ne vous irrite.
Le sceptre, dont ma main vous doit récompenser,
N'a point de quoi vous faire un moment balancer;
Vous ne considérez ni lui, ni mon injure;
L'amour étouffe en vous la voix de la nature :
Et je pourrois aimer des fils dénaturés !

ANTIOCHUS.

La nature et l'amour ont leurs droits séparés;
L'un n'ôte point à l'autre une âme qu'il possède.

CLÉOPATRE.

Non, non; où l'amour règne il faut que l'autre cède.

ANTIOCHUS.

Leurs charmes à nos cœurs sont également doux.
Nous périrons tous deux, s'il faut périr pour vous;
Mais aussi....

CLÉOPATRE.

Poursuivez, fils ingrat et rebelle.

ANTIOCHUS.

Nous périrons tous deux, s'il faut périr pour elle.

CLÉOPATRE.

Périssez, périssez; votre rébellion
Mérite plus d'horreur que de compassion.
Mes yeux sauront le voir sans verser une larme,
Sans regarder en vous que l'objet qui vous charme ;
Et je triompherai, voyant périr mes fils,
De ses adorateurs, et de mes ennemis.

ANTIOCHUS.

Eh bien ! triomphez-en ; que rien ne vous retienne :
Votre main tremble-t-elle ? y voulez-vous la mienne ?

Madame, commandez, je suis prêt d'obéir;
Je percerai ce cœur qui vous ose trahir :
Heureux si par ma mort je puis vous satisfaire,
Et noyer dans mon sang toute votre colère!
Mais si la dureté de votre aversion
Nomme encor notre amour une rébellion,
Du moins souvenez-vous qu'elle n'a pris pour armes
Que de foibles soupirs et d'impuissantes larmes.

CLÉOPATRE.

Ah! que n'a-t-elle pris et la flamme et le fer!
Que bien plus aisément j'en saurois triompher!
Vos larmes dans mon cœur ont trop d'intelligence;
Elles ont presque éteint cette ardeur de vengeance :
Je ne puis refuser des soupirs à vos pleurs;
Je sens que je suis mère auprès de vos douleurs.
C'en est fait, je me rends, et ma colère expire.
Rodogune est à vous, aussi bien que l'empire;
Rendez grâces aux dieux qui vous ont fait l'aîné :
Possédez-la, régnez.

ANTIOCHUS.

     O moment fortuné!
O trop heureuse fin de l'excès de ma peine!
Je rends grâces aux dieux qui calment votre haine.
Madame, est-il possible?

CLÉOPATRE.

     En vain j'ai résisté;
La nature est trop forte, et mon cœur s'est dompté.
Je ne vous dis plus rien; vous aimez votre mère,
Et votre amour pour moi taira ce qu'il faut taire.

ACTE IV, SCÈNE IV.

ANTIOCHUS.

Quoi ! je triomphe donc sur le point de périr !
La main qui me blessoit a daigné me guérir !

CLÉOPATRE.

Oui, je veux couronner une flamme si belle. 18
Allez à la princesse en porter la nouvelle.
Son cœur, comme le vôtre, en deviendra charmé :
Vous n'aimeriez pas tant, si vous n'étiez aimé.

ANTIOCHUS.

Heureux Antiochus ! heureuse Rodogune ! 19
Oui, madame, entre nous la joie en est commune.

CLÉOPATRE.

Allez donc ; ce qu'ici vous perdez de moments
Sont autant de larcins à vos contentements :
Et ce soir, destiné pour la cérémonie,
Fera voir pleinement si ma haine est finie.

ANTIOCHUS.

Et nous vous ferons voir tous nos désirs bornés
A vous donner en nous des sujets couronnés.

SCÈNE IV.

CLÉOPATRE, LAONICE.

LAONICE.

Enfin ce grand courage a vaincu sa colère.

CLÉOPATRE.

Que ne peut point un fils sur le cœur d'une mère !

LAONICE.

Vos pleurs coulent encore, et ce cœur adouci....

CLÉOPATRE.

Envoyez-moi son frère, et nous laissez ici.
Sa douleur sera grande, à ce que je présume;
Mais j'en saurai sur l'heure adoucir l'amertume.
Ne lui témoignez rien : il lui sera plus doux
D'apprendre tout de moi, qu'il ne seroit de vous.

SCÈNE V.[1]

CLÉOPATRE.

Que tu pénètres mal le fond de mon courage !
Si je verse des pleurs, ce sont des pleurs de rage ;
Et ma haine, qu'en vain tu crois s'évanouir,
Ne les a fait couler qu'afin de t'éblouir.
Je ne veux plus que moi dedans ma confidence.[2]
Et toi, crédule amant, que charme l'apparence,
Et dont l'esprit léger s'attache avidement
Aux attraits captieux de mon déguisement,
Va, triomphe en idée avec ta Rodogune,
Au sort des immortels préfère ta fortune,
Tandis que, mieux instruite en l'art de me venger,
En de nouveaux malheurs je saurai te plonger.
Ce n'est pas tout d'un coup que tant d'orgueil trébuche;[3]
De qui se rend trop tôt on doit craindre une embûche ;
Et c'est mal démêler le cœur d'avec le front,[4]
Que prendre pour sincère un changement si prompt.
L'effet te fera voir comme je suis changée.

SCÈNE VI.

CLÉOPATRE, SÉLEUCUS.

CLÉOPATRE.

Savez-vous, Séleucus, que je me suis vengée ? 1

SÉLEUCUS.

Pauvre princesse, hélas !

CLÉOPATRE.

Vous déplorez son sort.
Quoi ! l'aimiez-vous ?

SÉLEUCUS.

Assez pour regretter sa mort. 2

CLÉOPATRE.

Vous lui pouvez servir encor d'amant fidèle ;
Si j'ai su me venger, ce n'a pas été d'elle.

SÉLEUCUS.

O ciel ! et de qui donc, madame ?

CLÉOPATRE.

C'est de vous,
Ingrat ! qui n'aspirez qu'à vous voir son époux ;
De vous, qui l'adorez en dépit d'une mère ;
De vous, qui dédaignez de servir ma colère ;
De vous, de qui l'amour, rebelle à mes désirs,
S'oppose à ma vengeance, et détruit mes plaisirs.

SÉLEUCUS.

De moi ?

CLÉOPATRE.

De toi, perfide ! Ignore, dissimule
Le mal que tu dois craindre, et le feu qui te brûle ;

Et si pour l'ignorer tu crois t'en garantir,
Du moins en l'apprenant commence à le sentir.

Le trône étoit à toi par le droit de naissance;
Rodogune avec lui tomboit en ta puissance;
Tu devois l'épouser, tu devois être roi :
Mais comme ce secret n'est connu que de moi,
Je puis, comme je veux, tourner le droit d'aînesse,
Et donne à ton rival ton sceptre et ta maîtresse.

SÉLEUCUS.

A mon frère ?

CLÉOPATRE.

C'est lui que j'ai nommé l'aîné.

SÉLEUCUS.

Vous ne m'affligez point de l'avoir couronné;
Et, par une raison qui vous est inconnue,
Mes propres sentiments vous avoient prévenue :
Les biens que vous m'ôtez n'ont point d'attraits si doux ³
Que mon cœur n'ait donnés à ce frère avant vous;
Et, si vous bornez là toute votre vengeance,
Vos désirs et les miens seront d'intelligence.

CLÉOPATRE.

C'est ainsi qu'on déguise un violent dépit; 4
C'est ainsi qu'une feinte au dehors l'assoupit,
Et qu'on croit amuser de fausses patiences
Ceux dont, en l'âme, on craint les justes défiances.

SÉLEUCUS.

Quoi! je conserverois quelque courroux secret!

CLÉOPATRE.

Quoi! lâche, tu pourrois la perdre sans regret,

Elle de qui les dieux te donnoient l'hyménée,
Elle dont tu plaignois la perte imaginée?

SÉLEUCUS.

Considérer sa perte avec compassion,
Ce n'est pas aspirer à sa possession.

CLÉOPATRE.

Que la mort la ravisse, ou qu'un rival l'emporte,
La douleur d'un amant est également forte;
Et tel qui se console après l'instant fatal,
Ne sauroit voir son bien aux mains de son rival :
Piqué jusques au vif, il tâche à le reprendre; 5
Il fait de l'insensible, afin de mieux surprendre;
D'autant plus animé, que ce qu'il a perdu,
Par rang ou par mérite, à sa flamme étoit dû.

SÉLEUCUS.

Peut-être : mais enfin, par quel amour de mère
Pressez-vous tellement ma douleur contre un frère,
Prenez-vous intérêt à la faire éclater?

CLÉOPATRE.

J'en prends à la connoître, et la faire avorter;
J'en prends à conserver, malgré toi, mon ouvrage
Des jaloux attentats de ta secrète rage.

SÉLEUCUS.

Je le veux croire ainsi; mais quel autre intérêt
Nous fait tous deux aînés quand et comme il vous plaît?
Qui des deux vous doit croire? et par quelle justice
Faut-il que sur moi seul tombe tout le supplice,
Et que du même amour dont nous sommes blessés
Il soit récompensé, quand vous m'en punissez?

CLÉOPATRE.

Comme reine, à mon choix je fais justice ou grâce ;
Et je m'étonne fort d'où vous vient cette audace,
D'où vient qu'un fils, vers moi noirci de trahison,
Ose de mes faveurs me demander raison.

SÉLEUCUS.

Vous pardonnerez donc ces chaleurs indiscrètes :
Je ne suis point jaloux du bien que vous lui faites ;
Et je vois quel amour vous avez pour tous deux,
Plus que vous ne pensez, et plus que je ne veux :
Le respect me défend d'en dire davantage.
Je n'ai ni faute d'yeux, ni faute de courage,
Madame ; mais enfin n'espérez voir en moi
Qu'amitié pour mon frère, et zèle pour mon roi.
Adieu.

SCÈNE VII.

CLÉOPATRE.

De quel malheur suis-je encore capable ? 1
Leur amour m'offensoit, leur amitié m'accable ;
Et contre mes fureurs je trouve en mes deux fils
Deux enfants révoltés, et deux rivaux unis.
Quoi ! sans émotion perdre trône et maîtresse !
Quel est ici ton charme, odieuse princesse ?
Et par quel privilége, allumant de tels feux,
Peux-tu n'en prendre qu'un, et m'ôter tous les deux ? 2
N'espère pas pourtant triompher de ma haine :
Pour régner sur deux cœurs tu n'es pas encor reine.
Je sais bien qu'en l'état où tous deux je les vois
Il me les faut percer pour aller jusqu'à toi :

ACTE IV, SCÈNE VII.

Mais n'importe ; mes mains sur le père enhardies,
Pour un bras refusé, sauront prendre deux vies.
Leurs jours également sont pour moi dangereux :
J'ai commencé par lui, j'acheverai par eux. [3]
   Sors de mon cœur, nature, ou fais qu'ils m'obéissent :
Fais-les servir ma haine, ou consens qu'ils périssent.
Mais déjà l'un a vu que je les veux punir :
Souvent qui tarde trop se laisse prévenir.
Allons chercher le temps d'immoler mes victimes,
Et de me rendre heureuse à force de grands crimes.

FIN DU QUATRIÈME ACTE.

ACTE CINQUIÈME.

SCÈNE I.ère

CLÉOPATRE.

Enfin, grâces aux dieux, j'ai moins d'un ennemi : [1]
La mort de Séleucus m'a vengée à demi ;
Son ombre, en attendant Rodogune et son frère, [2]
Peut déjà de ma part les promettre à son père :
Ils le suivront de près, et j'ai tout préparé
Pour réunir bientôt ce que j'ai séparé.
  O toi, qui n'attends plus que la cérémonie
Pour jeter à mes pieds ma rivale punie,
Et par qui deux amants vont d'un seul coup du sort
Recevoir l'hyménée, et le trône, et la mort,
Poison, me sauras-tu rendre mon diadême ? [3]
Le fer m'a bien servie, en feras-tu de même ?
Me seras-tu fidèle ? Et toi, que me veux-tu, [4]
Ridicule retour d'une sotte vertu,
Tendresse dangereuse autant comme importune ? [5]
Je ne veux point pour fils l'époux de Rodogune,
Et ne vois plus en lui les restes de mon sang,
S'il m'arrache du trône, et la met en mon rang.
  Reste du sang ingrat d'un époux infidèle,
Héritier d'une flamme envers moi criminelle,
Aime mon ennemie, et péris comme lui.
Pour la faire tomber j'abattrai son appui :

ACTE V, SCÈNE II.

Aussi bien sous mes pas c'est creuser un abîme
Que retenir ma main sur la moitié du crime;
Et, te faisant mon roi, c'est trop me négliger,
Que te laisser sur moi père et frère à venger.
Qui se venge à demi court lui-même à sa peine:
Il faut ou condamner ou couronner sa haine. 6
Dût le peuple en fureur pour ses maîtres nouveaux
De mon sang odieux arroser leurs tombeaux,
Dût le Parthe vengeur me trouver sans défense,
Dût le ciel égaler le supplice à l'offense,
Trône, à t'abandonner je ne puis consentir; 7
Par un coup de tonnerre il vaut mieux en sortir;
Il vaut mieux mériter le sort le plus étrange.
Tombe sur moi le ciel, pourvu que je me venge! 8
J'en recevrai le coup d'un visage remis:
Il est doux de périr après ses ennemis;
Et, de quelque rigueur que le destin me traite,
Je perds moins à mourir qu'à vivre leur sujette.
   Mais voici Laonice; il faut dissimuler
Ce que le seul effet doit bientôt révéler.

SCÈNE II.

CLÉOPATRE, LAONICE.

CLÉOPATRE.

VIENNENT-ILS, nos amants?

LAONICE.

            Ils approchent, madame: 1
On lit dessus leur front l'allégresse de l'âme;

L'amour s'y fait paroître avec la majesté;
Et, suivant le vieil ordre en Syrie usité,
D'une grâce en tous deux tout auguste et royale,
Ils viennent prendre ici la coupe nuptiale, 2
Pour s'en aller au temple, au sortir du palais,
Par les mains du grand-prêtre être unis à jamais :
C'est là qu'il les attend pour bénir l'alliance.
Le peuple tout ravi par ses vœux le devance, 3
Et pour eux à grands cris demande aux immortels
Tout ce qu'on leur souhaite au pied de leurs autels,
Impatient pour eux que la cérémonie
Ne commence bientôt, ne soit bientôt finie.
Les Parthes à la foule aux Syriens mêlés, 4
Tous nos vieux différends de leur âme exilés, 5
Font leur suite assez grosse, et d'une voix commune
Bénissent à l'envi le prince et Rodogune.
Mais je les vois déjà : madame, c'est à vous
A commencer ici des spectacles si doux.

SCÈNE III.

CLÉOPATRE, ANTIOCHUS, RODOGUNE, ORONTE, LAONICE, troupe de parthes et de syriens.

CLÉOPATRE.

Approchez, mes enfants; car l'amour maternelle, 1
Madame, dans mon cœur vous tient déjà pour telle;
Et je crois que ce nom ne vous déplaira pas.

RODOGUNE.

Je le chérirai même au-delà du trépas.

ACTE V, SCÈNE III.

Il m'est trop doux, madame; et tout l'heur que j'espère,
C'est de vous obéir, et respecter en mère.

CLÉOPATRE.

Aimez-moi seulement; vous allez être rois,
Et s'il faut du respect, c'est moi qui vous le dois.

ANTIOCHUS.

Ah! si nous recevons la suprême puissance,
Ce n'est pas pour sortir de votre obéissance :
Vous régnerez ici quand nous y régnerons,
Et ce seront vos lois que nous y donnerons.

CLÉOPATRE.

J'ose le croire ainsi. Mais prenez votre place;
Il est temps d'avancer ce qu'il faut que je fasse.

(Ici Antiochus s'assied dans un fauteuil, Rodogune à sa gauche, en même rang, et Cléopâtre à sa droite, mais en rang inférieur, et qui marque quelque inégalité ; Oronte s'assied aussi à la gauche de Rodogune, avec la même différence : et Cléopâtre, pendant qu'ils prennent leurs places, parle à l'oreille de Laonice, qui s'en va querir une coupe pleine de vin empoisonné.)

PEUPLE qui m'écoutez ; Parthes et Syriens,
Sujets du roi son frère, ou qui fûtes les miens,
Voici de mes deux fils celui qu'un droit d'aînesse
Élève dans le trône et donne à la princesse.
Je lui rends cet état que j'ai sauvé pour lui ;
Je cesse de régner ; il commence aujourd'hui.
Qu'on ne me traite plus ici de souveraine :
Voici votre roi, peuple, et voilà votre reine.
Vivez pour les servir, respectez-les tous deux,
Aimez-les, et mourez, s'il est besoin, pour eux.

Oronte, vous voyez avec quelle franchise
Je leur rends ce pouvoir dont je me suis démise :
Prêtez les yeux au reste, et voyez les effets [2]
Suivre de point en point les traités de la paix.

(Laonice revient avec une coupe à la main.)

ORONTE.

Votre sincérité s'y fait assez paroître,
Madame; et j'en ferai récit au roi mon maître.

CLÉOPATRE.

L'hymen est maintenant notre plus cher souci.
L'usage veut, mon fils, qu'on le commence ici :
Recevez de ma main la coupe nuptiale,
Pour être après unis sous la foi conjugale :
Puisse-t-elle être un gage, envers votre moitié,
De votre amour ensemble et de mon amitié !

ANTIOCHUS, prenant la coupe.

Ciel ! que ne dois-je point aux bontés d'une mère !

CLÉOPATRE.

Le temps presse, et votre heur d'autant plus se diffère.

ANTIOCHUS, à Rodogune.

Madame, hâtons donc ces glorieux moments :
Voici l'heureux essai de nos contentements.
Mais si mon frère étoit le témoin de ma joie...

CLÉOPATRE.

C'est être trop cruel que vouloir qu'il la voie :
Ce sont des déplaisirs qu'il fait bien d'épargner;
Et sa douleur secrète a droit de l'éloigner.

ANTIOCHUS.

Il m'avoit assuré qu'il la verroit sans peine.
Mais n'importe, achevons.

SCÈNE IV.

CLÉOPATRE, ANTIOCHUS, RODOGUNE, ORONTE, TIMAGÈNE, LAONICE, TROUPE DE PARTHES ET DE SYRIENS.

TIMAGÈNE.

Ah, seigneur!

CLÉOPATRE.

Timagène,
Quelle est votre insolence!

TIMAGÈNE.

Ah, madame!

ANTIOCHUS, rendant la coupe à Laonice.

Parlez.

TIMAGÈNE.
Souffrez pour un moment que mes sens rappelés...

ANTIOCHUS.
Qu'est-il donc arrivé?

TIMAGÈNE.

Le prince votre frère....

ANTIOCHUS.
Quoi! se voudroit-il rendre à mon bonheur contraire?

TIMAGÈNE.
L'ayant cherché long-temps afin de divertir
L'ennui que de sa perte il pouvoit ressentir,
Je l'ai trouvé, seigneur, au bout de cette allée,
Où la clarté du ciel semble toujours voilée.
Sur un lit de gazon, de foiblesse étendu,
Il sembloit déplorer ce qu'il avoit perdu;

Son âme à ce penser paroissoit attachée ;
Sa tête sur un bras languissamment penchée,
Immobile et rêveur, en malheureux amant.... [1]

ANTIOCHUS.

Enfin que faisoit-il ? achevez promptement. [2]

TIMAGÈNE.

D'une profonde plaie en l'estomac ouverte
Son sang à gros bouillons sur cette couche verte....

CLÉOPATRE.

Il est mort ?

TIMAGÈNE.

Oui, madame.

CLÉOPATRE.

Ah ! destins ennemis,
Qui m'enviez le bien que je m'étois promis !
Voilà le coup fatal que je craignois dans l'âme ;
Voilà le désespoir où l'a réduit sa flamme.
Pour vivre en vous perdant il avoit trop d'amour,
Madame ; et de sa main il s'est privé du jour.

TIMAGÈNE, à Cléopâtre.

Madame, il a parlé ; sa main est innocente.

CLÉOPATRE, à Timagène.

La tienne est donc coupable ; et ta rage insolente, [3]
Par une lâcheté qu'on ne peut égaler,
L'ayant assassiné, le fait encor parler.

ANTIOCHUS.

Timagène, souffrez la douleur d'une mère,
Et les premiers soupçons d'une aveugle colère.
Comme ce coup fatal n'a point d'autres témoins,
J'en ferois autant qu'elle, à vous connoître moins. [4]

Mais que vous a-t-il dit? achevez, je vous prie.
TIMAGÈNE.
Surpris d'un tel spectacle, à l'instant je m'écrie ;
Et soudain à mes cris ce prince, en soupirant,
Avec assez de peine entr'ouvre un œil mourant;
Et ce reste égaré de lumière incertaine
Lui peignant son cher frère au lieu de Timagène,
Rempli de votre idée, il m'adresse pour vous
Ces mots, où l'amitié règne sur le courroux:
 Une main qui nous fut bien chère 5
Venge ainsi le refus d'un coup trop inhumain.
 Régnez, et sur-tout, mon cher frère,
 Gardez-vous de la même main.
C'est.... La Parque à ce mot lui coupe la parole ;
Sa lumière s'éteint, et son âme s'envole :
Et moi, tout effrayé d'un si tragique sort,
J'accours pour vous en faire un funeste rapport.
ANTIOCHUS.
Rapport vraiment funeste, et sort vraiment tragique,
Qui va changer en pleurs l'allégresse publique.
O frère plus aimé que la clarté du jour !
O rival aussi cher que m'étoit mon amour !
Je te perds, et je trouve en ma douleur extrême
Un malheur dans ta mort plus grand que ta mort même.
O de ses derniers mots fatale obscurité,
En quel gouffre d'horreur m'as-tu précipité !
Quand j'y pense, chercher la main qui l'assassine,
Je m'impute à forfait tout ce que j'imagine ;
Mais aux marques enfin que tu m'en viens donner,
Fatale obscurité, qui dois-je en soupçonner?

Une main qui nous fut bien chère!
(A Rodogune.)
Madame, est-ce la vôtre, ou celle de ma mère?
Vous vouliez toutes deux un coup trop inhumain;
Nous vous avons tous deux refusé notre main :
Qui de vous s'est vengée? est-ce l'une, est-ce l'autre,
Qui fait agir la sienne au refus de la nôtre?
Est-ce vous qu'en coupable il me faut regarder?
Est-ce vous désormais dont je dois me garder? 6

CLÉOPATRE.

Quoi! vous me soupçonnez!

RODOGUNE.

Quoi! je vous suis suspecte!

ANTIOCHUS.

Je suis amant et fils, je vous aime et respecte;
Mais quoi que sur mon cœur puissent des noms si doux,
A ces marques enfin je ne connois que vous.
As-tu bien entendu? dis-tu vrai, Timagène?

TIMAGÈNE.

Avant qu'en soupçonner la princesse ou la reine,
Je mourrois mille fois; mais enfin mon récit
Contient, sans rien de plus, ce que le prince a dit.

ANTIOCHUS.

D'un et d'autre côté l'action est si noire,
Que, n'en pouvant douter, je n'ose encor la croire.
O quiconque des deux avez versé son sang,
Ne vous préparez plus à me percer le flanc.
Nous avons mal servi vos haines mutuelles, 7
Aux jours l'une de l'autre également cruelles;

ACTE V, SCÈNE IV.

Mais si j'ai refusé ce détestable emploi,
Je veux bien vous servir toutes deux contre moi :
Qui que vous soyez donc, recevez une vie
Que déjà vos fureurs m'ont à demi ravie.

(Il tire son épée, et veut se tuer.)

RODOGUNE.

Ah ! seigneur, arrêtez.

TIMAGÈNE.

Seigneur, que faites-vous ?

ANTIOCHUS.

Je sers ou l'une ou l'autre, et je préviens ses coups.

CLÉOPATRE.

Vivez, régnez heureux.

ANTIOCHUS.

Otez-moi donc de doute,
Et montrez-moi la main qu'il faut que je redoute,
Qui, pour m'assassiner, ose me secourir,
Et me sauve de moi pour me faire périr.
Puis-je vivre et traîner cette gêne éternelle, 8
Confondre l'innocente avec la criminelle,
Vivre, et ne pouvoir plus vous voir sans m'alarmer,
Vous craindre toutes deux, toutes deux vous aimer ?
Vivre avec ce tourment, c'est mourir à toute heure.
Tirez-moi de ce trouble, ou souffrez que je meure,
Et que mon déplaisir, par un coup généreux, 9
Épargne un parricide à l'une de vous deux.

CLÉOPATRE.

Puisque le même jour que ma main vous couronne
Je perds un de mes fils, et l'autre me soupçonne,

Qu'au milieu de mes pleurs, qu'il devroit essuyer,
Son peu d'amour me force à me justifier,
Si vous n'en pouvez mieux consoler une mère
Qu'en la traitant d'égale avec une étrangère,
Je vous dirai, seigneur (car ce n'est plus à moi
A nommer autrement et mon juge et mon roi),
Que vous voyez l'effet de cette vieille haine
Qu'en dépit de la paix me garde l'inhumaine,
Qu'en son cœur du passé soutient le souvenir,
Et que j'avois raison de vouloir prévenir.
Elle a soif de mon sang, elle a voulu l'épandre :
J'ai prévu d'assez loin ce que j'en viens d'apprendre ;
Mais je vous ai laissé désarmer mon courroux.

(A Rodogune.)

Sur la foi de ses pleurs je n'ai rien craint de vous,
Madame ; mais, ô dieux ! quelle rage est la vôtre !
Quand je vous donne un fils, vous assassinez l'autre,
Et m'enviez soudain l'unique et foible appui
Qu'une mère opprimée eût pu trouver en lui !
Quand vous m'accablerez, où sera mon refuge ?
Si je m'en plains au roi, vous possédez mon juge ;
Et s'il m'ose écouter, peut-être, hélas ! en vain
Il voudra se garder de cette même main.
Enfin je suis leur mère, et vous leur ennemie ;
J'ai recherché leur gloire, et vous leur infamie ;
Et si je n'eusse aimé ces fils que vous m'ôtez,
Votre abord en ces lieux les eût déshérités.
C'est à lui maintenant en cette concurrence
A régler ses soupçons sur cette différence,

ACTE V, SCÈNE IV.

A voir de qui des deux il doit se défier,
Si vous n'avez un charme à vous justifier. 12

RODOGUNE, à Cléopâtre.

Je me défendrai mal : l'innocence étonnée 13
Ne peut s'imaginer qu'elle soit soupçonnée ;
Et n'ayant rien prévu d'un attentat si grand,
Qui l'en veut accuser sans peine la surprend.
 Je ne m'étonne point de voir que votre haine,
Pour me faire coupable, a quitté Timagène ;
Au moindre jour ouvert de tout jeter sur moi :
Son récit s'est trouvé digne de votre foi.
Vous l'accusiez pourtant, quand votre âme alarmée
Craignoit qu'en expirant ce fils vous eût nommée :
Mais de ses derniers mots voyant le sens douteux,
Vous avez pris soudain le crime entre nous deux.
Certes, si vous voulez passer pour véritable
Que l'une de nous deux de sa mort soit coupable,
Je veux bien par respect ne vous imputer rien :
Mais votre bras au crime est plus fait que le mien ;
Et qui sur un époux fit son apprentissage,
A bien pu sur un fils achever son ouvrage.
Je ne dénîrai point, puisque vous les savez,
De justes sentiments dans mon âme élevés :
Vous demandiez mon sang, j'ai demandé le vôtre ;
Le roi sait quels motifs ont poussé l'une et l'autre ;
Comme par sa prudence il a tout adouci,
Il vous connoît peut-être, et me connoît aussi.

(A Antiochus.)

Seigneur, c'est un moyen de vous être bien chère
Que pour don nuptial vous immoler un frère :

On fait plus ; on m'impute un coup si plein d'horreur,
Pour me faire un passage à vous percer le cœur.
  (A Cléopâtre.)
Où fuirois-je de vous après tant de furie,
Madame ? et que feroit toute votre Syrie,
Où, seule et sans appui contre mes attentats,
Je verrois...? Mais, seigneur, vous ne m'écoutez pas !

ANTIOCHUS.

Non, je n'écoute rien ; et dans la mort d'un frère
Je ne veux point juger entre vous et ma mère :
Assassinez un fils, massacrez un époux,
Je ne veux me garder ni d'elle ni de vous.
 Suivons aveuglément ma triste destinée ;
Pour m'exposer à tout achevons l'hyménée.
Cher frère, c'est pour moi le chemin du trépas ;
La main qui t'a percé ne m'épargnera pas ;
Je cherche à te rejoindre, et non à m'en défendre,
Et lui veux bien donner tout lieu de me surprendre :
Heureux si sa fureur qui me prive de toi [14]
Se fait bientôt connoître en achevant sur moi,
Et si du ciel, trop lent à la réduire en poudre,
Son crime redoublé peut arracher la foudre !
Donnez-moi....

RODOGUNE, l'empêchant de prendre la coupe.

 Quoi, seigneur !

ANTIOCHUS.

      Vous m'arrêtez en vain :
Donnez.

RODOGUNE.

 Ah ! gardez-vous de l'une et l'autre main.

ACTE V, SCÈNE IV.

Cette coupe est suspecte, elle vient de la reine ;
Craignez de toutes deux quelque secrète haine.

CLÉOPATRE.

Qui m'épargnoit tantôt ose enfin m'accuser !

RODOGUNE.

De toutes deux, madame, il doit tout refuser.
Je n'accuse personne, et vous tiens innocente ;
Mais il en faut sur l'heure une preuve évidente :
Je veux bien à mon tour subir les mêmes lois.
On ne peut craindre trop pour le salut des rois.
Donnez donc cette preuve ; et, pour toute réplique,
Faites-en faire essai par quelque domestique. 15

CLÉOPATRE, prenant la coupe.

Je le ferai moi-même. Eh bien, redoutez-vous
Quelque sinistre effet encor de mon courroux ?
J'ai souffert cet outrage avecque patience.

ANTIOCHUS, prenant la coupe de la main de Cléopâtre après qu'elle a bu.

Pardonnez-lui, madame, un peu de défiance :
Comme vous l'accusez, elle fait son effort
A rejeter sur vous l'horreur de cette mort ;
Et soit amour pour moi, soit adresse pour elle, 16
Ce soin la fait paroître un peu moins criminelle.
Pour moi, qui ne vois rien, dans le trouble où je suis,
Qu'un gouffre de malheurs, qu'un abîme d'ennuis,
Attendant qu'en plein jour ces vérités paroissent,
J'en laisse la vengeance aux dieux qui les connoissent,
Et vais, sans plus tarder....

RODOGUNE.

     Seigneur, voyez ses yeux
Déjà tout égarés, troubles, et furieux,
Cette affreuse sueur qui court sur son visage,
Cette gorge qui s'enfle. Ah! bons dieux! quelle rage!
Pour vous perdre après elle, elle a voulu périr.

ANTIOCHUS, rendant la coupe à Laonice.

N'importe, elle est ma mère, il faut la secourir.

CLÉOPATRE.

Va, tu me veux en vain rappeler à la vie;
Ma haine est trop fidèle, et m'a trop bien servie :
Elle a paru trop tôt pour te perdre avec moi;
C'est le seul déplaisir qu'en mourant je reçois.
Mais j'ai cette douceur dedans cette disgrâce [17]
De ne voir point régner ma rivale en ma place.
 Règne; de crime en crime enfin te voilà roi :
Je t'ai défait d'un père, et d'un frère, et de moi.
Puisse le ciel tous deux vous prendre pour victimes,
Et laisser choir sur vous les peines de mes crimes!
Puissiez-vous ne trouver dedans votre union
Qu'horreur, que jalousie, et que confusion!
Et, pour vous souhaiter tous les malheurs ensemble,
Puisse naître de vous un fils qui me ressemble!

ANTIOCHUS.

Ah! vivez pour changer cette haine en amour.

CLÉOPATRE.

Je maudirois les dieux s'ils me rendoient le jour.
Qu'on m'emporte d'ici : je me meurs. Laonice,
Si tu veux m'obliger par un dernier service,

ACTE V, SCÈNE V.

Après les vains efforts de mes inimitiés,
Sauve-moi de l'affront de tomber à leurs pieds.
(Elle s'en va, et Laonice lui aide à marcher.)

SCÈNE V.

RODOGUNE, ANTIOCHUS, ORONTE, TIMAGÈNE, TROUPE DE PARTHES ET DE SYRIENS.

ORONTE.

Dans les justes rigueurs d'un sort si déplorable,
Seigneur, le juste ciel vous est bien favorable :
Il vous a préservé, sur le point de périr,
Du danger le plus grand que vous puissiez courir;
Et, par un digne effet de ses faveurs puissantes,
La coupable est punie, et vos mains innocentes.

ANTIOCHUS.

Oronte, je ne sais, dans son funeste sort,
Qui m'afflige le plus, ou sa vie, ou sa mort;
L'une et l'autre a pour moi des malheurs sans exemple :
Plaignez mon infortune. Et vous, allez au temple
Y changer l'allégresse en un deuil sans pareil,
La pompe nuptiale en funèbre appareil;
Et nous verrons après, par d'autres sacrifices,
Si les dieux voudront être à nos vœux plus propices.

FIN DE RODOGUNE.

EXAMEN DE RODOGUNE.

Le sujet de cette tragédie est tiré d'Appian Alexandrin, dont voici les paroles sur la fin du livre qu'il a fait des guerres de Syrie. *Démétrius, surnommé Nicanor, entreprit la guerre contre les Parthes, et vécut quelque temps prisonnier dans la cour de leur roi Phraates, dont il épousa la sœur, nommée Rodogune. Cependant, Diodotus, domestique des rois précédents, s'empara du trône de Syrie, et y fit asseoir un Alexandre encore enfant, fils d'Alexandre le Bâtard, et d'une fille de Ptolomée. Ayant gouverné quelque temps comme tuteur sous le nom de ce pupille, il s'en défit, et prit lui-même la couronne, sous un nouveau nom de Tryphon, qu'il se donna. Antiochus, frère du roi prisonnier, ayant appris sa captivité à Rhodes, et les troubles qui l'avoient suivie, revint dans la Syrie, où, ayant défait Tryphon, il le fit mourir. De là il porta ses armes contre Phraates; et, vaincu dans une bataille, il se tua lui-même. Démétrius, retournant dans son royaume, fut tué par sa femme Cléopâtre, qui lui dressa des embûches sur le chemin, en haine de cette Rodogune qu'il avoit épousée, dont elle avoit conçu une telle indignation, qu'elle avoit épousé ce même Antiochus, frère de son mari. Elle avoit deux fils de Démétrius, dont* elle tua Séleucus, l'aîné, d'un coup de flèche, sitôt qu'il eut pris le diadême après la mort de son père; soit qu'il craignît qu'il ne la voulût venger sur elle, soit que la même fureur l'emportât à ce nouveau parricide. Antiochus, son frère, lui succéda, et contraignit cette mère dénaturée de prendre le poison qu'elle lui avoit préparé.

Justin, en ses 36e, 38e et 39e livres, raconte cette histoire plus au long, avec quelques autres circonstances. Le premier des Machabées, et Josèphe, au 13e des *Antiquités judaïques*, en disent aussi quelque chose, qui ne s'accorde pas tout-à-fait avec Appian. C'est à lui que je me suis attaché pour la narration que j'ai mise au premier acte, et pour l'effet du cinquième, que j'ai adouci du côté d'Antiochus. J'en ai dit la raison ailleurs. Le reste sont des épisodes d'invention qui ne sont pas incompatibles avec l'histoire, puisqu'elle ne dit point ce que devint Rodogune après la mort de Démétrius, qui vraisemblablement l'amenoit en Syrie prendre possession de sa couronne. J'ai fait porter à la pièce le nom de cette princesse, plutôt que celui de Cléopâtre, que je n'ai même osé nommer dans mes vers, de peur qu'on ne confondît cette reine de Syrie, avec cette fameuse princesse d'Égypte qui portoit même nom, et que l'idée de celle-ci, beaucoup plus connue que l'autre, ne semât une dangereuse préoccupation parmi les auditeurs.

On m'a souvent fait une question à la cour, quel

étoit celui de mes poëmes que j'estimois le plus, et j'ai trouvé tous ceux qui me l'ont faite si prévenus en faveur de Cinna ou du Cid, que je n'ai jamais osé déclarer toute la tendresse que j'ai toujours eue pour celui-ci, à qui j'aurois volontiers donné mon suffrage, si je n'avois craint de manquer, en quelque sorte, au respect que je devois à ceux que je voyois pencher d'un autre côté. Cette préférence est peut-être en moi un effet de ces inclinations aveugles qu'ont beaucoup de pères pour quelques-uns de leurs enfants plus que pour les autres ; peut-être y entre-t-il un peu d'amour-propre, en ce que cette tragédie me semble être un peu plus à moi que celles qui l'ont précédée, à cause des incidents surprenants qui sont purement de mon invention, et n'avoient jamais été vus au théâtre ; et peut-être enfin y a-t-il un peu de vrai mérite, qui fait que cette inclination n'est pas tout-à-fait injuste. Je veux bien laisser chacun en liberté de ses sentiments, mais certainement on peut dire que mes autres pièces ont peu d'avantages qui ne se rencontrent en celle-ci. Elle a tout ensemble la beauté du sujet, la nouveauté des fictions, la force des vers, la facilité de l'expression, la solidité du raisonnement, la chaleur des passions, les tendresses de l'amour et de l'amitié ; et cet heureux assemblage est ménagé de sorte, qu'elle s'élève d'acte en acte. Le second passe le premier, le troisième est au-dessus du second, et le dernier l'emporte sur tous les autres. L'action y est une, grande, complète. Sa durée ne va point, ou fort peu, au-delà de celle de la représentation. Le jour en est le plus illustre qu'on puisse imaginer, et l'unité de lieu s'y rencontre en la manière que je l'explique dans le troisième de mes discours, et avec l'indulgence que j'ai demandée pour le théâtre.

Ce n'est pas que je me flatte assez pour présumer qu'elle soit sans taches. On a fait tant d'objections contre la narration de Laonice au premier acte, qu'il est malaisé de ne donner pas les mains à quelques-unes. Je ne la tiens pas toutefois si inutile qu'on l'a dit. Il est hors de doute que Cléopâtre dans le second feroit connoître beaucoup de choses par sa confidence avec Laonice, et par le récit qu'elle en a fait à ses deux fils, pour leur remettre devant les yeux combien ils lui ont d'obligation; mais ces deux scènes demeureroient assez obscures, si cette narration ne les avoit précédées; et du moins les justes défiances de Rodogune à la fin du premier acte, et la peinture que Cléopâtre fait d'elle-même dans son monologue qui ouvre le second, n'auroient pu se faire entendre sans ce secours.

J'avoue qu'elle est sans artifice, et qu'on la fait de sang-froid à un personnage protatique, qui se pourroit toutefois justifier par les deux exemples de Térence que j'ai cités sur ce sujet au premier discours. Timagène qui l'écoute n'est introduit que pour l'écouter, bien que je l'emploie au cinquième à faire celle de la mort de Séleucus, qui se pouvoit faire par un autre. Il l'écoute sans y avoir aucun intêret notable, et par simple curiosité d'apprendre ce qu'il pouvoit avoir su déjà en la cour d'Égypte, où il étoit en assez bonne posture, étant gouverneur des neveux du roi, pour entendre des nouvelles assurées de tout ce qui se passoit dans la Syrie, qui en est voisine. D'ailleurs, ce qui ne peut recevoir d'excuse, c'est que, comme il y avoit déjà quelque temps qu'il étoit de retour avec les princes, il n'y a pas d'apparence qu'il ait attendu ce grand jour de cérémonie pour s'informer de sa sœur comment se sont passés tous ces troubles, qu'il dit ne savoir que confusément. Pollux, dans *Médée*, n'est qu'un personnage protatique qui écoute sans intérêt comme lui; mais sa surprise de voir Jason à Corinthe, où il vient d'arriver, et son séjour en Asie, que la mer en sépare, lui donne un juste sujet d'ignorer ce qu'il en apprend. La narration ne laisse pas de demeurer froide comme celle-ci, parce qu'il ne s'est encore rien passé dans la pièce qui excite la curiosité de l'auditeur, ni qui lui puisse donner quelque émotion en l'écoutant; mais si vous voulez réfléchir sur celle de Curiace dans l'*Horace*, vous trouverez qu'elle fait tout autre effet. Camille, qui l'écoute, a intérêt, comme lui, à savoir comment s'est faite une paix dont dépend leur mariage; et l'auditeur, que Sabine et elle n'ont entretenu que de leurs malheurs, et des appréhensions d'une bataille qui se va donner entre deux partis, où elles voient leurs frères dans l'un, et leur amour dans l'autre, n'a pas moins d'avidité qu'elle, d'apprendre comment une paix si surprenante s'est pu conclure.

Ces défauts, dans cette narration, confirment ce que j'ai dit ailleurs, que, lorsque la tragédie a son fondement sur des guerres entre deux états, ou sur d'autres affaires publiques, il est très-malaisé d'introduire un acteur qui les ignore, et qui puisse recevoir le récit qui en doit instruire les spectateurs en parlant à lui.

J'ai déguisé quelque chose de la vérité historique en celui-ci. Cléopâtre n'épousa Antiochus qu'en haine de ce que son mari avoit épousé Rodogune chez les Parthes, et je fais qu'elle ne l'épouse que par la nécessité de ses affaires, sur un faux bruit de la mort de Démétrius, tant pour ne la faire pas méchante sans nécessité, comme Ménélas dans l'*Oreste* d'Euripide, que pour avoir lieu de feindre que Démétrius n'avoit pas encore épousé Rodogune, et venoit l'épouser dans son royaume pour la mieux établir en la place de l'autre, par le consentement de ses peuples, et assurer la couronne aux enfants qui naîtroient de ce mariage. Cette fiction m'étoit absolument nécessaire, afin qu'il fût tué avant que de l'avoir épousée, et que l'amour que ses deux fils ont pour elle ne fît point d'horreur aux spectateurs, qui n'auroient pas manqué d'en prendre une assez forte, s'ils les eussent vus amoureux de la veuve de leur père; tant cette affection incestueuse répugne à nos mœurs.

Cléopâtre a lieu d'attendre ce jour-là à faire confidence à Laonice de ses desseins, et des véritables raisons de tout ce qu'elle a fait. Elle eût pu trahir son secret aux princes, ou à Rodogune, si elle l'eût su plutôt; et cette ambitieuse mère ne lui en fait part qu'au moment qu'elle veut bien qu'il éclate, par la cruelle proposition qu'elle va faire à ses fils. On a trouvé celle que Rodogune leur fait à son tour, indigne d'une personne vertueuse comme je la peins; mais on n'a pas considéré qu'elle ne la fait pas, comme Cléopâtre, avec espoir de la voir exécuter par les princes, mais seulement pour s'exempter d'en choisir aucun, et les attacher tous deux à sa protection par une espérance égale. Elle étoit avertie par Laonice de celle que la reine leur avoit faite, et devoit prévoir que si elle se fût déclarée pour Antiochus, qu'elle aimoit, son ennemie, qui avoit seule le secret de leur naissance, n'eût pas manqué de nommer Séleucus pour l'aîné, afin de les commettre l'un contre l'autre, et d'exciter une guerre civile qui eût pu causer sa perte. Ainsi elle devoit s'exempter de choisir, pour les contenir tous deux dans l'égalité de prétention, et elle n'en avoit point de meilleur moyen, que de rappeler le souvenir de ce qu'elle devoit à la mémoire de leur père, qui avoit perdu la vie pour elle, et leur faire la proposition qu'elle savoit bien qu'ils n'accepteroient pas. Si le traité de paix l'avoit forcée à se départir de ce juste sentiment de reconnoissance, la liberté qu'ils lui rendoient la rejetoit dans cette obligation. Il étoit de son devoir de venger cette mort, mais il étoit de celui des princes de ne se pas charger de cette vengeance. Elle avoue elle-même à Antiochus qu'elle les haïroit s'ils lui avoient obéi ; que comme elle a fait ce qu'elle a dû par cette demande, ils font ce qu'ils doivent par leur refus ; qu'elle aime trop la vertu pour vouloir être le prix d'un crime, et que la justice qu'elle demande de la mort de leur père seroit un parricide, si elle la recevoit de leurs mains.

Je dirai plus. Quand cette proposition seroit tout-à-fait condamnable en sa bouche, elle mériteroit quelque grâce, et pour l'éclat que la nouveauté de l'invention a fait au théâtre, et pour l'embarras surprenant où elle jette les princes, et pour l'effet qu'elle produit dans le reste de la pièce, qu'elle conduit à l'action historique. Elle est cause que Séleucus, par dépit, renonce au trône et à la possession de cette princesse ; que la reine le voulant animer contre son frère, n'en peut rien obtenir, et qu'enfin elle se résout, par désespoir, de les perdre tous deux, plutôt que de se voir sujette de son ennemie.

Elle commence par Séleucus, tant pour suivre l'ordre de l'histoire, que parce que s'il fût demeuré en vie après Antiochus et Rodogune, qu'elle vouloit empoisonner publiquement, il les auroit pu venger. Elle ne craint point la même chose d'Antiochus pour son frère, d'autant qu'elle espère que le poison violent qu'elle lui a préparé fera un effet assez prompt pour le faire mourir avant qu'il ait pu rien savoir de cette autre mort, ou du moins avant qu'il l'en puisse convaincre, puisqu'elle a si bien pris son temps pour l'assassiner, que ce parricide n'a point eu de témoins. J'ai parlé ailleurs de l'adoucissement que j'ai apporté, pour empêcher qu'Antiochus n'en commît un en la forçant de prendre le poison qu'elle lui présente, et du peu d'apparence qu'il y avoit, qu'un moment après qu'elle a expiré presque à sa vue, il parlât d'amour et de mariage à Rodogune. Dans l'état où ils rentrent derrière le théâtre, ils peuvent le résoudre quand ils le jugeront à propos. L'action est complète, puisqu'ils sont hors de péril; et la mort de Séleucus m'a exempté de développer le secret du droit d'aînesse entre les deux frères, qui d'ailleurs n'eût jamais été croyable, ne pouvant être éclairci que par une bouche en qui l'on n'a pas vu assez de sincérité, pour prendre aucune assurance sur son témoignage.

REMARQUES
DE VOLTAIRE
SUR
RODOGUNE.

REMARQUES
SUR RODOGUNE.

ACTE PREMIER.
SCÈNE I.ère

1. Enfin ce jour pompeux, cet heureux jour nous luit,
Qui d'un trouble si long doit dissiper la nuit, etc.

A ce magnifique début, qui annonce la réunion entre la Perse et la Syrie, et la nomination d'un roi, etc., on croirait que ce sont des princes qui parlent de ces grands intérêts (quoiqu'un prince ne dise guère qu'un jour est pompeux) : ce sont malheureusement deux subalternes qui ouvrent la pièce. Corneille, dans son Examen, dit qu'on lui reprocha cette faute : il était presque le seul qui eût appris aux Français à juger ; avant lui on n'était pas difficile. Il n'y a guère de connaisseurs, quand il n'y a point de modèles.

Les défauts de cette exposition sont, 1.º qu'on ne sait point qui parle ; 2.º qu'on ne sait point de qui l'on parle ; 3.º qu'on ne sait point où l'on parle. Les premiers vers doivent mettre le spectateur au fait autant qu'il est possible. *a*

---

a Corneille ne dit pas qu'on lui ait fait reproche de ce que

² Ce grand jour est venu, mon frère, où notre reine....
Doit rompre aux yeux de tous son silence obstiné.

Quelle reine? elle n'est pas nommée dans cette scène. On ne dit point que l'on soit en Syrie, et il faudrait le dire d'abord. *a*

☞ ³ Mais n'admirez-vous point que cette même reine
Le donne pour époux à l'objet de sa haine?...

Sa haine se rapporte à l'*époux*, qui est le substantif le plus voisin; cependant l'auteur entend la *haine* de Cléopâtre : ce sont de ces fautes de grammaire dans lesquelles Corneille, qui ne châtiait pas son style, tombe souvent, et dans lesquelles Racine ne tombe jamais depuis Andromaque. *b*

c'étoient deux subalternes qui ouvroient la pièce; mais il convient que Timagène, à qui Laonice fait le récit, l'écoute sans y avoir *aucun intérêt notable, et que comme il y avoit quelque temps qu'il étoit de retour avec les princes, il n'y a pas d'apparence qu'il ait attendu ce grand jour de cérémonie pour s'informer de sa sœur comment se sont passés les grands troubles de la Syrie.* C'est en effet en cela que consiste le principal défaut de cette exposition.

a La reine, il est vrai, n'est nommée ni dans cette scène, ni dans le reste de la pièce. Corneille en donne la raison dans l'examen de son ouvrage. D'ailleurs, le titre de reine la distingue assez des autres personnages. Nous convenons qu'il est au moins nécessaire que l'on sache que la scène se passe en Syrie, et qu'il seroit à désirer que cela fût dit dès les premiers vers, tandis que ce n'est qu'au vingt-quatrième qu'on l'apprend.

b Il ne peut y avoir d'équivoque. Ce souverain qu'on donne pour époux à Rodogune, n'est pas encore connu; on ne peut donc savoir si cette princesse est l'objet de sa haine, mais l'on sait déjà qu'elle est l'objet de la haine de la reine.

4 Et n'en doit faire un roi qu'afin de couronner
Celle que dans les fers elle aimoit à gêner.

Le mot *gêner* ne signifie parmi nous qu'*embarrasser, inquiéter*: ainsi Pyrrhus dit à Andromaque : Ah, que vous me gênez ! Il vient, à la vérité, originairement de *gehéne*, vieux mot tiré de la Bible, qui signifie *torture, prison* ; mais jamais il n'est pris en ce dernier sens.

5 Rodogune par elle en esclave traitée,
Par elle se va voir sur le trône montée,

n'est pas français : une machine est *montée* par quelqu'un ; une reine n'est pas *montée* au trône par un autre. Et *se va voir montée* est ridicule.

6 Pour le mieux admirer trouvez bon, je vous prie,
Que j'apprenne de vous les troubles de Syrie.

Pour le, etc. Ce *le* ne se rapporte à rien ; et *pour le mieux admirer* est un peu du style comique : *trouvez bon, je vous prie*, etc. Tout cela ressemble trop à une conversation familière de deux domestiques qui s'entretiennent des aventures de leurs maîtres sans aucun art. *a*

7 J'en ai vu les premiers, et me souviens encor
Des malheureux succès du grand roi Nicanor.

Succès veut dire au propre *événement heureux* ; mais il est permis de dire *malheureux, mauvais, funeste succès*. *b*

a Ce style est à la vérité trop familier ; mais dire que dans ces mots, *pour le mieux admirer*, le ne se rapporte à rien, c'est montrer n'avoir pas fait attention que Timagène répond à ce qu'a dit Laonice : *Mais n'admirez-vous point*, etc.

b Cette remarque n'apprend rien que tout le monde ne sache.

8 Quand des Parthes vaincus, pressant l'adroite fuite,
Il tomba dans leurs fers au bout de sa poursuite.

Il semble qu'il ait pressé les Parthes de fuir : l'auteur veut dire que Nicanor poursuivait les Parthes fuyants. *a*

9 Je n'ai pas oublié que cet événement
Du perfide Tryphon fit le soulèvement.

Le spectateur ne sait pas quel est ce Tryphon ; il fallait le dire. *b*

10 Il crut pouvoir saisir la couronne ébranlée.

Un empire, un trône peut être ébranlé, mais non pas une couronne. Il faut toujours que la métaphore soit juste. *c*

☞ 11 La reine, craignant tout de ces nouveaux orages,
En sut mettre à l'abri ses plus précieux gages.

En sut mettre à l'abri est louche et incorrect : le mot de *gages* seul n'a aucun sens que quand il signifie appointements : il a reçu ses gages ; mais il faut dire les gages de mon hymen pour signifier mes enfants. *d*

a Presser la fuite d'un ennemi vaincu, c'est assurément le poursuivre dans sa fuite ; il ne peut pas y avoir deux manières de l'entendre.

b Nous voilà à la neuvième remarque, et celle-ci est peut-être la première parfaitement juste.

c Cette métaphore est juste, malgré le principe établi par Voltaire. Voyez les observations générales, titre *Des Métaphores*.

d En sut mettre à l'abri, ne présente rien d'incorrect. Le reste de la remarque nous paroît fondé.

ACTE I, SCÈNE I.

☞ 12 Et pour n'exposer pas l'enfance de ses fils,
Me les fit chez son frère enlever à Memphis.

Me les fit enlever, phrase louche. Elle peut signifier, *les fit enlever de mes bras,* ou *m'ordonna de les enlever :* en ce dernier sens, elle est mauvaise. *Enlever à Memphis* est impropre ; elle les porta, les conduisit à Memphis, les cacha dans Memphis. *Enlever à Memphis* signifie tout le contraire. *Enlever à* signifie *ôter à*, *dérober à ; enlever le Palladium à Troie, enlever Hélène à Paris. Élever* au lieu d'*enlever* ôterait toute équivoque. Peut-être y a-t-il eu dans la première édition une faute d'impression qui a été répétée dans toutes les autres.

13 Là, nous n'avons rien su que de la renommée,
Qui, par un bruit confus diversement semée,
N'a porté jusqu'à nous ces grands renversements
Que sous l'obscurité de cent déguisements.

Il ne faudrait pas imiter cette phrase, quoique l'idée soit intelligible : on ne dit pas *semer la renommée,* comme on dit, dans le discours familier, *semer un bruit. La renommée diversement semée par un bruit,* cela n'est pas français : la raison en est qu'un bruit ne sème pas, et que toute métaphore doit être d'une extrême justesse. *a*

14 Sachez donc que Tryphon, après quatre batailles,
Ayant su nous réduire à ces seules murailles....

Quelles sont ces murailles ? Ne fallait-il pas d'a-

---

a En admettant que cette phrase ne soit pas française, la raison que donne Voltaire n'est pas bonne, puisqu'il s'ensuivroit la condamnation des meilleurs vers français. Voyez les observations générales, titre *Des Métaphores.*

bord nommer Séleucie ? Ce sont là des fautes contre l'art, non pas un manque de génie. Cet oubli des convenances ne diminue point le mérite de l'invention. *a*

25 En forma tôt le siége.

Tôt ne se dit plus ; il est devenu bas.

26 Un faux bruit s'y coula touchant la mort du roi.

S'y coula n'est pas d'un style noble. *b*

27 Croyant son mari mort, elle épousa son frère.

Il semble qu'elle épousa son propre frère : ne devait-on pas exprimer qu'elle épousa le frère de son mari ? L'auteur ne devait-il pas lever cette petite équivoque avec d'autant plus de soin, qu'on pouvait épouser son frère en Perse, en Syrie, en Égypte, à Athènes, en Palestine ? Ce n'est là qu'une très-légère négligence ; mais il faut toujours faire voir combien il importe de parler purement sa langue et d'être toujours clair.

28 L'effet montra soudain ce conseil salutaire.

Montrer une chose bonne ou mauvaise, utile ou dangereuse, ne signifie pas montrer que cette chose est telle, prouver qu'elle est telle ; il montrait ses

---

a Il est question des troubles de Syrie. On ne peut donc guère douter qu'il ne s'agisse ici de Séleucie, capitale de ce royaume ; mais il eût été mieux de la nommer.

b La remarque précédente et celle-ci apprennent-elles quelque chose que ne sache le plus jeune écolier ?

blessures mortelles, ne dit pas il montrait que ses blessures étaient mortelles. *a*

☞ 19 Le prince Antiochus devenu nouveau roi....

Ce mot *nouveau* est de trop ; il gâte le sens et le vers.

20 Sembla de tous côtés traîner l'heur avec soi.

On a déjà remarqué que l'*heur* ne se dit plus; mais on ne traîne avec soi ni l'*heur* ni le *bonheur :* *traîner* donne toujours l'idée de quelque chose de douloureux ou d'humiliant ; on traîne sa misère, sa honte; on traîne une vie obscure; les rois vaincus étaient traînés au Capitole. *Et traîné sans honneur autour de nos murailles.* Le mot *traîner* est encore heureusement employé pour signifier une douce violence, et alors il est mis pour *entraîner :* *Charmant, jeune, traînant tous les cœurs après soi.*

21 Sur nos fiers ennemis rejeta nos alarmes.

Le mot est impropre : on ne rejette point des *alarmes* sur un autre comme on rejette une faute, un soupçon, etc. sur un autre; les *alarmes* sont dans les hommes, parmi les hommes, et non sur

---

a Voltaire condamne ici une ellipse très-heureuse, dont on trouve par-tout des exemples. Ailleurs il déclare la guerre aux métaphores ; il n'y a pas jusques aux antithèses, dont il est si prodigue, qu'il ne blâme chez les autres. Quelle sera donc la différence de la poésie à la prose ?
Racine a fait dire à Acomat, dans *Bajazet* :
    Lui montrai d'Amurat le retour incertain.
Cette tournure est absolument la même que celle de Corneille.

les hommes. On ne peut trop répéter que la propriété des termes est toujours fondée en raison. *a*

☞ 22 Et la mort de Tryphon, dans un dernier combat,
Changeant tout notre sort, lui rendit tout l'état.

Cela ressemble à un *gendre du gouverneur de toute la province.* On est malheureusement obligé de remarquer des négligences, des obscurités, des fautes, presque à chaque vers.

23 Quelque promesse alors qu'il eût faite à la mère
De remettre ses fils au trône de leur père....

Il n'est pas dit que cette veuve de Nicanor était Cléopâtre, mère des deux princes, et que le roi Antiochus avait promis de rendre la couronne aux enfants du premier lit. Le spectateur a besoin qu'on lui débrouille cette histoire. Cléopâtre n'est pas nommée une seule fois dans la pièce. Corneille en donne pour raison qu'on aurait pu la confondre avec la Cléopâtre de César; mais il n'y a guère d'apparence que les spectateurs instruits, qui instruisent bientôt les autres, eussent pris cette reine de Syrie pour la maîtresse de César. Et puis, comment cet

---

a On représente plus haut le peuple épouvanté du siége formé par Tryphon. Maintenant on dit que la victoire d'Antiochus rejeta *les alarmes,* c'est-à-dire l'épouvante sur les ennemis. Le sens est certainement fort clair. On dit bien *jeter l'épouvante;* pourquoi ne diroit-on pas rejeter? Il auroit été sans doute ridicule de dire *dans nos fiers ennemis;* Corneille a mis *sur;* il n'y a point là d'expression impropre. L'inversion, sans laquelle il n'existe pour ainsi dire pas de poésie, emploie fréquemment une préposition à la place d'une autre. Voyez les observations générales, titre *Des bons Vers.*

ACTE I, SCÈNE I.

Antiochus avait-il promis de rendre le royaume aux deux princes? devaient-ils régner tous deux ensemble? Tout cela est un peu confus dans le fond, et est exprimé confusément; plusieurs lecteurs en sont révoltés. On est plus indulgent à la représentation. *a*

24 Ayant régné sept ans, son ardeur militaire....

Ce mot *militaire* est technique, c'est-à-dire un terme d'art; le *pas militaire*, la *discipline militaire*, *l'ordre militaire de Saint-Louis*. Il faut en poésie employer les mots *guerrière*, *belliqueuse*.

25 Ralluma cette guerre où succomba son frère.

Rien ne fait mieux voir la nécessité absolue d'écrire purement, que l'erreur où jette ce mot *succomba*; il fait croire qu'un frère d'Antiochus succomba dans cette nouvelle guerre. Point du tout : il est question du roi Nicanor, qui avait succombé

---

a Il est dit, au trente-cinquième vers, que la reine de Syrie voyant et la captivité de Nicanor, et l'entreprise de Tryphon, pour ne pas exposer l'enfance de *ses fils*, les envoya à Memphis; c'est assurément bien dire qu'elle est la mère des deux princes. Voltaire objecte qu'il n'a pas été dit qu'Antiochus avoit promis de rendre la couronne aux enfants du premier lit. D'abord il n'est pas question d'enfants du second lit; ensuite ce n'est qu'à l'instant même qu'on parle d'Antiochus pour la première fois, et c'est au même moment que l'on dit qu'il témoigna ne vouloir pas tenir la promesse qu'il avoit faite. Pouvoit-on parler de la promesse d'Antiochus avant d'avoir nommé ce prince? La phrase de Corneille est très-claire, et n'exige pas qu'on ait précédemment parlé de cette promesse. Si la couronne avoit été rendue aux princes par Antiochus, elle auroit été donnée de même par droit d'aînesse. Cela ne jette aucune confusion dans ces détails.

dans la guerre précédente. Il fallait *avait succombé;* cela seul jette des obscurités sur cette exposition. N'oublions jamais que la pureté du style est d'une nécessité indispensable.

Quand on voit que celui qui conte cette histoire s'interrompt *aux mille beaux exploits* de cet Antiochus, *craint à l'égal du tonnerre,* et *qui donna bataille,* cette interruption, qui laisse le spectateur si peu instruit, lui ôte l'envie de s'instruire; et il a fallu tout l'art et toutes les ressources du génie de Corneille pour renouer le fil de l'intérêt. *a*

26 Il attaqua le Parthe, et se crut assez fort
Pour en venger sur lui la prison et la mort.

La construction est encore obscure et vicieuse; *en* se rapporte au frère, et *lui* se rapporte au Parthe. La difficulté d'employer les pronoms et les conjonctions, sans nuire à la clarté et à l'élégance, est très-grande en français.

27 Je vous acheverai le reste une autre fois,

est du style comique.

28 Un des princes survient.

On ne sait point quel prince, et Antiochus, ne se nommant point, laisse le spectateur incertain.

---

a Il falloit en effet cette guerre *où avoit succombé* son frère. La remarque de Voltaire est-elle elle-même assez claire? Entend-on bien que Nicanor, fait prisonnier et cru mort sept ans auparavant, étoit frère d'Antiochus?

SCÈNE II.

¹ . . . . Demeurez, Laonice.

On ne sait encore si c'est Antiochus ou Séleucus qui parle ; on ignore même que l'un est Antiochus, l'autre, Séleucus. Il est à remarquer qu'Antiochus n'est nommé qu'au quatrième acte, à la scène troisième, et Séleucus à la scène cinquième, et que Cléopâtre n'est jamais nommée. Il falloit d'abord instruire les spectateurs. Le lecteur doit sentir la difficulté extrême d'expliquer tant de choses dans une seule scène, et de les énoncer d'une manière intéressante. Mais voyez l'exposition de Bajazet : il y avait autant de préliminaires dont il fallait parler; cependant quelle netteté ! comme tous les caractères sont annoncés ! avec quelle heureuse facilité tout est développé ! quel art admirable dans cette exposition de Bajazet ! *a*

² Vous pouvez, comme lui, me rendre un bon office.

Bon office. Jamais ce mot familier ne doit entrer dans le style tragique.

a Ce qui, dans cette tragédie, a dû ajouter beaucoup à la difficulté de l'exposition du sujet, c'est l'obligation que Corneille s'étoit imposée, de ne point du tout nommer Cléopâtre, et de ne nommer ses fils que le plus tard possible, par la crainte qu'on ne confondit la reine avec Cléopâtre l'Égyptienne, et Antiochus avec son oncle, frère et successeur de Nicanor. Nous avons déjà fait observer que le titre de reine suffisoit pour distinguer la mère. A l'égard des enfants, l'ignorance de leurs noms ne jette aucune obscurité dans l'ouvrage.

3 Dans l'état où je suis, triste et plein de souci,
  Si j'espère beaucoup, je crains beaucoup aussi.

Plein de souci n'est pas assez noble.

4 Un seul mot aujourd'hui, maître de ma fortune,
  M'ôte ou donne à jamais le sceptre et Rodogune.

Il vaudrait mieux qu'on sût déjà qui est Rodogune. Il est encore plus important de faire connaître tout d'un coup les personnages auxquels on doit s'intéresser, que les événements passés avant l'action. *a*

5 Et de tous les mortels ce secret révélé
  Me rend le plus content ou le plus désolé.

Il semble, par la phrase, que ce secret ait été révélé par tous les mortels. On n'insiste ici sur ces petites fautes que pour faire voir aux jeunes auteurs quelle attention demande l'art des vers. *b*

6 Je vois dans le hasard tous les biens que j'espère,

est impropre et louche. *Voir dans le hasard* ne signifie pas, *Mon bien est au hasard, mon bien est hasardé* : cette expression n'est pas française.

7 Donc pour moins hasarder j'aime mieux moins prétendre.

Donc ne doit presque jamais entrer dans un vers,

---

a On sait qui est Rodogune. Laonice a dit, dès les premiers vers, que Rodogune, *princesse des Parthes*, alloit monter sur le trône, en épousant l'un des princes.

b Pour que la phrase s'entendît comme l'explique Voltaire, il faudroit qu'il y eût *par tous les mortels;* mais avec *de* on doit entendre, Et ce secret révélé me rend le plus content ou le plus désolé de tous les mortels.

encore moins le commencer. *Quoi donc* se dit très-bien, parce que la syllabe *quoi* adoucit la dureté de la syllabe *donc*.

Racine a dit :

Je suis donc un témoin de leur peu de puissance.

Mais remarquez que ce mot est glissé dans le vers, et que sa rudesse est adoucie par la voyelle qui le suit. Peu de nos auteurs ont su employer cet enchaînement harmonieux de voyelles et de consonnes. Les vers les mieux pensés et les plus exacts rebutent quelquefois : on en ignore la raison ; elle vient du défaut d'harmonie. *a*

a J'ai dit, dans ma préface, que Voltaire avoit avancé des systèmes contraires à la poésie. Ne peut-on pas qualifier ainsi la proscription qu'il prononce contre plus de quatre-vingts mots employés par Corneille ? *Donc* ne doit, suivant lui, presque jamais entrer dans un vers. Cependant, il n'est pas de pièce où Racine ne se soit servi de ce mot. Je garantis qu'on le trouvera plus de six fois dans la seule tragédie d'*Iphigénie*. Il y est dans la bouche de tous les personnages :

Il est *donc* vrai, madame, et c'est vous que je vois.
ACHILLE.
Commencez *donc* par-là cette heureuse journée.
IPHIGÉNIE.
Seigneur, c'est *donc* à moi d'embrasser vos genoux.
CLYTEMNESTRE.
Fuyez *donc*; retournez dans votre Thessalie.
AGAMEMNON.
Et que fera-t-il *donc*? quel courage endurci ! etc.
ÉRIPHYLE.

Si le lecteur ne se contente pas de ces cinq exemples, il peut en trouver *six* autres dans la seule tragédie d'*Oreste*, de Voltaire. Je me contenterai d'en citer un vers, dans la bouche de Clytemnestre, où le mot *donc* n'est nullement *adouci*.

N'aurai-je *donc* jamais qu'un époux parricide !

8 Et, pour rompre le coup que mon cœur n'ose attendre....

J'ai déjà remarqué qu'on ne rompt point un coup; on le pare, on le détourne, on l'affaiblit, on le repousse; de plus, on prononce ces mots comme *rompre le cou;* il faut éviter cette équivoque. Si l'expression *rompre un coup* est prise des jeux, comme, par exemple, du jeu de dés, où l'on dit, *rompre le coup*, quand on arrête les dés de son adversaire, cette figure alors est indigne du style noble.

9 Lui cédant de deux biens le plus brillant aux yeux,
M'assurer de celui qui m'est plus précieux.

On est étonné d'abord qu'un prince cède un trône pour avoir une femme. Cette seule idée fit tomber Pertharite, qui redemandait sa propre épouse, et dont la vertu pouvait excuser cette faiblesse. Mais, dans Pertharite, cette cession est la catastrophe : ici elle commence la pièce. Antiochus est déterminé par son amitié pour son frère Séleucus, ainsi que par son amour pour Rodogune. Ce qui déplaît dans Pertharite ne déplaît pas ici. Tout dépend des circonstances où l'auteur sait mettre ses personnages. Peut-être eût-il fallu qu'Antiochus eût paru éperdument amoureux, et qu'on s'intéressât déjà à sa passion, pour qu'on excusât davantage ce début par lequel il renonce au trône. *a*

a Antiochus renonce à l'espérance du trône, mais non pas au trône, puisqu'il ne sait pas si c'est lui qui doit l'avoir. Il est amoureux, n'a point d'ambition, et croit que son frère sera flatté de régner. Voilà les raisons qui le déterminent.

ACTE I, SCÈNE II.

¹⁰ Heureux si, sans attendre un fâcheux droit d'aînesse,
Pour un trône incertain j'en obtiens la princesse....

Le mot propre au dernier hémistiche du premier vers est *incertain*, car ce droit d'aînesse n'est point *fâcheux* pour celui qui aura le trône et Rodogune : *fâcheux*, d'ailleurs, n'est pas noble.

☞ ¹¹ Et puis, par ce partage, épargner les soupirs....

Il faut absolument, *Et si je puis épargner des soupirs* : on dit bien *je vous épargne des soupirs*; mais on ne peut dire *j'épargne des soupirs*, comme on dit *j'épargne de l'argent*.

☞ ¹² Qui naîtroient de ma peine ou de ses déplaisirs!

Cela veut dire *de ma peine* ou *de sa peine*. Les déplaisirs et la peine ne sont pas des expressions assez fortes pour la perte d'un trône.

☞ ¹³ Va le voir de ma part, Timagène, et lui dire
Que pour cette beauté je lui cède l'empire.

Pour cette beauté, termes de comédie, et qui jettent une espèce de ridicule sur cette ambassade : Va lui dire que je lui cède l'empire pour une beauté.

¹⁴ Mais porte-lui si haut la douceur de régner....

On ne porte point haut une douceur; cela est impropre, négligé, et peu français. Racine dit, *OEnone, fais briller la couronne à ses yeux* : c'est ainsi qu'il faut s'exprimer.

¹⁵ Qu'à cet éclat du trône il se laisse gagner.

Qu'il se laisse éblouir est le mot propre; mais *se laisser gagner à un éclat* affaiblit cette belle idée.

SCÈNE III.

1 Et vous, en ma faveur voyez ce cher objet.

Ce cher objet n'est-il pas un peu du style de l'idylle? Le ton de la pièce n'est pas jusqu'à présent au-dessus de la haute comédie, et est trop vicieux.

SCÈNE IV.

1 Seigneur, le prince vient; et votre amour lui-même
Lui peut sans interprète offrir le diadême.

Quel prince? Le spectateur peut-il savoir si c'est Séleucus ou Antiochus? La réponse de Timagène ne semble-t-elle pas un reproche? et si ce Timagène était un homme de cœur, son discours sec ne paraîtrait-il pas signifier, Chargez-vous vous-même d'une proposition si humiliante; dites vous-même à votre frère que vous renoncez au droit de régner?[a]

2 Ah! je tremble; et la peur d'un trop juste refus
Rend ma langue muette et mon esprit confus.

Antiochus, qui tremble que son frère n'accepte pas l'empire, a-t-il des sentiments bien élevés? Ne devrait-il pas préparer les spectateurs à cette aversion qu'il a montrée pour régner? J'ai vu de bons

---

[a] Encore une fois, Antiochus ne renonce pas au droit de régner, puisque ce droit n'est pas connu. Timagène ne fait aucune réponse: il sort pour exécuter l'ordre d'Antiochus, et rentre bientôt après lui annoncer son frère. Il est donc loin de vouloir dire: *Chargez-vous vous-même d'une proposition si humiliante.* Par ces mots: *Le prince vient*, le spectateur sait que c'est l'autre fils de la reine; c'est tout ce qu'il a besoin de savoir.

ACTE I, SCÈNE V.

critiques penser ainsi : je soumets au public leur jugement et mes doutes. *a*

SCÈNE V.

1 Vous puis-je en confiance expliquer ma pensée ?

On ne sait point encore que c'est Séleucus qui parle. Il était aisé de remédier à ce petit défaut.

2 . . . . Ce jour fatal à l'heur de notre vie
Jette sur l'un de nous trop de honte ou d'envie.

Pourquoi trop de honte ? y a-t-il de la honte à n'être pas l'aîné ? et s'il est honteux de ne pas régner, pourquoi céder le trône si vite ? *b*

a La réponse à cette remarque se trouve faite dans ce que nous avons dit au sujet de la neuvième sur la scène précédente. Quand Voltaire a mis en avant une critique, son usage est d'y revenir sans cesse.

Il n'est peut-être pas hors de propos de faire observer que toutes les fois que le commentateur emploie ces mots : *J'ai vu de bons critiques penser ainsi, je soumets au public mes doutes*, on peut être certain que la remarque dont il s'agit a été condamnée par l'Académie. Il écrivit à Duclos, le 26 octobre 1761, en parlant de cette compagnie : *Je rapporte comme très-douteuse l'opinion contraire à son sentiment.*

b Ces mots, *trop de honte*, qui ont fourni à Voltaire le sujet d'une critique, me semblent pouvoir être regardés comme fort heureux. En effet, Séleucus, qui vient pour céder à son frère ses prétentions au trône, n'a-t-il pas l'intention, en employant ces mots, de persuader à Antiochus qu'il est honteux de ne pas régner ; et celui-ci, lorsqu'il entend son frère émettre une telle opinion, ne doit-il pas espérer qu'il le trouvera disposé à accepter l'offre que lui-même veut faire à Séleucus ?

3 Mais, si vous le voulez, j'en sais bien le remède.

Ce vers est de la haute comédie. On a déjà dit que cet usage dura trop long-temps.

4 Si je le veux ! bien plus, je l'apporte, et vous cède
Tout ce que la couronne a de charmant en soi.

Il paraît singulier que Séleucus ait précisément la même idée que son frère. Il y a beaucoup d'art à les représenter unis de l'amitié la plus tendre; n'y en a-t-il point un peu trop à leur faire naître en même temps une idée si contraire au caractère de tous les princes? cela est-il bien naturel? Peut-être que non. Cependant les deux frères intéressent; pourquoi? parce qu'ils s'aiment; et le spectateur voit déjà dans quel embarras ils vont se précipiter l'un et l'autre. *a*

5 Elle vaut bien un trône, il faut que je le die. —
Elle en vaut à mes yeux tout ce qu'en a l'Asie.

Ces discours sont d'un style familier; et *il faut que je le die* est plus qu'inutile : car lorsqu'on se sert de ces tours, *il faut que je le dise, que je l'avoue, que j'en convienne,* c'est pour exprimer sa répugnance. *Mon ennemi a des vertus, il faut que j'en convienne; je vais vous apprendre une chose désagréable, mais il faut que je la dise.* Antiochus n'a aucune répugnance à dire que Rodogune est préférable aux trônes de l'Asie.

a On ne peut nier qu'il paroît singulier que la même idée soit venue aux deux princes. Ce que nous avons dit d'Antiochus dans notre réponse à la neuvième remarque sur la scène dixième, peut s'appliquer à Séleucus, qui est dans la même situation.

6 Vous l'aimez donc, mon frère ! — Et vous l'aimez aussi.

Plusieurs critiques demandent comment deux frères si unis, et qui n'ont tous deux qu'un même sentiment, ont pu se cacher une passion dont l'aveu involontaire échappe à tous ceux qui l'éprouvent ? comment ne se sont-ils pas au moins soupçonnés l'un l'autre d'être rivaux ? Quoi ! tous deux débutent par se céder le trône pour une maîtresse ! A peine serait-il permis d'abandonner son droit à une couronne pour une femme dont on serait adoré ; et deux princes commencent par préférer à l'empire une femme à laquelle ils n'ont pas seulement déclaré leur amour !

C'est au lecteur à s'interroger lui-même, à se demander quel effet cette idée fait sur lui, si ce double sacrifice est vraisemblable, s'il n'est pas un peu romanesque : mais aussi il faut considérer que ces princes ne cèdent pas absolument le trône, mais un droit incertain au trône ; voilà ce qui les justifie. *a*

---

a Aux termes du traité, Rodogune épousera celui des deux frères qui sera déclaré roi. L'un et l'autre ont donc dû attendre cette déclaration. L'aveu anticipé de leur amour eût été inutile et même imprudent. Puisqu'ils ont dû le cacher soigneusement, comment se soupçonneroient-ils d'être rivaux ? Le moment de connoître leur sort est arrivé : la crainte de perdre l'objet de ses vœux, l'ignorance où il est de l'amour de son frère, et l'idée que celui-ci attache un grand prix au trône, engage chacun d'eux à se découvrir et à céder ses espérances à la couronne. Le sacrifice est réciproque, et non pas DOUBLE, comme le dit le commentateur. Il n'y a là rien d'extraordinaire, si ce n'est que la même idée soit venue à tous deux.

Voltaire vient enfin de convenir que ces princes ne cèdent pas absolument le trône, mais un droit incertain au trône. *Voilà*

7   O mon cher frère ! ô nom pour un rival trop doux !

répare tout d'un coup ce que leur proposition semble avoir de trop avilissant et de trop concerté ; mais ces répétitions par écho, *que ne ferais-je point contre un autre !* sont-elles assez nobles, assez tragiques, et d'un assez bon goût ? *a*

8   Amour, qui doit ici vaincre de vous ou d'elle ?

Cette apostrophe à l'amour est-elle digne de la tragédie ?

9   L'amour, l'amour doit vaincre.

Cette réponse ne sent-elle pas un peu plus l'idylle que la tragédie ? Remarquez que Racine, qui a tant traité l'amour, n'a jamais dit, *l'amour doit vaincre.* Il n'y a pas une maxime pareille même dans Bérénice. En général ces maximes ne touchent jamais. Tous ceux qui ont dit que Racine sacrifiait tout à l'amour, et que les héros de Corneille étaient toujours supérieurs à cette passion, n'avaient pas examiné ces deux auteurs. Il est très-commun de lire, et très-rare de lire avec fruit. *b*

dit-il à la fin de sa remarque, *ce qui les justifie.* N'est-ce pas en même temps ce qui condamne et cette remarque et quatre ou cinq autres, où il les accuse *de faire une proposition humiliante, de céder le trône trop vite, d'avoir une idée contraire au caractère de tous les princes ?* etc.

a La remarque en elle-même nous paroît sévère ; et ces mots, *répétitions par écho*, nous semblent indécents.

b Voltaire a-t-il pris Antiochus et Séleucus pour les héros de Corneille ? Les héros de Corneille ne sont-ils pas le Cid, Horace, Cinna, Sévère, Nicomède, Sertorius ? Ses héroïnes ne sont-elles

10 Mais lorsqu'un digne objet a pu nous enflammer,
Qui le cède est un lâche, et ne sait pas aimer.

Cette maxime n'est-elle pas encore plus convenable à un berger qu'à un prince? *Qui cède sa maîtresse est un lâche, et ne sait pas aimer*; et *qui cède un trône est un grand cœur.* Avouons que ni dans Cyrus ni dans Clélie on ne trouve point de sentences amoureuses d'une semblable afféterie. Louis Racine, fils de l'immortel Jean Racine, s'élève avec force contre ces idées dans son *Traité de la Poésie,* pag. 355, et ajoute : « La femme qui mé-
« rite ce grand sacrifice est cependant une femme
« très-peu estimable ; et l'on peut remarquer que,
« dans les tragédies de Corneille, toutes ces femmes
« adorées par leurs amants sont, par les qualités de
« leur âme, des femmes très-communes ; ce n'est
« que par la beauté que Cléopâtre captive César, et
« qu'Émilie a tout empire sur Cinna. »

Cet auteur judicieux en excepte sans doute Pauline, qui immole si noblement son amour à son devoir.

Ajoutons à cette remarque que les deux frères disent leurs secrets devant deux subalternes, et que Timagène est le confident des amours des deux frères. Comment ces deux frères, qui sont si unis, ne se sont-ils pas avoué ce qu'ils ont avoué à un domestique? [a]

pas Chimène, Émilie, Pauline, Cléopâtre, Cornélie, Viriate? Quel est celui de tous ces personnages qui ne soit pas toujours supérieur à l'amour?

[a] Voltaire ajoute, avec sa bonne foi ordinaire : *Et qui cède un*

11 Ces deux siéges fameux de Thèbes et de Troie....

Les citations des siéges de Troie et de Thèbes sont peut-être étrangères à ce qui se passe : ne pourroit-on pas dire, *Non erat his locus?*

12 Qui mirent l'une en sang, l'autre aux flammes en proie....

On ne met point en sang une ville, on ne la met point en proie; on la livre, on l'abandonne en proie.

13 Tout va choir en ma main, ou tomber en la vôtre.

Le mot de *choir,* même du temps de Corneille, ne pouvait être employé pour tomber en partage.

14 Que de sources de haine! Hélas! jugez le reste.

Jugez du reste était l'expression propre, mais elle n'en est pas plus digne de la tragédie : juger quelque chose, c'est porter un arrêt; juger de quelque chose, c'est dire son sentiment.

15 Ainsi ce qui jadis perdit Thèbes et Troie
Dans nos cœurs mieux unis ne versera que joie.

Ne versera que joie ne se dirait pas aujourd'hui, et c'était même alors une faute; on ne verse point joie. La scène est belle pour le fond, et les sentiments l'embellissent encore.

On demande à présent un style plus châtié, plus

trône est un grand cœur. Il vient cependant de convenir, il n'y a qu'un instant, qu'il ne s'agit pas de céder un trône, mais *un droit incertain au trône.*

Nous avons fait remarquer, dans une observation précédente, que les princes n'avoient pas dû s'avouer leur amour; mais rien n'empêchoit qu'ils ne l'avouassent à leur confident, qui, par parenthèse, est leur gouverneur, et non pas un *domestique,* comme l'avance Voltaire.

élégant, plus soutenu : on ne pardonne plus ce qu'on pardonnait à un grand homme qui avait ouvert la carrière ; et c'est à présent sur-tout qu'on peut dire :

Sans la langue, en un mot, l'auteur le plus divin
Est toujours, quoi qu'il fasse, un mauvais écrivain.

Quand des pièces romanesques réussissent de nos jours au théâtre par les situations, si elles fourmillent de barbarismes, d'obscurités, de vers durs, elles sont regardées, par les connaisseurs, comme de très-mauvais ouvrages. Je crois que, malgré tous ses défauts, cette scène doit toujours réussir au théâtre. L'amitié tendre des deux frères touche d'abord : on excuse leur dessein de céder le trône, parce qu'ils sont jeunes, et qu'on pardonne tout à la jeunesse passionnée et sans expérience ; mais surtout parce que leur droit au trône est incertain. La bonne-foi avec laquelle ces princes se parlent doit plaire au public. Leurs réflexions, que Rodogune doit appartenir à celui qui sera nommé roi, forment tout d'un coup le nœud de la pièce ; et le triomphe de l'amitié sur l'amour et sur l'ambition finit cette scène parfaitement. [a]

SCÈNE VI.

1 Peut-on plus dignement mériter la couronne ?

Mériter plus dignement signifie à la lettre, *être*

---

[a] Dans aucun temps on n'a dit, *ne verse point joie, ne voit point joie* ; mais en tous temps on pourra dire, ne verse que joie, ne voit que joie, ne respire qu'amour.

digne plus dignement : c'est un pléonasme, mais la faute est légère.

> 2 Mais, de grâce, achevez l'histoire commencée. —
> Pour la reprendre donc où nous l'avons laissée....

Ces discours de confidents, cette histoire interrompue et recommencée, sont condamnés universellement.

> Tous deux, débrouillant mal une pénible intrigue,
> D'un divertissement me font une fatigue.

3 Si bien qu'Antiochus, etc.

Si bien que, tôt après, piqué jusqu'au vif, expressions trop familières qu'il faut éviter.

4 Il alloit épouser la princesse sa sœur.

Sœur de qui? Ce n'est pas de Cléopâtre; c'est Rodogune. Elle est nommée dans la liste des acteurs sœur de Phraates, roi des Parthes; on n'est pas plus instruit pour cela, et le nom de Phraates n'est pas prononcé dans la pièce. *a*

> 5 C'est cette Rodogune, où l'un et l'autre frère
> Trouve encor les appas qu'avoit trouvés leur père.

Cet *encor* semble dire que Rodogune a conservé

---

a Si le texte n'est pas tout-à-fait assez clair, c'est apparemment pour l'embrouiller davantage que Voltaire va chercher Cléopâtre. Pour s'affranchir des fers du vainqueur, *Nicanor alloit épouser la princesse sa sœur.* La seule amphibologie admissible, seroit que Nicanor alloit épouser sa propre sœur, dont il n'a pas été question. Si ce n'est pas sa propre sœur, c'est immanquablement celle du vainqueur, cette princesse des Parthes, Rodogune, dont on n'a cessé de parler depuis le commencement de la pièce. En doute-t-on? Immédiatement après ces mots, *sa sœur,* il est dit : *C'est cette Rodogune,* etc. Je demande s'il y a rien de plus clair?

ACTE I, SCÈNE VI.

sa beauté, que les deux fils la trouvent aussi belle que le père l'avait trouvée. Le théâtre, qui permet l'amour, ne permet point qu'on aime une femme uniquement parce qu'elle est belle : un tel amour n'est jamais tragique.

6 La reine envoie en vain pour se justifier.

Ce tour n'est pas assez élégant ; il est un peu de gazette.

7 Soit qu'ainsi cet hymen eût plus d'autorité.

On ne voit pas ce que c'est que l'*autorité* d'un hymen, ni pourquoi ce second mariage eût été plus respectable en présence de l'épouse répudiée, ni pourquoi cette insulte à Cléopâtre eût mieux assuré le trône aux enfants du second lit.

8 .... Un gros escadron de Parthes pleins de joie
 Conduit ces deux amants, et court comme à la proie.

Plaignons ici la gêne où la rime met la poésie. Ce *plein de joie* est pour rimer à *proie* ; et *comme à la proie* est encore une faute ; car pourquoi ce *comme* ?

9 La reine, au désespoir de n'en rien obtenir,
 Se résout de se perdre....

Se résout de se perdre est un solécisme. Je me résous *à,* je résous *de* ; il s'est résolu à mourir ; il a résolu de mourir.

10 Et, changeant à regret son amour en horreur,
 Elle abandonne tout à sa juste fureur.

On peut faire la guerre, se venger, commettre un crime à regret ; mais on n'a point de l'horreur à regret.

11 Se mêle dans les coups, porte par-tout sa rage.

Il valait mieux dire, *se mêle aux combattants*.

12 La reine, à la gêner prenant mille délices....

On prend plaisir, et non des délices à quelque chose; et on n'en prend point mille.

13 Ne commettoit qu'à moi l'ordre de ses supplices.

Il fallait *le soin de ses supplices*; on ne commet point un ordre.

14 Mais, quoi que m'ordonnât cette âme toute en feu,
Je promettois beaucoup, et j'exécutois peu.

Ame toute en feu, expression triviale pour rimer à *peu*. Dans quelle contrainte la rime jette!

15 Le Parthe cependant en jure la vengeance.

Cet *en* est mal placé; il semble que le Parthe jure la vengeance du peu.

16 Sur nous, à main armée, il fond en diligence;

expression trop commune.

17 Il veut fermer l'oreille, enflé de l'avantage.

Ce mot indéfini *de l'avantage* ne peut être admis ici; il faut *de cet avantage*, ou *de son avantage*.

18 Enfin il craint pour elle, et nous daigne écouter;
Et c'est ce qu'aujourd'hui l'on doit exécuter.

Cela est louche et obscur; il semble qu'on aille exécuter ce qu'on a écouté.

19 Rodogune a paru, sortant de sa prison,
Comme un soleil levant dessus notre horizon.
Le Parthe a décampé.

Expressions trop négligées; mais il y a un grand germe d'intérêt dans la situation que Timagène expose. Il eût été à désirer que les détails eussent été exprimés avec plus d'élégance ; on a remarqué déjà que Racine est le premier qui ait eu ce talent.

20 D'un ennemi cruel il s'est fait notre appui.

Il fallait, *d'ennemi qu'il était. Je me fais votre ami d'un ennemi* n'est pas français : on pourrait dire, *d'un ennemi je suis devenu un ami.*

21 La paix finit la haine.

La haine finit, on ne la finit pas.

22 Vous me trouvez mal propre à cette confidence.

Mal propre ne doit pas entrer dans le style noble ; et que Timagène soit propre ou non à une confidence, c'est un trop petit objet.

23 Et peut-être à dessein.... Je la vois qui s'avance.

A quel dessein ? *a*

24 Adieu : je dois au rang qu'elle est prête à tenir
Du moins la liberté de vous entretenir.

Timagène doit du respect à Rodogune indépendamment de ce mariage ; et il doit se retirer quand elle veut parler à sa confidente. *b*

---

a Et peut-être à dessein, est une phrase interrompue par l'arrivée de Rodogune. On ne voit pas trop l'objet de la question de Voltaire : *A quel dessein ?*

b Laonice est la confidente de Cléopâtre, et non pas de Rodogune.

SCÈNE VII.

¹ Je ne sais quel malheur aujourd'hui me menace,
Et coule dans ma joie une secrète glace.

Coule une glace n'est pas du style noble, et la glace ne coule point.

² Je tremble, Laonice, et te voulois parler,
Où pour chasser ma crainte, ou pour m'en consoler.

Cet *en* se rapporte à la *crainte* par la phrase; il semble qu'elle veuille se consoler de sa crainte. Il faut éviter soigneusement ces amphibologies.

☞ ³ La fortune me traite avec trop de respect.

La fortune ne traite point avec respect: toutes ces expressions impropres, hasardées, lâches, négligées, employées seulement pour la rime, doivent être soigneusement bannies. *a*

⁴ L'hymen semble à mes yeux cacher quelque supplice,
Le trône sous mes pas cacher un précipice.

La poésie française marche trop souvent avec le secours des antithèses, et ces antithèses ne sont pas toujours justes : comment *un hymen cache-t-il un*

---

a Quand Corneille commença d'écrire, il avoit à créer et la langue et le genre dramatique; son génie le portant à de hautes conceptions, il s'y livra tout entier, sans s'occuper du style, qui cependant, lorsqu'il a de grands tableaux à tracer, devient presque aussi correct que ses pensées sont élevées. Aussi disoit-il que quand il avoit conçu le plan d'une tragédie, il la regardoit comme faite; bien différent en cela de certains auteurs, qui ont négligé leurs plans pour soigner quelques détails. Qu'on juge de quel côté est le plus grand mérite. Nous nous contenterons de faire observer que nous avons beaucoup plus de pièces bien écrites que nous n'en avons dont le plan soit bien conçu.

ACTE I, SCÈNE VII.

supplice? comment *un trône creuse-t-il un précipice?* Le précipice peut être creusé sous le trône, et non par lui.

L'antithèse des *premiers fers et des nouveaux, des biens et des maux*, vient ensuite. Cette figure tant répétée est une puérilité dans un rhéteur, à plus forte raison dans une princesse. *a*

5 La paix qu'elle a jurée en a calmé la haine.

On ne doit jamais se servir de la particule *en* dans ce cas-ci ; il fallait *la paix qu'elle a jurée a dû calmer sa haine :* cet *en* n'est pas français; on ne dit point, *j'en crains le courroux, j'en vois l'amour,* pour *je crains son courroux, je vois son amour.*

6 La paix souvent n'y sert que d'un amusement.

Ces réflexions générales et politiques sont-elles d'une jeune femme? Qu'est-ce que la paix qui sert d'amusement à la haine? *b*

7 Et, dans l'état où j'entre, à te parler sans feinte....

On n'entre point dans un état; cela est prosaïque et impropre.

---

a Si toutes les antithèses étoient de l'espèce de celle-ci, on n'auroit pas si souvent à se plaindre de l'usage de cette figure. Rodogune, en s'en servant, peint un pressentiment de ce que Cléopâtre a véritablement l'intention d'exécuter, de lui faire trouver sa perte dans l'hymen.

b Voltaire fait Rodogune vieille ou jeune à son gré. Nous nous contenterons d'une observation; c'est que les malheurs qu'elle a éprouvés ont pu lui donner de l'expérience et lui inspirer des réflexions au-dessus de son âge; d'ailleurs, celles-ci sont courtes, et naissent de sa situation.

8 Elle a lieu de me craindre, et je crains cette crainte.

Cela ressemble trop à un vers de parodie. *a*

9 Non qu'enfin je ne donne au bien des deux états
Ce que j'ai dû de haine à de tels attentats.

Elle n'a point parlé de ces attentats : l'auteur les a en vue ; il répond à son idée : mais Rodogune, par ce mot *tels*, suppose qu'elle a dit ce qu'elle n'a point dit. Cependant le spectateur est si instruit des attentats de Cléopâtre, qu'il entend aisément ce que Rodogune veut dire. Je ne remarque cette négligence très-légère que pour faire voir combien l'exactitude du style est nécessaire. *b*

10 Mais une grande offense est de cette nature,
Que toujours son auteur impute à l'offensé
Un vif ressentiment dont il le croit blessé.

Maxime toujours trop générale, dissertation politique qui est un peu longue, et qui n'est pas exprimée avec assez d'élégance et de force. *De cette nature que.... jamais ne s'y fie*, etc. : il vaut toujours mieux faire parler le sentiment ; c'est là le défaut ordinaire de Corneille : Rodogune se plaignant de Cléopâtre, et exprimant ce qu'elle craint d'un tel caractère, ferait bien plus d'effet qu'une dissertation. Peut-être que Corneille a voulu préparer un peu, par ce ton politique, la proposition

---

a Ce vers présente un grand sens. Le jeu de mots néanmoins est blâmable.

b Le spectateur connoît les attentats de Cléopâtre ; Laonice, à qui Rodogune en parle, en a été témoin. La princesse vient de parler de ses fers : il n'y avoit donc nul sujet de faire une remarque.

ACTE I, SCÈNE VII. 135

atroce que fera Rodogune à ses amants; mais aussi toutes ces sentences, dans le goût de Machiavel, ne préparent point aux tendresses de l'amour, et à ce caractère d'innocence timide que Rodogune prendra bientôt : cela fait voir combien cette pièce était difficile à faire, et de quel embarras l'auteur a eu à se tirer. *a*

☞ 11 Un vif ressentiment dont il le croit blessé.

Blessé d'un ressentiment! une injure blesse; et le ressentiment est la blessure même.

☞ 12 Vous devez oublier un désespoir jaloux
Où força son courage un infidèle époux.

Oublier un désespoir! et un désespoir jaloux, où un infidèle époux a forcé son courage! Presque toutes les scènes de ce premier acte sont remplies de barbarismes ou de solécismes intolérables. Est-ce là l'auteur des belles scènes de Cinna? *b*

13 Quand je me dispensois à lui mal obéir....

n'est pas français; on se dispense d'une chose, et non à une chose. *c*

a Rodogune exprime justement ce qu'elle craint de Cléopâtre, puisqu'après l'exposé de ce qu'on peut craindre d'une personne de qui on a été offensé, elle finit par dire : *Telle est pour moi la reine.*

b Il semble que le commentateur voit des barbarismes et des solécismes où d'autres ne trouveroient que de la négligence, peut-être même une ellipse : *Vous devez oublier des torts, suite d'un désespoir jaloux.*

c Le commentateur paroît avoir blâmé ce vers, parce qu'il ne l'a pas entendu. Il ne s'agit point du tout ici de se dispenser

14 Peut-être qu'en son cœur plus douce et repentie
  Elle en dissimuloit la meilleure partie.

Repentie ne l'est pas non plus, du moins aujourd'hui ; on ne peut pas dire cette princesse *repentie*. Mais pourquoi n'emploierions-nous pas une expression nécessaire, dont l'équivalent est reçu dans toutes les langues de l'Europe ?

☞ 15 Et si de cet amour je la voyois sortir,
  Je jure de nouveau de vous en avertir.

Sortir d'un amour ! de telles impropriétés, de telles négligences révoltent trop l'esprit du lecteur. *a*

16 Vous savez comme quoi je vous suis tout acquise.

Comme quoi ne se dit pas davantage ; et *tout acquise* est du style comique.

☞ 17 Comme ils ont même sang avec pareil mérite....

Avoir même sang est encore un barbarisme ; ils sont du même sang, ils sont nés, formés du même sang : il y avait plus d'une manière de se bien exprimer.

d'une chose. Que voudroit dire, en effet, *quand je me dispensois à lui mal obéir ?* Anciennement, *dispenser* signifioit *autoriser*. Quand je me dispensois à lui mal obéir ; c'est-à-dire quand je m'autorisois à lui mal obéir, ou quand je prenois sur moi de lui mal obéir. Voilà le sens du vers de Corneille.

a Un lecteur instruit des changements que la langue a éprouvés depuis cent cinquante ans, ne peut être révolté de ne pas la trouver aussi correcte dans les écrits de Corneille, que dans les successeurs de Racine et de Boileau.

ACTE I, SCÈNE VII.

¹⁸ Un avantage égal pour eux me sollicite.

Un avantage ne sollicite point; et il n'y a point d'avantage dans l'égalité.

¹⁹ Il est des nœuds secrets, il est des sympathies,
Dont par le doux rapport les âmes assorties
S'attachent l'une à l'autre, et se laissent piquer
Par ces je ne sais quoi qu'on ne peut expliquer.

C'est toujours le poëte qui parle; ce sont toujours des maximes : la passion ne s'exprime point ainsi. Ces vers sont agréables, quoique *dont par le doux rapport* ne soit point français; mais *ces âmes qui se laissent piquer*, et *ces je ne sais quoi*, appartiennent plus à la haute comédie qu'à la tragédie. Ces vers ressemblent à ceux de la Suite du Menteur, *Quand les ordres du ciel nous ont fait l'un pour l'autre,* comme on l'a déjà remarqué. Cependant ces quatre vers, tout éloignés qu'ils sont du style de la véritable tragédie, furent toujours regardés comme un chef-d'œuvre du développement du cœur humain, avant qu'on vît les chefs-d'œuvre de Racine en ce genre.

²⁰ Étrange effet d'amour! incroyable chimère!

Elle voudrait bien être à Séleucus, si elle n'aimait pas Antiochus; ce n'est pas là une chimère incroyable : mais cet examen, cette dissertation, cette comparaison de ses sentiments pour les deux frères, ne sont-ils pas l'opposé de la tragédie?

²¹ Ne pourrai-je servir une si belle flamme?

N'est-ce pas là un discours de soubrette?

22 Ne crois pas en tirer le secret de mon âme.

Tirer n'est pas noble ; cet *en* rend la phrase incorrecte et louche. *a*

23 L'hymen me le rendra précieux à son tour.

A son tour est de trop ; mais il faut rimer au mot *amour* : cette gêne extrême se fait sentir à tout moment. *b*

24 Sans crainte qu'on reproche à mon humeur forcée
Qu'un autre qu'un mari règne sur ma pensée.

Ces vers sont dans le style comique. Racine seul a su ennoblir ces sentiments, qui demandent les tours les plus délicats. *c*

a En s'emploie pour *d'elle*. Il se rapporte ici à flamme. Ne crois pas tirer de mon âme le secret d'*elle* ; c'est-à-dire de ma flamme. Il n'y a point là d'incorrection. *Tirer* n'a rien d'ignoble.

Racine a fait dire à Mithridate :

Par un mensonge adroit *tirons* la vérité.

J'ai déjà fait observer que Voltaire, en condamnant une infinité de mots admis par nos meilleurs poëtes, et qu'il a lui-même employés, avoit mis des entraves à la poésie. S'il est des mots qui en doivent être bannis, ce sont, je pense, ceux qui sont durs à l'oreille, ou qui présentent des idées basses, ou enfin dont le sens est difficile à saisir ; tel est celui qu'on remarque dans ces vers :

Vous trouverez plus loin l'enceinte et les PALIS
Où du *clément* César est le *barbare* fils.
VOLT. *dans le Triumvirat.*

b A son tour n'est point amené par la rime, puisque Rodogune déclare qu'elle aime l'un des frères ; mais que si le sort la donne à celui qu'elle n'aime pas, l'hymen le lui rendra précieux *à son tour*. Cela veut dire qu'alors elle cessera d'aimer l'autre.

c Rien n'est plus aisé que de dire : *Ces vers sont éloignés du style de la véritable tragédie ; ces vers sont dans le style co-*

25 Que ne puis-je à moi-même aussi bien le cacher !

est d'une jeune fille timide et vertueuse qui craint d'aimer : c'est au lecteur à voir si cette timide innocence s'accorde avec ces maximes de politique que Rodogune a étalées, et sur-tout avec la conduite qu'elle aura. *a*

26 Quoi que vous me cachiez, aisément je devine,

est d'une soubrette.

27 Ma rougeur trahiroit les secrets de mon cœur.

Remarquez que tous les discours de Rodogune sont dans le caractère d'une jeune personne qui craint de s'avouer à elle-même les sentiments tendres et honnêtes dont son cœur est touché. Cependant Rodogune n'est point jeune; elle épousa Nicanor lorsque les deux frères étaient en bas âge; ils ont au moins vingt ans. Cette rougeur, cette

---

mique. Il existe sans doute entre les deux genres une différence telle que des vers excellents dans l'un ne puissent convenir à l'autre; mais on nous persuadera difficilement que des vers admissibles dans la haute comédie, ne puissent pas trouver place dans la tragédie, sur-tout lorsqu'il ne s'agit pas d'exprimer de grandes passions; et *vice versâ*, le style dont on s'y sert alors peut être employé dans la haute comédie.

a Rodogune n'a pas vieilli depuis le commencement de cette scène, où l'on a trouvé que ses réflexions n'étoient pas convenables à une jeune femme; maintenant on lui reproche de montrer la vertu d'une jeune fille. On ne veut pas que l'innocence qu'elle annonce à présent s'accorde avec ce qu'elle a précédemment dit, et avec ce qu'elle fera. Nous pensons cependant qu'on peut avoir de l'expérience et conserver son innocence : nous nous réservons de voir jusqu'à quel point elle perdra la sienne dans la suite.

timidité, cette innocence, semblent donc un peu outrées pour son âge; elles s'accordent peu avec tant de maximes de politique; elles conviennent encore moins à une femme qui bientôt demandera la tête de sa belle-mère aux enfants mêmes de cette belle-mère. *a*

ACTE DEUXIÈME.

SCÈNE I.ère

Serments fallacieux, salutaire contrainte,
Que m'imposa la force, et qu'accepta ma crainte,
Heureux déguisements d'un immortel courroux,
Vains fantômes d'état, évanouissez-vous.

CORNEILLE reparaît ici dans toute sa pompe: l'éloquent Bossuet est le seul qui se soit servi après lui de cette belle épithète *fallacieux*. Pourquoi appauvrir la langue ? un mot consacré par Corneille et Bossuet peut-il être abandonné ?

Salutaire contrainte; il est difficile d'expliquer

---

a Les petites attaques dirigées contre le personnage de Rodogune, dans les sixième et vingt-cinquième remarques sur cette scène, n'étoient que les préludes d'une attaque plus sérieuse. Le commentateur assure que *Rodogune n'est pas jeune; elle épousa*, dit-il, *Nicanor lorsque les deux frères, ses fils, étoient en bas âge*. Cependant, il a été dit, dans la scène précédente, que Nicanor mourut lorsqu'il venoit pour conclure ce mariage. Corneille, dans son examen, donne les raisons qui l'ont déterminé à s'écarter de l'histoire. Ainsi, Rodogune n'est point mariée dans la pièce; rien n'annonce donc qu'elle n'est pas jeune, et aussi jeune que les princes.

comment une salutaire contrainte est un vain fantôme d'état : il manque là un peu de netteté et de naturel.

² Semblables à ces vœux dans l'orage formés,
Qu'efface un prompt oubli quand les flots sont calmés.

Une comparaison directe n'est point convenable à la tragédie. Les personnages ne doivent point être poëtes ; la métaphore est toujours plus vraie, plus passionnée : il serait mieux de dire, *mes vœux formés dans l'orage sont oubliés quand les flots sont calmés* ; mais il faudrait le dire dans d'aussi beaux vers. *a*

³ Recours des impuissants, haine dissimulée,
Digne vertu des rois, noble secret de cour,
Éclatez, il est temps.

Cela paraît un peu d'un poëte qui cherche à montrer qu'il connaît la cour ; mais une reine ne s'exprime point ainsi. *Recours des impuissants* paraît un défaut dans ce monologue noble et mâle ; car un recours d'impuissant n'est pas une digne vertu des rois : la reine n'est point ici impuissante, puisqu'elle dit que le Parthe est éloigné et qu'elle n'a rien à craindre. *Recours des impuissants, éclatez,* est une contradiction ; car ce recours est *la haine dissimulée,* la dissimulation ; et c'est précisément ce qui n'éclate pas : le sens de tout cela est, *cessons de dissimuler, éclatons* ; mais ce sens est noyé dans des paroles qui semblent plus pompeuses que justes.

a Une comparaison aussi courte et amenée aussi naturellement, ne paroît point déplacée.

Secret de cour ne peut se dire, comme on dit *homme de cour, habit de cour.* *a*

4 Montrons-nous toutes deux, non plus comme sujettes.

Qui sont ces deux? est-ce la haine dissimulée et Cléopâtre? Voilà un assemblage bien extraordinaire! Comment Cléopâtre et sa haine sont-elles deux? comment sa haine est-elle sujette? C'est bien dommage que de si beaux morceaux soient si souvent défigurés par des tours si alambiqués. *b*

5 Je hais, je règne encor. Laissons d'illustres marques
En quittant, s'il le faut, ce haut rang des monarques.

Je hais, je règne encor, est un coup de pinceau bien fier; mais *laissons d'illustres marques* est faible; on laisse des marques de quelque chose : *marque* n'est là qu'un mot impropre pour rimer à *monarque*. Plût à Dieu que du temps de Corneille un Despréaux eût pu l'accoutumer à faire des vers difficilement!

a Ces mots, *digne vertu des rois*, peuvent-ils se rapporter à *recours impuissants*? Ne doivent-ils pas, par le sens et par leur position, s'entendre de *haine dissimulée*, que Cléopâtre peut appeler une vertu des rois? N'en est-il pas de même du mot *éclater*, qui se rapporte évidemment, non pas à *recours impuissants*, mais à la haine que la reine a dissimulée tant que les Parthes ont été dans ses états, et qu'elle veut faire éclater à présent qu'ils sont éloignés?

b L'assemblage n'a rien d'extraordinaire. L'expression peut être hardie, mais elle peint fortement le caractère vindicatif de Cléopâtre, qui a regardé sa haine comme sujette, ainsi qu'elle, tant que ce sentiment a été contraint de se renfermer au fond de son cœur.

Haut rang des monarques : ce *haut rang* suffisait ; *des monarques* est de trop : la rime subjugue souvent le génie, et affaiblit l'éloquence.

6 Faisons-en avec gloire un départ éclatant,

est barbare ; *faire un départ* n'est pas français ; *en avec* révolte l'oreille. Mais si elle n'a rien à craindre, comme elle le dit, pourquoi quitterait-elle le trône ? Elle commence par dire qu'elle ne veut plus dissimuler, qu'elle veut tout oser. *a*

7 C'est encor, c'est encor cette même ennemie....
   Dont la haine à son tour croit me faire la loi,
   Et régner par mon ordre et sur vous et sur moi.

A quoi se rapporte ce *vous* ? Il ne peut se rapporter qu'au recours des impuissants, à cette haine dissimulée dont on a parlé treize vers auparavant ; elle s'entretient donc avec sa haine dans ce monologue : convenons que cela n'est point dans la nature. Il régnait dans ce temps-là un faux goût dans toute l'Europe, dont on a eu beaucoup de peine à se défaire : ces apostrophes à ses passions, ces jeux d'esprit, ces efforts qu'on faisait pour ne pas parler naturellement, étaient à la mode en Italie, en Espagne, en Angleterre. Corneille, dans les moments de passion, se livra rarement à ce défaut ; mais il

---

a Elle a dit n'avoir rien à craindre du Parthe ; mais elle veut tout oser pour garder le trône. *Pourquoi le quitteroit-elle ?* demande Voltaire. Parce qu'il appartient à ses fils, et que le peuple syrien, ainsi qu'il a été annoncé dans la première scène, ne suit qu'à regret les ordres d'une femme. C'est parce qu'elle n'est pas sûre de réussir en osant tout pour garder le trône, qu'elle dit *en le quittant s'il le faut*, etc.

SCÈNE II.

☞ 1 Laonice, vois-tu que le peuple s'apprête
Au pompeux appareil de cette grande fête?

S'apprête à l'appareil est encore un barbarisme.

2 L'un et l'autre fait voir un mérite si rare,
Que le souhait confus entre les deux s'égare.

Le souhait confus n'est pas français.

3 Et ce qu'en quelques-uns on voit d'attachement....

Cela forme un concours de syllabes trop dures.

4 N'est qu'un foible ascendant d'un premier mouvement,

est impropre; *l'ascendant* veut dire la supériorité; un mouvement n'a pas d'ascendant : on ne peut s'exprimer ni avec moins d'élégance, ni avec moins de correction, ni avec moins de netteté. *b*

5 Ils penchent d'un côté, prêts à tomber de l'autre,

ne signifie pas ce que l'auteur veut dire, *se déclarer pour un des deux princes* : le mot de *tomber* est impropre; il ne signifie jamais qu'une chute, excepté dans cette phrase, *je tombe d'accord*.

---

a Vous, se rapporte à *haine dissimulée*. Il n'est peut-être pas si hors de la nature que le suppose Voltaire, de s'entretenir avec ses passions.

b Ascendant veut aussi dire *pouvoir, empire*. Il n'est pas rare qu'un premier mouvement donne de l'empire à une personne sur une autre. N'est-ce pas en ce sens que Voltaire a fait dire à Gengis, dans l'*Orphelin de la Chine*:

Idamé prit sur moi
Un secret *ascendant* qui m'imposoit la loi?

ACTE II, SCÈNE II.

6 Pour un esprit de cour, et nourri chez les grands,
Tes yeux dans leurs secrets sont bien peu pénétrants,

n'est pas le langage d'une reine. *Esprit de cour* est une expression bourgeoise : d'ailleurs, pourquoi Cléopâtre dit-elle tout cela à sa confidente ? elle ne l'emploie à rien ; et, pour une si grande politique, Cléopâtre paraît bien imprudente de dire ainsi son secret inutilement. *a*

7 Si je cache en quel rang le ciel les a fait naître....

C'est ainsi qu'on s'exprimerait si on voulait dire qu'ils ignorent leurs parents ; mais *je cache leur rang* n'exprime pas *je cache qui des deux a le droit d'aînesse*, et c'est ce dont il s'agit. *b*

8 Cependant je possède, et leur droit incertain
Me laisse, avec leur sort, leur sceptre dans la main.

Je possède demande un régime : *jouir* est neutre quelquefois ; *posséder* ne l'est pas : cependant je crois que cette hardiesse est très-permise, et fait un bel effet. *c*

a Ceci n'est-il pas une chicane ? Ne suffit-il pas que Laonice soit confidente de Cléopâtre, pour que cette reine lui découvre ses secrets ?

b Si l'on vouloit dire qu'ils ignorent leurs parents, on diroit *de quel sang*, et non pas *en quel rang*. Ce dernier mot paroît convenir, puisque l'un devant être roi, et l'autre sujet, il y a évidemment différence de rang.

c Posséder est aussi quelquefois neutre ; mais puisque *possède* fait un bel effet, de l'aveu même du commentateur, et qu'il croit cette prétendue hardiesse très-permise, la remarque ne fait ici que nombre, comme beaucoup d'autres.

9 Voilà mon grand secret. Sais-tu par quel mystère
Je les laissois tous deux en dépôt chez mon frère ?

Il semble que Cléopâtre se fasse un petit plaisir de faire valoir ces méchancetés à une fille qu'elle regarde comme un esprit peu éclairé. On ne doit jamais faire de confidences qu'à ceux qui peuvent nous servir dans ce qu'on leur confie, ou à des amis qui arrachent un secret. *a*

10 Quand je le menaçois du retour de mes fils,
Voyant ce foudre prêt à servir ma colère....

Ce foudre peut-il convenir à des enfants en bas âge ? *b*

11 Quoi qu'il me plût oser, il n'osoit me déplaire.

Toute répétition qui n'enchérit pas doit être évitée.

12 Je te dirai bien plus. Sans violence aucune
J'aurois vu Nicanor épouser Rodogune.

Cet *aucune* à la fin d'un vers n'est toléré que dans la comédie. On peut voir une chose sans colère, sans dépit, sans ressentiment : le mot de *violence* n'est pas le mot propre. *c*

a Même réponse qu'à la sixième remarque.

b De l'aveu du commentateur, dans sa vingt-septième remarque sur la septième scène de l'acte précédent, les princes ont au moins vingt ans. Il n'y en a sûrement pas plus de deux qu'Antiochus a péri. Ainsi, lorsque Cléopâtre le menaçoit du retour de ses fils, ils pouvoient avoir dix-sept ou dix-huit ans. Sont-ce là des enfants en bas âge ?

c Le mot *violence* nous paroît le mot propre. En effet, il ne s'agit pas ici d'un simple dépit, mais d'une opposition par la force.

ACTE II, SCÈNE II. 147

13 Son retour me fâchoit plus que son hyménée.

Ce mot *fâcher* ne doit jamais entrer dans la tragédie.

14 Et j'aurois pu l'aimer s'il ne l'eût couronnée.

Il ne l'a point couronnée, il a voulu la couronner; ou, s'il l'a épousée en effet, Rodogune veut donc épouser le fils de son mari : cette obscurité n'est point éclaircie dans la pièce. *a*

☞ 15 Tu vis comme il y fit des efforts superflus :
Je fis beaucoup alors, et ferois encor plus....

Il y fit des efforts ; je fis beaucoup alors, et ferois encor plus. Que de négligences ! *b*

16 S'il étoit quelque voie, infâme ou légitime,
Que m'enseignât la gloire, ou que m'ouvrît le crime.

Infâme est trop fort. Un défaut trop commun au théâtre, avant Racine, était de faire parler les méchants princes comme on parle d'eux, de leur faire dire qu'ils sont méchants et exécrables : cela est trop éloigné de la nature. De plus, comment une voie infâme est-elle enseignée par la gloire ? elle peut l'être par l'ambition. Enfin, quel intérêt a Cléopâtre de dire tant de mal d'elle-même ? *c*

a Il n'y a aucune obscurité. Il est dit, dans le récit de Laonice, que Nicanor venoit pour épouser Rodogune, sous les yeux de la reine, lorsqu'il périt par sa main dans une embuscade. La reine déclare que sans violence *elle auroit vu Nicanor épouser Rodogune,* s'il ne l'eût pas couronnée, c'est-à-dire si, *en l'épousant,* il ne lui eût pas donné la couronne.

b Nous nous sommes expliqués sur les négligences de Corneille.

c Ces vers sont à-la-fois précis et clairs ; car il n'est personne

17 Qui me pût conserver un bien que j'ai chéri
   Jusqu'à verser pour lui tout le sang d'un mari.

Ce *pour lui* gâte la phrase, aussi bien que le *que, qui.* Verser du sang pour un bien!

18 Dans l'état pitoyable où m'en réduit la suite....

C'est la suite du sang qu'elle a versé : cela n'est pas net; et cet *en* n'est pas heureusement placé.

19 Délice de mon cœur, il faut que je te quitte....
   L'amour que j'ai pour toi tourne en haine pour elle :
   Autant que l'un fut grand, l'autre sera cruelle.

Ce sont des expressions faites pour la tendresse, et non pour le trône. Un amour du trône qui se tourne en haine pour Rodogune, et l'un qui est grand, l'autre cruelle; tout cela n'est nullement dans la nature, et l'expression n'en vaut pas mieux que le sentiment.

20 On m'y force; il le faut.

Ne faudrait-il pas expliquer comment elle est forcée à résigner la couronne, puisqu'elle vient de dire qu'elle n'a rien à craindre, que le péril est passé? Ne devrait-elle pas dire seulement, *on l'exige, je l'ai promis?* [a]

qui ne sente que la voie légitime est celle qu'enseigne la gloire, comme la voie infâme est celle qui est ouverte par le crime. Il n'est pas d'homme emporté qui ne convienne que tout moyen lui paroît bon pour parvenir à son but.

[a] Laonice a expliqué, dans la première scène, comment la reine est forcée à résigner la couronne. Ce ne sont pas seulement les Parthes, qu'elle ne craint plus, qui lui en font la loi; c'est son peuple lui-même, qui ne veut pas obéir aux ordres d'une femme, et qui l'a forcée à choisir un époux lorsque ses enfants étoient trop jeunes pour régner eux-mêmes.

21 L'amour que j'ai pour toi tourne en haine pour elle.

L'amour du trône fait sa haine pour Rodogune, mais ne tourne point en haine. *a*

22 Autant que l'un fut grand, l'autre sera cruelle.

La poésie n'admet guère ces *l'un* et *l'autre*. *b*

23 Et, puisqu'en te perdant j'ai sur qui me venger,
Ma perte est supportable, et mon mal est léger.

Comment peut-elle dire que la perte d'un rang qui la rend forcenée lui sera supportable? *c*

24 Quoi! vous parlez encor de vengeance et de haine
Pour celle dont vous-même allez faire une reine!

La particule *pour* ne peut convenir à *vengeance*; on n'a point de vengeance pour quelqu'un. *d*

a Il nous paroît très-évident que l'amour de Cléopâtre pour le trône, tourne en haine pour Rodogune, qui doit l'occuper à sa place. Les mots *fait sa haine*, que substitue Voltaire, eussent sans doute été l'objet de sa critique, d'après l'aversion que, dans diverses remarques, il a témoignée pour le verbe *faire*.

b Voltaire ôte tant d'expressions à la poésie, que bientôt elle sera plus pauvre que la prose.

c Le désir de se venger est aussi violent dans l'âme de Cléopâtre, que le désir de conserver la puissance. Elle voit celle-ci près de lui échapper; elle en est furieuse, et c'est justement là l'expression de la fureur.

d Il suffit que *pour* puisse se rapporter au mot *haine*, dont il est le plus près. Racine a dit, dans *Mithridate:*

Et périsse le jour et la main meurtrière
Qui jadis sur mon front t'attacha la première.

Qui, dans ces vers, ne peut certainement pas se rapporter à jour.

25 N'apprendras-tu jamais, âme basse et grossière,
  A voir par d'autres yeux que les yeux du vulgaire?

Ce n'est point cette confidente qui est grossière; n'est-ce pas Cléopâtre qui semble le devenir, en parlant à une dame de sa cour comme on parlerait à une servante dont l'imbécillité mettrait en colère? Et ici c'est une reine qui confie des crimes à une dame épouvantée de cette confidence inutile! Elle appelle cette dame *grossière*: en vérité, cela est dans le goût de la comtesse d'*Escarbagnas*, qui appelle sa femme-de-chambre *bouvière*. [a]

26 Toi qui connois ce peuple, et sais qu'aux champs de Mars
  Lâchement d'une femme il suit les étendards;
  Que, sans Antiochus, Tryphon m'eût dépouillée;
  Que sous lui son ardeur fut soudain réveillée....

Il semble que ce soit l'ardeur d'Antiochus; il s'agit de celle du peuple : et qu'est-ce qu'une ardeur réveillée sous quelqu'un?

27 Ne saurois-tu juger que si je nomme un roi,
  C'est pour le commander, et combattre pour moi?

On commande une armée, on commande à une nation; on ne commande point un homme, excepté lorsqu'à la guerre un homme est commandé par un autre pour être de tranchée, pour aller reconnaître, pour attaquer. *Pour le commander et combattre* n'est pas français : elle veut dire, *pour que je lui*

---

[a] Si l'expression de Corneille n'est pas noble, que dire de la comparaison de Voltaire? Il affecte, dans cette remarque, d'appeler trois fois dame de la cour la sœur de Timagène, que, dans une scène précédente, il vouloit faire passer pour *domestique* des princes.

commande et qu'il combatte pour moi; ces deux *pour* font un mauvais effet.

²⁸ J'en ai le choix en main avec le droit d'aînesse.

Avoir un choix en main n'est ni régulier ni noble.

²⁹ Et puisqu'il en faut faire une aide à ma foiblesse....

Une aide à ma faiblesse est du style familier.

³⁰ Que la guerre sans lui ne peut se rallumer,
J'userai bien du droit que j'ai de le nommer.

Sans lui; elle entend, *sans que je fasse un roi.*

³¹ On ne montera point au rang dont je dévale....

Dévaler est trop bas ; mais il était encore d'usage du temps de Corneille.

³² Qu'en épousant ma haine au lieu de ma rivale.

Épouser une haine au lieu d'une femme est un jeu de mots, une équivoque, qu'il ne faut jamais imiter.

³³ Ce n'est qu'en me vengeant qu'on me le peut ravir.

Ce *le* se rapporte au rang, qui est trop loin. *a*

³⁴ Je vous connoissois mal.

Ce mot devrait, ce semble, faire rentrer Cléopâtre en elle-même, et lui faire sentir quelle imprudence elle commet d'ouvrir, sans raison, une âme si noire à une personne qui en est effrayée. *b*

a La phrase est très-intelligible.

b Laonice est depuis long-temps confidente de Cléopâtre; elle a été témoin de ses crimes; mais, comme elle l'a dit à Rodogune, elle croyoit sa colère apaisée; c'est pourquoi il lui échappe de dire : *Je vous connoissois mal.*

35 . . . . Connois-moi tout entière,

paraît d'une femme qui veut toujours parler, et non pas d'une reine habile ; car quel intérêt a-t-elle à vouloir se donner pour un monstre à une femme étonnée de ces étranges aveux ? *a*

36 Beaucoup dans ma vengeance ayant fini leurs jours....

est une phrase obscure, et qui n'est pas française ; on ne sait si sa vengeance les a fait périr, où s'ils sont morts en voulant la venger ; et *beaucoup d'une troupe* n'est pas français. *b*

37 M'exposoient à son frère, et foible et sans secours.

Quel était ce frère ? on ne l'a point dit. Voilà, je crois, bien des fautes ; et cependant le caractère de Cléopâtre est imposant, et excite un très-grand intérêt de curiosité : le spectateur est comme la confidente ; il apprend de moment en moment des choses dont il attend la suite. *c*

a Connois-moi tout entière, nous paroit fort beau, et peindre parfaitement une âme emportée par sa fureur. Ce n'est pas là le moment d'user de politique. D'ailleurs, que risque-t-elle devant une femme qui lui a toujours été dévouée ?

b Ce style est sans doute fort négligé, nous en avons donné la raison ; mais il n'est pas aussi inintelligible que le prétend le commentateur.

c Le frère de Rodogune étoit le roi des Parthes, le vainqueur de Nicanor. C'étoit pour s'affranchir de ses fers, que celui-ci étoit sur le point d'épouser la princesse. Laonice l'a dit à Timagène dans la première scène ; personne ne l'ignore, hors le commentateur, qui auroit bien voulu que l'on nommât Phraates, pour s'égayer un peu sur un nom aussi peu fait pour les vers.

Il est vraiment révoltant d'entendre Voltaire s'écrier : *Voilà*

SCÈNE III.

> ☞ 1 . . . . Enfin voici le jour. . . .
> Où je puis voir briller sur une de vos têtes
> Ce que j'ai conservé parmi tant de tempêtes,
> Et vous remettre un bien, après tant de malheurs,
> Qui m'a coûté pour vous tant de soins et de pleurs.

Il faut éviter ces répétitions, à moins qu'on ne les emploie comme une figure, comme un trope qui doit augmenter l'intérêt; mais ici ce n'est qu'une négligence.

> 2 Il fallut satisfaire à son brutal désir....

Brutal désir est bas, et convient à toute autre chose qu'au désir d'avoir un roi.

> 3 Et, de peur qu'il n'en prît, il m'en fallut choisir.

Il faut, dans la rigueur, *de peur qu'il n'en prît un,* parce qu'il s'agit ici d'un roi, et non pas d'un nom générique. *a*

> 4 Pour vous sauver l'état, que n'eussé-je pu faire?

n'est pas français : on ne peut dire, *je vous sauvai l'état,* le peuple, la nation, au lieu de *je conservai vos droits.* On dit, *je vous ai sauvé votre fortune,* parce que votre fortune vous appartenait; vous la perdiez sans moi; *j'ai sauvé l'état,* mais non *je vous ai sauvé l'état.*

bien des fautes ! quand la plupart et les seules importantes sont supposées par lui, pour avoir le plaisir de les critiquer; car on ne peut concevoir qu'un commentateur se trompe si souvent.

a Cette remarque ne nous paroît pas fondée.

5 Mais à peine son bras en relève la chute,
   Que par lui de nouveau son bras me persécute.

On ne relève point une chute ; on relève un trône tombé. Le reste du discours de Cléopâtre est très-artificieux et plein de grandeur. Il semble que Racine l'ait pris en quelque chose pour modèle du grand discours d'Agrippine à Néron : mais la situation de Cléopâtre est bien plus frappante que celle d'Agrippine ; l'intérêt est beaucoup plus grand, et la scène bien autrement intéressante.

6 Passons ; je ne me puis souvenir, sans trembler,
  Du coup dont j'empêchai qu'il nous pût accabler.

Il semble, par cette phrase, que Cléopâtre trembla du coup que voulait porter Nicanor, et qu'elle l'empêcha de porter ce coup ; elle veut dire le contraire. *a*

7 Je me crus tout permis pour garder votre bien.

Il fallait, *pour vous garder votre bien*.

8 Jusques ici, madame, aucun ne met en doute
  Les longs et grands travaux que notre amour vous coûte.

Ce discours d'Antiochus est d'une bienséance qui lui gagne tous les cœurs.

---

a Dont s'emploie fort bien au lieu de *par lequel*, et il ne peut y avoir aucun doute que Cléopâtre parle du coup qu'elle a porté à Nicanor, puisqu'elle dit :

Je ne sais s'il est digne ou d'horreur ou d'estime,
S'il plut aux dieux ou non, s'il fut justice ou crime ;
Mais, soit crime ou justice, il est certain, mes fils,
Que mon amour pour vous fit tout ce que *je fis*.

Le commentateur a donc obscurci un passage dont le sens est clair.

ACTE II, SCÈNE III.   155

S'il y a *notre amour* (toutes les éditions le portent) c'est un barbarisme ; *notre amour* ne peut jamais signifier l'amour que vous avez pour nous : s'il y a *votre amour*, il peut signifier l'amour de Cléopâtre pour ses enfants.

☞ 9 Et nous croyons tenir des soins de cet amour
    Ce doux espoir du trône aussi bien que le jour.

Un doux espoir du trône qu'on tient du soin d'un amour !

☞. 10 Ce sont fatalités dont l'âme embarrassée....

Il faudrait au moins *des fatalités* ; mais *des fatalités* dont l'âme est embarrassée ! Une femme qui débute sans raison par avouer à ses enfants qu'elle a tué leur père, doit leur causer plus que de l'embarras.

11 A plus qu'elle ne veut se voit souvent forcée.

Souvent est de trop. [a]

12 Sur les noires couleurs d'un si triste tableau
    Il faut passer l'éponge, ou tirer le rideau.

On sent assez que cette alternative d'*éponge* et de *rideau* fait un mauvais effet : il ne faut employer l'alternative que quand on propose le choix de deux partis ; mais on ne propose point, en parlant à sa reine et à sa mère, le choix de deux expressions. De plus, ces expressions un peu triviales ne sont pas dignes du style tragique. Il en faut dire autant de la *suite que le ciel destine à ces noires couleurs.*

---

[a] Voltaire ne dit pas pourquoi *souvent* est de trop, et nous avouons ne pas savoir la raison qu'il a de le désapprouver.

☞ 13 Et, quelque suite enfin que le ciel y destine,
  J'en rejette l'idée.

Le ciel qui destine une suite !

14 J'ajouterai, madame, à ce qu'a dit mon frère....

Séleucus ne parle pas si bien que son frère ; il dit, *j'ajouterai,* et il n'ajoute rien.

15 Que, bien qu'avec plaisir et l'un et l'autre espère....

Que bien qu'avec est trop rude à l'oreille ; on ne dit point, *et l'un et l'autre,* à moins que le premier *et* ne lie la phrase.

16 L'ambition n'est pas notre plus grand désir.

L'ambition est une passion, et non un désir.

17 Et c'est bien la raison que pour tant de puissance
  Nous vous rendions du moins un peu d'obéissance.

C'est bien la raison est du style de la comédie. *Pour tant de puissance* ne forme pas un sens net ; est-ce pour la puissance de la reine ? est-ce pour la puissance de ses enfants qui n'en ont aucune ? est-ce pour celle qu'aura l'un d'eux ?

18 Elle passe à vos yeux pour la même infamie,
  S'il la faut partager avec notre ennemie....

Ces vers ne forment aucun sens ; la honte passe à vos yeux pour la même infamie, si un indigne hymen la fait retomber sur celle qui venait, etc. Le défaut vient principalement de *la même infamie,* qui n'est pas français, et de ce que ce pronom *elle,* qui se rapporte par le sens à *couronne,* est joint à *honte* par la construction.

19 Et qu'un indigne hymen la fasse retomber
   Sur celle qui venoit pour vous la dérober, etc.

Est-il vraisemblable que Cléopâtre n'ait pas soupçonné que ses enfants pouvaient aimer Rodogune? Peut-elle imaginer qu'ils ne veulent point régner avec Rodogune, parce que leur père a voulu autrefois l'épouser? Rodogune sera-t-elle autre chose que femme du roi? Celui qui régnera tiendra-t-il d'elle la couronne? doit-elle s'écrier : *O mère trop heureuse!* Cet artifice n'est-il pas un peu grossier? Ne sent-on pas que Cléopâtre cherche un vain prétexte que la raison désavoue? Si ses deux fils étaient des imbéciles, parlerait-elle autrement? Que ce second discours de Cléopâtre est au-dessous du premier! *Sur celle qui venait,* expression incorrecte et familière. *a*

a Comment Cléopâtre auroit-elle pu soupçonner l'amour de ses fils pour Rodogune, qu'ils ont vue fort peu, et qu'ils pourroient au contraire haïr, sachant qu'elle a été sur le point d'épouser leur père et de leur enlever la couronne? Cette haine, assez naturelle, ne peut-elle pas leur donner de l'éloignement pour le trône, que l'aîné doit partager avec elle, et où il ne peut monter qu'en en faisant descendre sa mère? La passion de Cléopâtre est telle, qu'elle la dispose à croire tout ce qui peut la favoriser. Rien ne prouve qu'elle n'interprète pas ainsi les réponses des princes. Ce n'est donc pas par artifice qu'elle s'écrie : *O mère trop heureuse!* et elle peut, sans invraisemblance, proposer à ses enfants de détruire leur commune ennemie; ce qu'elle n'ose faire elle-même, de peur d'indisposer le peuple, qui lui reprocheroit de manquer au traité conclu avec les Parthes. Que l'infraction soit faite par un de ses fils, elle aura en lui un défenseur, tant contre ses propres sujets que contre l'étranger.

20 Rodogune, mes fils, le tua par ma main.

Cette fausseté est trop sensible et trop révoltante; et c'est bien là le cas de dire, *Qui prouve trop ne prouve rien.*

21 Ainsi de cet amour la fatale puissance
Vous coûte votre père ; à moi, mon innocence.

De cet amour ne se rapporte à rien ; elle entend l'amour que Nicanor avait eu pour Rodogune.

22 Ainsi vous me rendrez l'innocence et l'estime.

Vous me rendrez l'estime ne peut se dire comme *vous me rendrez l'innocence* : car l'innocence appartient à la personne, et l'estime est le sentiment d'autrui. Vous me rendez mon innocence, ma raison, mon repos, ma gloire, mais non pas mon estime. *a*

23 Si vous voulez régner, le trône est à ce prix.

La proposition de donner le trône à qui assassinera Rodogune, est-elle raisonnable? Tout doit être vraisemblable dans une tragédie. Est-il possible que Cléopâtre, qui doit connaître les hommes, ne sache pas qu'on ne fait point de telles propositions sans avoir de très-fortes raisons de croire qu'elles seront acceptées? Je dis plus, il faut que ces choses horribles soient absolument nécessaires. Mais Cléo-

---

a L'amitié est le sentiment d'autrui, et cependant l'on dit très-bien, *vous me rendrez son amitié.* On peut dire de même, vous me rendrez son estime. Ce qui manque dans la phrase de Corneille, c'est le mot *générale* ou *publique,* qui devoit être joint à *estime.*

ACTE II, SCÈNE III.

pâtre n'est point réduite à faire assassiner Rodogune, et encore moins à la faire assassiner par ses fils : elle vient de dire que le Parthe est éloigné, qu'elle est sans aucun danger : Rodogune est en sa puissance. Il paraît donc absolument contre la raison que Cléopâtre invite à ce crime ses deux enfants dont elle doit vouloir être respectée. Si elle a tant d'envie de tuer Rodogune, elle le peut sans recourir à ses enfants. Cependant, cette proposition si peu préparée, si extraordinaire, prépare des événements d'un si grand tragique, que le spectateur a toujours pardonné cette atrocité, quoiqu'elle ne soit ni dans la vérité historique ni dans la vraisemblance. La situation est théâtrale ; elle attache malgré la réflexion. Une invention purement raisonnable peut être très-mauvaise ; une invention théâtrale, que la raison condamne dans l'examen, peut faire un très-grand effet : c'est que l'imagination, émue de la grandeur du spectacle, se demande rarement compte de son plaisir ; mais je doute qu'une telle scène pût être soufferte par des hommes d'un goût et d'un jugement formés, qui la verraient pour la première fois. *a*

a Cléopâtre fait sa proposition non à des étrangers, à des hommes comme Voltaire le suppose, mais à ses enfants, encore jeunes, dont elle connoît la soumission et la dépendance, et qu'elle a lieu de croire naturellement ennemis de Rodogune, par les raisons que nous en avons données en répondant à la dix-neuvième remarque. La haine qu'elle porte à la princesse lui fait de sa mort une nécessité. Nous avons démontré que la reine risqueroit trop à se charger de ce crime, et qu'il est important pour elle qu'un

24 La mort de Rodogune en nommera l'aîné.
　　Quoi! vous montrez tous deux un visage étonné!

Comment peut-elle être surprise que sa proposition révolte? Elle veut que le crime tienne lieu du droit d'aînesse; celui des deux qui ne voudra pas tuer sa maîtresse sera le cadet, et perdra le trône: mais si tous deux veulent la tuer, qui sera roi? Il est clair que la proposition de Cléopâtre est absurde autant qu'abominable; et cependant elle forme un grand intérêt, parce qu'on veut voir ce qu'elle produira, parce que Cléopâtre tient en sa main la destinée de ses enfants.

En nommera l'aîné; cet *en* se rapporte à ses deux fils; mais comme il y a un vers entre deux, le sens ne se présente pas clairement. Il faut encore éviter de finir un vers par *aîné,* quand l'autre finit par *aînesse.* *a*

de ses fils le commette. Sa proposition n'a donc rien de contraire à la vraisemblance, à ce principe fondamental de l'art, que Voltaire reconnoît ici peut-être pour la première fois, quand il dit: *Tout doit être vraisemblable dans une tragédie.*

a Voltaire, qui veut accuser Cléopâtre de maladresse dans la remarque suivante, avance dans celle-ci qu'elle est surprise que sa proposition *révolte* ses enfants. Elle se contente cependant de leur dire: *Quoi, vous montrez tous deux* UN VISAGE ÉTONNÉ! Il ajoute perfidement: *Celui des deux qui ne voudra pas tuer sa* MAÎTRESSE, *sera le cadet.* Par ces mots, *sa maîtresse,* il veut faire croire que Cléopâtre connoît l'amour des princes pour Rodogune. *Si tous les deux veulent la tuer,* dit-il, *qui sera roi?* Nous répondons: La reine, dont la vengeance sera satisfaite, pourra encore choisir celui qu'elle supposera le plus soumis à ses volontés. La proposition de Cléopâtre n'est donc pas absurde.

☞ 25 J'ai fait lever des gens par des ordres secrets, etc.
style de gazette.

26 Vous ne répondez point ! Allez, enfants ingrats....
J'ai fait votre oncle roi, j'en ferai bien un autre.

Cléopâtre n'est pas adroite, quoiqu'elle se soit donnée pour une femme très-habile ; dès qu'elle s'aperçoit que ses enfants ont horreur de sa proposition, elle ne doit pas insister : on ne persuade point un crime horrible par la colère et des emportements. Quand Phèdre a laissé voir son amour à Hippolyte, et qu'Hippolyte répond, *Oubliez-vous que Thésée est mon père et votre époux?* elle rentre alors en elle-même, et dit : *Et sur quoi jugez-vous que j'en perds la mémoire?* Cela est dans la nature ; mais peut-on supposer qu'une reine qui a de l'expérience persiste à révolter ses enfants contre elle en se rendant horrible à leurs yeux? De quel droit leur dit-elle qu'elle peut disposer du trône comme de sa conquête, après avoir dit, dans la scène précédente, qu'elle est forcée de descendre du trône? Et comment peut-elle y être forcée en disant qu'elle est maîtresse de tout? Cette contradiction n'est-elle pas palpable? Faut-il que toute cette pièce, pleine de traits si fiers et si hardis, soit fondée sur de si grandes inconséquences? [a]

[a] Phèdre a horreur de son crime ; Cléopâtre se complaît dans le sien : il n'y a donc nulle comparaison à établir entre ces deux personnages. Les fils de Cléopâtre n'ont fait que *pâlir et garder le silence* sur la proposition de leur mère ; elle peut donc, sans qu'on prétende qu'elle persiste à les *révolter* contre elle, chercher à leur

27 Rien ne vous sert ici de faire les surpris.

Expression trop triviale, sur-tout dans une circonstance si tragique. *a*

28 Et puisque mon seul choix vous y peut élever....

Cet *y* se rapporte à *trône*, qui est quatre vers auparavant : les pronoms, les adverbes, doivent toujours être près des noms qu'ils désignent ; c'est une règle à laquelle il n'y a point d'exception. *b*

en imposer par ses menaces. Cette marche s'accorde parfaitement avec son caractère impérieux, et avec la situation où elle se trouve devant ses enfants, jeunes et soumis jusqu'alors à ses moindres volontés. Il n'y a point de contradiction entre ce que Cléopâtre a dit précédemment, et ce qu'elle dit en ce moment. Aux termes du traité, et par la volonté du peuple, la reine est forcée de descendre du trône ; mais puisque l'aîné des deux princes sera roi, et qu'elle seule a le secret de leur naissance, elle peut disposer de ce même trône en faveur de celui à qui elle voudra le donner. Cette tragédie n'est donc pas fondée sur des inconséquences, comme le commentateur voudroit le faire croire.

a L'expression n'est peut-être pas assez noble. Au moins elle prouve que les princes ne sont pas *révoltés*, mais seulement *surpris* de la proposition ; et c'est peut-être ce qui, dans ce mot, a principalement déplu au commentateur.

b C'est soumettre l'expression à des difficultés souvent insurmontables, que d'exiger qu'un pronom soit toujours près du nom auquel il se rapporte. Ni Racine, ni aucun auteur n'a suivi cette règle, imaginée par le commentateur. J'ouvre un volume de Racine, et la deuxième scène de *Britannicus* m'offre ces vers, que Agrippine adresse à Burrhus, en parlant de Néron :

Ne l'osez-vous laisser un moment sur sa foi ?
Entre Sénèque et vous, disputez-vous la gloire
A qui m'effacera plus tôt de sa mémoire.

On entend sûrement bien qu'il s'agit de la mémoire de Néron :

ACTE II, SCÈNE IV.

29 Pour jouir de mon crime, il le faut achever.

Ce vers est très-beau. Mais comment une reine habile peut-elle avouer son crime à ses enfants, et les presser d'en commettre un autre ? *a*

SCÈNE IV.

1 Est-il une constance à l'épreuve du foudre
Dont ce cruel arrêt met notre espoir en poudre ?

Voilà donc encore un foudre dont un arrêt met un espoir en poudre ; et Antiochus répond par écho à cette figure incohérente : nouvelle preuve du peu de soin qu'on prenait alors de châtier son style.

cependant, ôtez le premier vers, et vous verrez que ces mots, *sa mémoire*, se rapporteroient fort bien à ceux-ci, *Sénèque et vous*, qui en sont le plus près. Racine offriroit mille exemples semblables. Voltaire n'en fourniroit pas moins. Contentons-nous d'un seul, que présente la première scène de *Mahomet*, entre Omar et Zopire :

OMAR.
Mets un prix à la paix, mets un prix à Palmire,
Nos trésors sont à toi.

ZOPIRE.
Tu penses me séduire,
Me vendre ici ma honte et marchander la paix,
Par ses trésors honteux, le prix de ses forfaits.

Suivant le principe voltairien, *ses trésors*, *ses forfaits* se rapporteroient à l'innocente Palmire, la dernière de qui on a parlé : cependant, ces mots se rapportent clairement à Mahomet, dont il est question quatre vers plus haut. Cette remarque du commentateur, et plusieurs autres du même genre, font voir que Voltaire ne jugeoit pas d'après des règles existantes, mais qu'il établissoit des règles suivant les jugements qu'il vouloit porter. La seule à suivre est d'éviter les amphibologies.

a Son crime n'est-il pas connu de tout le monde ? Elle peut donc l'avouer à ses enfants sans manquer d'habileté.

Despréaux est le premier qui ait appris comment on doit toujours parler en vers. La douleur respectueuse d'Antiochus est aussi contraire à l'histoire qu'à la politique ordinaire des princes. Plusieurs ont fait enfermer leurs mères pour de bien moindres crimes. Cléopâtre vient d'avouer à ses enfants qu'elle a assassiné leur père; elle veut les forcer à assassiner leur maîtresse; elle doit être à leurs yeux infiniment plus coupable que Clytemnestre ne le fut pour Oreste. Est-ce là le cas de dire, *J'aime ma mère?* Mais ce sentiment d'amour respectueux pour une mère est si profondément gravé dans tous les cœurs bien faits, que tous les spectateurs pensent comme Antiochus. Telle est la magie de la poésie. Le poëte tient les cœurs dans sa main : il peut, s'il veut, peindre Antiochus comme un Oreste; et alors le public s'intéressera à la vengeance : il peut le peindre comme un prince sévère et juste, qui, pour le bien de son état, veut ôter le gouvernement à une femme homicide, le fléau de ses sujets; alors les spectateurs applaudiront à sa justice : il peut le peindre soumis, respectueux, attaché à sa mère autant qu'indigné; et alors le public partage les mêmes sentiments. Cette dernière situation est la seule convenable à la construction de cette tragédie; d'autant plus qu'Antiochus est représenté comme un jeune homme soumis; mais aussi son caractère est sans force.[a]

[a] Toujours de la mauvaise foi dans les remarques de Voltaire! *Cléopâtre*, dit-il, *vient d'avouer à ses enfants qu'elle a assassiné leur père; elle veut les forcer à assassiner leur maîtresse.*

² Je vois bien plus encor, je vois qu'elle est ma mère;
Et plus je vois son crime indigne de ce rang....

Ce mot de *rang* ne convient point à sa *mère* : on n'a point le rang de mère comme on a le rang de reine.

³ Je vois les traits honteux dont nous sommes formés.

On n'est point formé de traits, et les forfaits ne s'impriment point sur le front.

⁴ Une larme d'un fils peut amollir sa haine.

Il n'est peut-être pas bien naturel qu'Antiochus dise qu'une larme peut changer le cœur de Cléopâtre, après qu'elle lui a proposé de sang-froid le plus grand des crimes; mais ce contraste du caractère d'Antiochus avec celui de Séleucus est si beau, qu'on aime cette petite illusion que se fait le cœur vertueux d'Antiochus.

⁵ De ses pleurs tant vantés je découvre le fard.

Le *fard des pleurs* est des plus impropres. On peut demander pourquoi on a dit avec succès, *le faste des pleurs*, pour exprimer l'ostentation d'une douleur étudiée, et que le mot de *fard* n'est pas recevable. C'est qu'en effet il y a de l'ostentation,

On croiroit que l'assassinat de Nicanor étoit un mystère, et que l'amour des princes pour Rodogune étoit su de tout le monde. Eh bien, qu'on prenne l'inverse, on trouve à-la-fois la vérité et la meilleure réponse à faire au commentateur. Les princes savoient, comme tous les Syriens, que leur père avoit été tué par la reine. Elle vient de leur persuader, on le voit par la réponse d'Antiochus, que leur intérêt seul l'avoit portée à ce crime. Comment paroîtroit-elle plus coupable à leurs yeux que Clytemnestre aux yeux d'Oreste?

du faste dans l'appareil d'une douleur qu'on étale; mais on ne peut mettre réellement du fard sur des larmes : cette figure n'est pas juste, parce qu'elle n'est pas vraie. *a*

6 Elle fait bien sonner ce grand amour de mère.

Cette expression est trop triviale; de plus, il ne faut pas une grande pénétration pour deviner qu'une femme si criminelle ne travaille que pour elle seule.

7 Il est (le trône) à l'un de nous, si l'autre le consent.

Le consent n'est pas français; mais ce seul vers suffit pour démontrer combien Cléopâtre a été imprudente avec ses deux enfants.

ACTE TROISIÈME.

SCÈNE I.ère

1 (Voilà) comme elle use enfin de ses fils, et de moi.

Ce vers est du ton de la comédie. *User de quelqu'un* est du style familier, et Cléopâtre n'a point usé de Rodogune. Il est triste que Rodogune n'apprenne son danger et le dessein barbare de Cléopâtre, que par une confidente qui trahit sa maîtresse : n'eût-il pas été plus théâtral et plus touchant de l'apprendre par les deux frères? Tous deux brûlants pour elle, tous deux consternés en

---

a Voyez la réponse au système de Voltaire, dans les observations générales, titre *Des Métaphores*.

sa présence ; Antiochus n'avouant rien par respect pour sa mère ; et Séleucus, qui la ménage moins, dévoilant ce secret terrible avec horreur : cette situation ne ferait-elle pas une impression plus forte qu'une suivante qui recommande le secret à Rodogune, de peur d'être perdue ? A quoi Rodogune répond qu'*elle reconnaîtra ce service en son lieu.*

Cet avertissement que donne la suivante à Rodogune démontre combien Cléopâtre a été imprudente de vouloir charger ses enfants d'un crime qui n'entrera jamais dans le cœur d'aucun homme ; et il y a même beaucoup plus que de l'imprudence à proposer à deux jeunes princes, qu'on sait être vertueux, de tuer leur maîtresse. Mais comment Cléopâtre, après avoir vu avec quelle juste horreur ses enfants la regardent, a-t-elle pu confier à Laonice qu'elle a fait cette proposition à ses fils ? quelle fureur a-t-elle de découvrir toujours à une confidente, qu'elle méprise, tout ce qui peut la rendre exécrable et avilie aux yeux de cette confidente ? *a*

---

a Quelle fureur Voltaire a-t-il de supposer des fautes, pour les critiquer indécemment ! Voilà la troisième fois qu'il reproche à Cléopâtre de proposer à ses fils de tuer *leur maîtresse*. Il ne s'en tient pas là, il avance que la reine a vu que ses enfants la regardent *avec horreur,* tandis qu'ils ne lui ont montré que de la surprise. Et il s'écrie : *Comment a-t-elle pu confier à Laonice qu'elle a fait une telle proposition à ses fils ?* Personne, cependant, n'ignore que cette même Laonice étoit présente lorsque cette proposition a été faite, qu'elle n'a pas quitté la scène, d'après l'ordre que Cléopâtre lui avoit donné : *Voici mes fils, écoute.*

Laonice, en apprenant à Rodogune le danger qu'elle court, s'acquitte de la promesse qu'elle lui a faite ; car tout est motivé

☞ ² Oronte est avec vous, qui, comme ambassadeur,
Devoit de cet hymen honorer la splendeur.

Cet Oronte qui, comme ambassadeur, devait honorer *la splendeur d'un hymen,* et qui ne dit pas un mot, joue dans cette scène un bien mauvais personnage; mais une confidente qui dit le secret de sa maîtresse en joue un plus mauvais encore. C'est un moyen trop petit, trop commun dans les comédies. *a*

SCÈNE II.

Au lieu d'une situation tragique et terrible, que la fureur de Cléopâtre faisait attendre, on ne voit ici qu'une scène de politique entre Rodogune et l'ambassadeur Oronte. Rodogune a deux grands objets, son amour, et la haine de Cléopâtre : ces deux objets ne produisent ici aucun mouvement; ils sont écartés par des discours de politique. On a déjà observé que le grand art de la tragédie est que le cœur soit toujours frappé des mêmes coups, et que des idées étrangères n'affaiblissent pas le sentiment dominant. Cet Oronte, qui ne paraît qu'au

dans les pièces de Corneille; mais elle refuse de donner ses conseils contre sa maîtresse. Elle ne recommande pas le secret, comme le prétend Voltaire; elle dit seulement, *Si j'étois vue, votre péril croîtroit et je serois perdue.*

a Nous venons de faire observer que Laonice remplit sa promesse vis-à-vis de Rodogune, et qu'elle refuse de lui donner des conseils contre sa maîtresse; elle veut même ignorer ce que la princesse résoudra. Ce n'est sûrement pas là jouer un mauvais personnage. Oronte n'avoit rien à dire dans une scène aussi courte,

ACTE III, SCÈNE II.

troisième acte, lui dit *qu'il aurait perdu l'esprit s'il lui conseillait la résistance;* et il lui conseille de *faire l'amour politiquement.* Mais d'où sait-il que les deux fils de Cléopâtre aiment Rodogune? Les deux frères avaient été jusque-là si discrets, qu'ils s'étaient caché l'un à l'autre leur passion; comment cet ambassadeur peut-il donc en parler comme d'une chose publique? et si l'ambassadeur s'en est aperçu, comment leur mère l'a-t-elle ignorée? *a*

☞ *a* L'avis de Laonice est sans doute une adresse.

Pourquoi cet inutile *Oronte,* qui croit parler ici en ambassadeur fort adroit, soupçonne-t-il que l'avis est faux, et que c'est un piége que Cléopâtre tend ici à Rodogune? ne connaît-il pas les crimes de Cléopâtre? ne la doit-il pas croire capable de tout? ne doit-il pas balancer les raisons? Il joue ici le rôle de ce qu'on appelle un gros fin, et rien n'est ni moins tragique, ni plus mal imaginé. *b*

a La scène est telle qu'on devoit l'attendre, après l'information qui vient d'être donnée à Rodogune. Mais la remarque de Voltaire n'est sûrement pas celle d'un commentateur, ni même d'un critique qui auroit lu la scène précédente. Laonice y a dit à Rodogune :

Assurez-vous de l'amour des deux princes ;
Plutôt que de vous perdre, ils perdront leurs provinces.

Si, comme le fait observer Voltaire, Oronte n'a point parlé dans cette scène, il a du moins pu entendre, et cela suffit pour qu'il sache que les deux fils de Cléopâtre aiment Rodogune.

b Le discours d'Oronte est très-sage. On peut même observer

3 Mais pouvez-vous trembler quand dans ces mêmes lieux
Vous portez le grand maître et des rois et des dieux ?
L'amour fera lui seul tout ce qu'il vous faut faire.

Comment une femme porte-t-elle ce grand maître? *L'amour maître des dieux* est une expression de madrigal indigne d'un ambassadeur.

Remarquons encore qu'on n'aime point à voir un ambassadeur jouer un rôle si peu considérable.

SCÈNE III.

1 Quoi! je pourrois descendre à ce lâche artifice,
D'aller de mes amants mendier le service....

Voici Rodogune qui oublie, dans le commencement de ce monologue, et son danger et son amour: elle prend la hauteur de ces princesses de roman qui ne veulent rien devoir à leurs amants; *celles de sa naissance ont,* dit-elle, *horreur des bassesses;* et cette scrupuleuse et modeste princesse, qui a dit qu'il *est des nœuds secrets,* qu'il *est des sympathies, dont par le doux rapport les âmes assorties,* etc., et qui craint de s'avouer à elle-même la sympathie qu'elle a pour Antiochus; cette fille si timide va (la scène d'après) proposer à ses deux amants d'assassiner leur mère, et elle dit ici qu'elle ne veut pas mendier leur service! Quoi! elle craint de leur avoir la moindre obligation, et

qu'il y a eu beaucoup d'adresse, de la part de l'auteur, à faire naître dans l'esprit de l'ambassadeur le soupçon que la reine faisoit donner un faux avis à Rodogune; sans cela, cette scène eût nécessairement été vide.

ACTE III, SCÈNE III. 171

elle va leur demander le sang de Cléopâtre ! C'est au lecteur à se rendre compte de l'impression que ces contrastes font sur lui. [a]

² Et, sous l'indigne appât d'un coup d'œil affété,
J'irois jusqu'en leurs cœurs chercher ma sûreté !

Je ne sais si cette figure est bien juste ; *chercher sa sûreté sous l'appât d'un coup d'œil affété !*

³ Celles de ma naissance ont horreur des bassesses ;
Leur sang tout généreux hait ces molles adresses.

Mais si celles de sa naissance ont le sang tout généreux, comment cette générosité s'accorde-t-elle avec le parricide ? [b]

⁴ Quel que soit le secours qu'ils me puissent offrir,
Je croirai faire assez de le daigner souffrir.

On ne doit jamais montrer de la fierté que

---

[a] Voltaire a lu l'examen de cette pièce ; non-seulement il l'a lu, mais il l'a cité : comment peut-il donc dire, jusques à quatre fois, dans ses remarques sur cette scène, que Rodogune a voulu faire assassiner une mère par ses propres fils, tandis que, d'après l'observation de Corneille, Rodogune ne fait pas cette proposition aux princes dans l'espoir qu'elle sera acceptée, mais seulement pour s'exempter de choisir entre eux, prévoyant que si elle se déclaroit pour Antiochus, Cléopâtre nommeroit Séleucus l'aîné ? Cette explication donnée par Corneille, s'accorde avec ce que Rodogune dit à Antiochus :

> A force de respects, votre amour s'est trahi ;
> Je voudrois vous haïr, s'il m'avoit obéi ;
> Et je n'estime pas l'honneur d'une vengeance
> Jusqu'à vouloir d'un crime être la récompense.

Voltaire n'a pas oublié ces vers, car nous verrons qu'ils sont l'objet d'une de ses remarques.

[b] Ce que nous avons dit ci-dessus, met à même d'apprécier la justesse de cette remarque.

quand on nous propose quelque chose d'indigne de nous; dans tout autre cas la fierté est méprisable. Cette fierté de Rodogune ne paraît point placée : elle éprouvera la force de leur amour sans flatter leurs désirs, sans leur jeter d'amorce ; et si cet amour est assez fort pour lui servir d'appui, elle fera régner cet amour en régnant sur lui. Et c'est pour débiter ces galimatias que Rodogune fait un monologue de soixante vers. [a]

5 Sentiments étouffés de colère et de haine,
Rallumez vos flambeaux à celle de la reine.

Des sentiments qui rallument des flambeaux à la haine de la reine, et qui rompent la *loi dure* d'un oubli *contraint* pour *rendre* justice, ce sont des paroles qui ne forment point un sens net; c'est un style aussi obscur qu'emphatique : et on doit d'autant plus le remarquer, que plus d'un auteur a imité ces fautes.

6 Rapportez à mes yeux son image sanglante,
D'amour et de fureur encore étincelante.

On dirait bien, *je crois le voir encore étincelant de courroux* ; mais ce n'est pas l'image qui est encore animée; de plus on n'étincelle point d'amour.

[a] La fierté de Rodogune n'est point déplacée, puisqu'on l'engage à feindre. Quoi qu'il en soit, elle n'emploie point les soixante vers de ce monologue à exprimer le sentiment que lui fait éprouver le conseil d'Oronte ; elle n'en parle que dans les douze premiers vers.

7 Plus la haute naissance approche des couronnes,
Plus cette grandeur même asservit nos personnes.

Ces réflexions sur *la haute naissance qui approche des couronnes et qui asservit les personnes*, sont de ces lieux communs qui étaient pardonnables autrefois. *a*

8 Nous n'avons point de cœur pour aimer ni haïr.

Ici elle n'a point de cœur pour aimer ni haïr, et, dans le même monologue, elle reprend un cœur pour aimer et haïr : ces antithèses, ces jeux de vers, ne sont plus permis.

9 Le consentiras-tu cet effort sur ma flamme?....

Consentir *à*, et non consentir *le* : ce verbe gouverne toujours le datif exprimé chez nous par la préposition *à*. Il est vrai qu'au barreau on viole cette règle ; mais le style du barreau est celui des barbarismes.

10 S'il t'en coûte un soupir, j'en verserai des larmes.

Que veut dire cela? veut-elle parler de l'ordre qu'elle va donner à ses deux amants de tuer leur mère? est-ce là le cas d'un soupir? Ne faut-il pas avouer que presque tous les sentiments de ce monologue ne sont ni assez vrais ni assez touchants?

11 Amour, qui me confonds, cache du moins tes feux.

Enfin cette même Rodogune, qui songe à faire assassiner une mère par ses propres fils, fait une invocation à l'amour, et le prie de ne pas paraître

---

a Les réflexions de Rodogune sont très-justes, et ce vers : *Je suivrois mon destin en victime d'état,* nous paroît fort beau.

dans ses yeux : voilà une singulière timidité pour une fille qui n'est plus jeune, qui a voulu épouser le père, qui est amoureuse du fils, et qui veut faire assassiner la mère ! La force de la situation a fait apparemment passer tous ces défauts, qui aujourd'hui seraient relevés sévèrement dans une pièce nouvelle. *a*

SCÈNE IV.

1 Ne vous offensez pas, princesse, de nous voir
De vos yeux à vous-même expliquer le pouvoir, etc.

Et de quoi veut-il qu'elle s'offense ? de ce que deux frères, dont l'un doit l'épouser et la faire reine, joignent à l'offre du trône un sentiment dont elle doit être flattée et honorée ? Ce faux goût était introduit par nos romans de chevalerie, dans lesquels un héros était sûr de l'indignation de sa dame, quand il lui avait fait sa déclaration, et ce

---

a On se rappelle que Voltaire a fondé la supposition que Rodogune n'est plus jeune, sur son mariage avec Nicanor. Or, comme ce mariage n'a pas eu lieu, la conséquence qu'il en a tirée est évidemment fausse. Indépendamment de la timidité d'une jeune fille, la princesse a une forte raison de cacher son amour ; c'est l'inconvénient de le faire éclater pour un prince qui, s'il n'est pas désigné roi, ne pourra, aux termes du traité, devenir son époux.

Remarquez que Voltaire dit ici que *Rodogune a voulu épouser le père des princes*. Ce n'est donc point par erreur, mais avec l'intention de se préparer une critique contre Corneille, que le commentateur a dit, dans la vingt-septième remarque sur la dernière scène du premier acte : ELLE ÉPOUSA *Nicanor lorsque les deux princes étaient en bas âge*.

C'est parce que tous les défauts relevés par le commentateur n'existent pas, que cette tragédie obtient le plus grand succès depuis cent cinquante ans.

n'était qu'après beaucoup de temps et de façons qu'on lui pardonnait.

² Ce n'est pas d'aujourd'hui que nos cœurs en soupirent.

Cet *en* ne paraît se rapporter à rien, car les cœurs ne soupirent pas d'expliquer un pouvoir.

³ Mais un profond respect nous fait taire, et brûler.

Un profond respect ne fait pas brûler, au contraire.

⁴ L'heureux moment approche où votre destinée
Semble être aucunement à la nôtre enchaînée.

Aucunement est un terme de loi qui ne doit jamais entrer dans un vers. [a]

⁵ Puisque d'un droit d'aînesse incertain parmi nous
La nôtre attend un sceptre, et la vôtre un époux.

Incertain parmi nous; il veut dire *incertain entre nous deux*; mais *parmi* ne peut jamais être employé pour *entre*.

⁶ C'est trop d'indignité que notre souveraine
De l'un de ses captifs tienne le nom de reine.

Quelle indignité y a-t-il que Rodogune partage le trône avec celui qui sera roi de Syrie? Quoi! parce que ces deux princes s'appellent ses *captifs*, il y aura de l'indignité qu'elle soit reine? C'est jouer sur les mots de *reine* et de *captif*; et c'est un ton de galanterie qui est bien loin du tragique.

[a] On sait que ce n'est pas le style de Corneille que nous avons le plus à cœur de défendre.

7 Notre amour s'en offense, et, changeant cette loi,
Remet à notre reine à nous choisir un roi.

Il faudrait, *lui remet le choix* : on ne dit point, *je vous remets à décider*, mais *il vous appartient de décider; je m'en remets à votre décision.*

8 Ne vous abaissez plus à suivre la couronne.

On ne suit point une couronne ; on suit l'ordre, la loi qui dispose de la couronne.

9 L'ardeur qu'allume en nous une flamme si pure....
Vient sacrifier à votre élection
Toute notre espérance et notre ambition.

Élection ne peut être employé pour choix ; *élection d'un empereur, d'un pape,* suppose plusieurs suffrages.

10 Nous céderons sans honte à cette illustre marque.

On ne *cède point à une illustre marque,* même pour rimer avec *monarque;* il faudrait spécifier cette *marque.*

11 Et celui qui perdra votre divin objet
Demeurera du moins votre premier sujet.

Votre divin objet ne peut signifier *votre divine personne;* une femme est bien l'objet de l'amour de quelqu'un ; et, en style de ruelle, cela s'appelait autrefois *l'objet aimé;* mais une femme n'est point son propre objet. *a*

12 Et j'en recevrois l'offre avec quelque plaisir,
Si celles de mon rang avoient droit de choisir.

Cette expression, *celles de mon rang,* est sou-

---

a Il ne faut pas oublier que c'est principalement pour l'instruction de la jeunesse que Voltaire a fait ses remarques.

vent employée ; non-seulement elle n'est pas heureuse, mais ce n'est pas du *rang* qu'il s'agit ; elle parle du traité qui l'oblige d'épouser l'aîné des deux frères. Ces mots, *celles de mon rang*, semblent être un terme de fierté qui n'est pas ici convenable.

13 Et l'ordre des traités règle tout dans leur cœur.

Il n'y a d'ordre des traités que par les dates ; il fallait, *la loi des traités*, à moins qu'on n'entende par *ordre* cette loi même ; mais le mot *d'ordre* est impropre dans ce sens.

14 C'est lui que suit le mien, et non pas la couronne.

Un cœur qui suit une couronne, tour impropre et forcé : cette faute est répétée deux fois.

15 Du secret révélé j'en prendrai le pouvoir.

Je prendrai du secret révélé le pouvoir de vous aimer; cela n'est pas français : *j'en prendrai* est obscur.

16 Et mon amour pour naître attendra mon devoir.

Un amour peut bien attendre le devoir pour se manifester, mais non pas pour naître ; car, s'il n'est pas né, comment peut-il attendre ? Il eût fallu peut-être, *et pour oser aimer j'attendrai mon devoir*, ou bien, *et j'attendrai pour aimer l'ordre de mon devoir*.

Voilà donc Rodogune qui déclare qu'elle se donnera à l'aîné, et qu'elle l'aimera ; comment pourra-t-elle après déclarer qu'elle ne se donnera qu'à l'assassin de Cléopâtre, quand elle a promis d'obéir à Cléopâtre?

17 J'entreprendrois sur elle à l'accepter de vous.

On entreprend sur des droits, et non sur une personne. *Entreprendre sur quelqu'un à accepter un choix,* cela n'est pas français.

18 Mais craignez avec moi que ce choix ne ranime
Cette haine mourante à quelque nouveau crime.

Ranime ne peut gouverner le datif; c'est un solécisme.

19 Pardonnez-moi ce mot qui viole un oubli
Que la paix entre nous doit avoir établi.

On ne viole point un oubli, on ne l'établit pas davantage; l'oubli ne peut être personnifié.

20 Le feu qui semble éteint souvent dort sous la cendre;
Qui l'ose réveiller peut s'en laisser surprendre.

Se laisser surprendre d'un feu qu'on réveille ne paraît pas juste; on n'est point surpris d'un feu qu'on attise, mais on peut en être atteint. [a]

21 Et toutes ses fureurs sans effet rallumées
Ne pousseront en l'air que de vaines fumées.

De vaines fumées poussées en l'air par des fureurs ne font pas, comme je l'ai remarqué ailleurs,

[a] Ces vers sont très-beaux, et l'idée nous paroit juste. Si l'on est atteint du feu qu'on a réveillé, et qu'on ne s'en aperçoive pas, on peut en être victime; voilà ce que Corneille a voulu exprimer par les mots *on peut s'en laisser surprendre.*

ACTE III, SCÈNE IV.

une belle image ; et Corneille emploie trop souvent ces fumées poussées en l'air. *a*

²² Mais a-t-elle intérêt au choix que vous ferez,
Pour en craindre les maux que vous vous figurez ?

Il paraît naturel que Cléopâtre ait intérêt à ce choix, puisque Rodogune peut choisir le cadet, et que Cléopâtre doit choisir l'aîné : de plus, la phrase est trop louche ; *a-t-elle intérêt pour en craindre ?*

²³ Chacun de nous à l'autre en peut céder sa part,
Et rendre à votre choix ce qu'il doit au hasard.

Chacun de nous peut céder sa part de son espérance, et rendre au choix de Rodogune ce qu'il doit au hasard : quel langage ! quel tour ! il faudrait au moins, *ce qu'il devrait au hasard ;* car les deux frères n'ont encore rien. *b*

²⁴ Votre inclination vaut bien un droit d'aînesse,
Dont vous seriez traitée avec trop de rigueur.

Un droit d'aînesse dont on est traité avec rigueur ; cela n'est pas français, et le vers n'est pas bien tourné.

---

a Il est beaucoup de bons vers qu'on rendroit mauvais en les disséquant ainsi. Nous ne croyons pas que ceux-ci eussent dû être l'objet d'une remarque.

b *Céder une part d'espérance.* Ce langage, à la vérité, seroit très-mauvais, mais ce n'est pas celui de Corneille. Le mot *espérance* ne se trouve point dans ses vers ; on y voit : *La couronne est à nous, chacun en peut céder sa part.* Ce n'est sûrement pas là le cas de s'écrier : Quel langage ! quel tour ! Mais combien voilà de remarques après lesquelles on pourroit dire : Quel commentaire !

25 On vous applaudiroit, quand vous seriez à plaindre.

Applaudirait n'est pas le mot propre ; c'est *on vous féliciterait.*

26 Princesse, à notre espoir ôtez cette amertume.

Qu'est-ce qu'ôter l'amertume à un espoir ?

27 Et permettez que l'heur qui suivra votre époux....

Un heur qui suit un époux, et qui redouble à le tenir! tout cela est impropre, et n'est ni bien construit ni français ; ce sont autant de barbarismes.

☞ 28 Se puisse redoubler à le tenir de vous....

est encore un barbarisme : *un heur qui redouble à le tenir!* il semble que ce soit cet *heur* qui tienne.*a*

29 Ce beau feu vous aveugle autant comme il vous brûle ;
   Et, tâchant d'avancer, son effort vous recule.

Cela n'est ni français, ni noble, ni exact. *Aveugler* et *reculer* sont des figures qui ne peuvent aller ensemble : toute métaphore doit finir comme elle a commencé. Qu'est-ce que l'effort d'un feu qui recule deux princes tâchant d'avancer ?

30 Et moi, quelque vertu que votre cœur prépare....

ne paraît pas bien dit ; on ne prépare pas une vertu comme on prépare une réponse, un dessein, une action, un discours, etc.

---

a Voltaire a souvent raison, quand il ne s'agit que de relever des fautes de grammaire ; mais est-ce à Corneille qu'il falloit les imputer, ou au siècle dans lequel il a écrit ? étoit-ce à Voltaire à se charger d'un pareil travail, très-inutile d'ailleurs, lorsque, à l'époque où il s'y est livré, un écolier de seconde ne seroit pas tombé dans les mêmes fautes ?

31 Je crains d'en faire deux si le mien se déclare.

Elle craint d'en faire deux. On ne sait, par la construction, si c'est deux heureux ou deux mécontents ; *le mien* veut dire *mon cœur* : toute cette tirade est un peu embrouillée. *a*

32 Je tiendrois à bonheur d'être à l'un de vous deux.

Tenir à bonheur est une façon de parler de ce temps-là ; mais la belle poésie ne l'a jamais admise. *b*

33 Savez-vous quels devoirs, quels travaux, quels services
Voudront de mon orgueil exiger les caprices ?...

Il est bien étrange qu'elle se serve de ce mot, et qu'elle appelle *caprice* l'abominable proposition qu'elle va faire. *c*

a Il ne s'agit plus d'une question purement grammaticale : Voltaire aura probablement tort. Le pronom *en* se trouve plus près de *mécontent* que d'*heureux* ; *en* doit donc naturellement se rapporter à *mécontent*. D'ailleurs, Rodogune peut-elle *craindre* de faire deux heureux ?

On lit *votre cœur* dans le premier vers, *le mien* dans le second. Ce n'étoit sûrement pas une nécessité de reprendre le rôle de commentateur, si souvent oublié, pour expliquer que *le mien* veut dire *mon cœur*.

b Pourquoi la belle poésie n'admettroit-elle pas *tenir à bonheur, tenir à crime ?* etc. Cette expression n'a rien que de naturel ; elle est très-française. On lit, dans le Dictionnaire de l'Académie : *Tenir* signifie *réputer, estimer, croire. Je tiendrai cela à honneur ; il tient cela à injure.*

c Elle ne fait pas encore de proposition ; elle ne cherche qu'à s'exempter du choix que les deux frères lui demandent. Voltaire, qui sait ce qu'elle proposera, sait aussi qu'elle déclarera à celui des deux qu'elle aime, qu'elle l'auroit haï, s'il lui eût obéi.

34 Par quels degrés de gloire on me peut mériter?

Elle appelle un parricide *degré de gloire!* si elle parle sérieusement, elle dit une chose aussi affreuse que fausse; si c'est une ironie, c'est joindre le comique à l'horreur. *a*

35 Ce cœur vous est acquis après le diadême,
Princes; mais gardez-vous de le rendre à lui-même.

Ces idées et ces expressions ne sont pas nettes. *Cœur acquis après le diadême!* elle veut dire, *je dois mon cœur à celui qui, étant roi, sera mon époux. Rendre à lui-même*, veut dire, *gardez-vous de faire dépendre la couronne du service que je vais exiger de vous.*

36 Quels seront les devoirs, quels travaux, quels services,
Dont nous ne vous fassions d'amoureux sacrifices!

On peut faire un sacrifice à son devoir de ses sentiments, de sa vie, et non de ses travaux et de ses services; mais c'est par des services et des travaux qu'on fait des sacrifices : et quelle expression que des *sacrifices amoureux!*

37 Et quels affreux périls pourrons-nous redouter,
Si c'est par ces degrés qu'on peut vous mériter?

Des périls ne sont point des degrés; on ne mérite point par des degrés : tout cela est écrit barbarement.

---

a Rien n'annonce encore la proposition de Rodogune; elle n'a point parlé de parricide. Elle ne se portera à cette extrémité que quand les princes l'auront tellement pressée, qu'elle ne connoîtra plus d'autre moyen de mettre fin à leurs sollicitations.

38 J'obéis à mon roi, puisqu'un de vous doit l'être.

N'est-il pas étrange que Rodogune prenne le prétexte d'obéir à son roi pour demander la tête de la mère de ce roi? Comment peut-elle attester tous les dieux qu'elle est contrainte par les deux enfants à leur faire cette proposition? Ces subtilités sont-elles naturelles? ne voit-on pas qu'elles ne sont employées que pour pallier une horreur qu'elles ne pallient point?

39 J'écoute une chaleur qui m'étoit défendue, etc.

Une chaleur défendue, un devoir qui rend un souvenir, un souvenir que les traités ne peuvent retenir, font un amas de termes impropres, et une construction trop vicieuse.

40 Tremblez, princes, tremblez au nom de votre père;
Il est mort, et pour moi, par les mains d'une mère:
Je l'avois oublié, sujette à d'autres lois;
Mais libre, je lui rends enfin ce que je dois.

On sent bien qu'elle veut dire, *je ne l'avais pas vengé;* mais le mot d'*oublier,* quand il est seul, signifie *perdre la mémoire,* excepté dans les cas suivants; *je veux bien l'oublier, vous devez l'oublier, il faut oublier les injures,* etc. On n'est point sujette à des lois; cela n'est pas français : et de quelles lois veut-elle parler?

41 J'aime les fils du roi, je hais ceux de la reine.

Cette antithèse est-elle bien naturelle? Une situation terrible permet-elle ces jeux d'esprit? Comment peut-on en effet haïr et aimer les mêmes personnes? *Et ce n'est point ainsi que parle la nature.* [a]

42 Ce sang que vous portez, ce trône qu'il vous laisse,
Valent bien que pour lui votre cœur s'intéresse.

On ne porte point un sang : il était aisé de dire, *ce sang qui coule en vous*, ou *le sang dont vous sortez*.

43 Qui peut contre elle et lui soulever votre esprit?

Le sens est louche ; *contre elle* signifie *contre votre gloire* ; et *lui* signifie *votre amour* : c'est là le sens ; mais il faut le chercher : la clarté est la première loi de l'art d'écrire. Et puis, comment l'esprit de ces princes peut-il être soulevé contre leur gloire? est-ce parce qu'ils s'effraient d'un parricide?

44 Vous devez la punir, si vous la condamnez ;
Vous devez l'imiter, si vous la soutenez.

Rien de tout cela ne paraît vrai : un fils n'est point du tout obligé de punir sa mère, quoiqu'il condamne ses crimes ; il doit encore moins l'imiter, quoiqu'il lui pardonne. Faut-il un raisonnement faux pour persuader une action détestable? Que veut dire en effet, *vous devez l'imiter, si vous la soutenez?* Cléopâtre a tué son mari, ses enfans doivent-ils tuer leurs femmes?

---

[a] Cette antithèse nous paroît fort belle ; elle se présente naturellement, et ce n'est que la recherche ou l'usage trop fréquent de cette figure qui la rend répréhensible.

ACTE III, SCÈNE IV.

⁴⁵ J'avois su le prévoir, j'avois su le prédire....

Si elle a su le prévoir, comment s'expose-t-elle à toute l'horreur qu'elle mérite qu'on ait pour elle ? *a*

⁴⁶ .... Il n'est plus temps, le mot en est lâché.

Il semble que cette idée affreuse et méditée lui soit échappée dans le feu de la conversation ; cependant elle a préparé avec beaucoup d'artifice la proposition révoltante qu'elle fait. *b*

⁴⁷ Quand j'ai voulu me taire, en vain je l'ai tâché.

En vain je l'ai tâché n'est pas français ; on dit, *je l'ai voulu, je l'ai essayé,* parce qu'on veut une chose, on l'essaie, mais on ne la tâche pas. *c*

---

a Cette ardeur s'éteint ; l'un et l'autre soupire ;
  J'avois su le prévoir.

Un autre commentateur se seroit servi de ces dernières paroles de Rodogune, pour prouver que sa proposition n'étoit qu'un moyen de s'exempter de choisir entre les deux princes, de qui *elle a su prévoir les refus.* Au surplus, quelle que soit l'horreur que cette proposition puisse inspirer, elle est faite presque à la fin d'un acte ; et dès le commencement de l'autre, Rodogune désabuse tout le monde. *Votre refus est juste autant que ma demande,* etc. Ainsi, pour avoir été quelque temps dans l'erreur, le spectateur jouit de la situation terrible où les princes se trouvent par la proposition de Rodogune.

b Cette proposition n'a pas été préparée par Rodogune avec beaucoup d'artifice, puisqu'elle ignoroit que les princes la mettroient dans le cas de la faire, et qu'en effet ils pouvoient ne pas l'y mettre.

c On ne tâche pas une chose, mais on tâche de faire une chose. *Quand j'ai voulu me taire, en vain je l'ai tâché:* pour *en vain j'ai tâché de le faire, de me taire,* nous paroit français.

☞ 48 Appelez ce devoir haine, rigueur, colère ;
Pour gagner Rodogune, il faut venger un père.

On voit trop que colère n'est là que pour rimer.*a*

49 Je me donne à ce prix : osez me mériter.

Il est vrai que tous les lecteurs sont révoltés qu'une princesse si douce, si retenue, qui tremble de prononcer le nom de son amant, qui craignait de devoir quelque chose à ceux qui prétendaient à elle, ordonne de sang-froid un parricide à des princes qu'elle connaît vertueux, et dont elle ne savait pas, un moment auparavant, qu'elle fût aimée ; elle se fait détester, elle sur qui l'intérêt de la pièce devait se rassembler. Cette situation pourtant inspire un intérêt de curiosité ; on ne peut en éprouver d'autre. Cléopâtre est trop odieuse ; Rodogune le devient en ce moment autant qu'elle, et beaucoup plus méprisable, parce que, contre toutes les lois que la raison a prescrites au théâtre, elle a changé de caractère. L'amour dans cette pièce ne peut toucher le cœur, parce qu'il n'agit qu'à reprises interrompues, qu'il n'est point combattu, qu'il ne produit point de danger, et qu'il est presque toujours exprimé en vers languissants, obscurs, ou du style de la comédie. L'amitié des deux frères ne fait pas le grand effet qu'on en attend, parce que l'amitié seule ne peut produire de grands mouvements au théâtre que quand un ami risque sa vie pour son ami en danger. L'amitié qui ne va qu'à ne

---

a N'est-ce pas pousser la chicane un peu loin ?

se point brouiller pour une maîtresse est froide, et rend l'amour froid. La plus grande faute peut-être dans cette pièce, est que tout y est ajusté au théâtre d'une manière peu vraisemblable, et quelquefois contradictoire ; car il est contradictoire que cet ambassadeur Oronte soit instruit de l'amour des deux frères, et que Rodogune ne le sache pas. Il n'est guère possible qu'Antiochus aime une mère parricide ; et c'est une chose trop forcée que Cléopâtre demande la tête de Rodogune, et Rodogune la tête de Cléopâtre, dans la même heure et aux mêmes personnes ; d'autant plus que ce meurtre horrible n'est nécessaire ni à l'une ni à l'autre ; toutes deux même, en faisant cette proposition, risquent beaucoup plus qu'elles ne peuvent espérer. Les hommes les moins instruits sentent trop que toutes ces préparations si forcées, si peu naturelles, sont l'échafaud préparé pour établir le cinquième acte. Cependant l'auteur a voulu qu'Antiochus pût balancer entre sa mère et sa maîtresse, quand elles s'accuseront l'une et l'autre d'un parricide et d'un empoisonnement ; mais il était impossible qu'Antiochus fût raisonnablement indécis entre ces deux princesses, si elles n'avaient paru également coupables dans le cours de la pièce. Il fallait donc nécessairement que Rodogune pût être soupçonnée avec quelque vraisemblance ; mais aussi Rodogune, en se rendant si coupable, changeait de caractère, et devenait odieuse : il fallait donc trouver quelque autre nœud, quelque autre intrigue qui sauvât le caractère de Rodogune ; il fallait qu'elle parût coupable et qu'elle ne le fût pas : ce moyen eût encore eu de grands inconvénients. Il reste à savoir s'il est permis d'amener une grande beauté par de grands défauts, et c'est sur quoi je n'ose prononcer ; mais je doute qu'une pièce remplie de ces défauts essentiels, et en général si mal écrite, pût aujourd'hui être soufferte jusqu'au quatrième acte par une assemblée de gens de goût qui ne prévoiraient pas les beautés du cinquième. *a*

<p style="padding-left: 2em;">

a Il falloit, dit Voltaire, que Rodogune parût coupable, et ne le fût point. C'est justement ce qui se trouve dans la pièce ; mais ce qui ne s'y trouve pas, c'est tout ce que le commentateur a imaginé pour en faire la matière de sa critique. Comment s'est-il permis de dire qu'un moment avant de faire la proposition aux princes, Rodogune ne savoit pas qu'elle en fût aimée ? Cette proposition est faite à la fin du troisième acte ; et, dès le premier, Laonice avoit dit à la princesse : *Qui que ce soit des deux que l'on couronne, je sais qu'il vous adore.* Puisque Rodogune étoit informée de l'amour des princes dès le premier acte, Oronte n'en étoit pas instruit avant elle, Oronte, qui n'en parle qu'à la deuxième scène du troisième acte, non pas d'après le bruit public, comme l'a prétendu Voltaire, mais parce qu'il l'a appris dans la scène précédente.

Antiochus peut aimer sa mère, parce qu'il n'a jamais connu qu'elle ; parce que son père, cru mort pendant sept ans, n'est revenu que dans l'intention de dépouiller, par un nouveau mariage, ses enfants en même temps que son épouse, et que celle-ci n'a attenté à ses jours que pour sa propre défense et celle de sa famille, ce qui doit au moins atténuer son crime aux yeux de ses enfants.

Nous avons démontré qu'il étoit dans le caractère vindicatif de Cléopâtre de demander la tête de Rodogune. Celle-ci étoit informée du projet de son ennemie, quand, pressée par les princes de choisir entre eux, voulant s'en exempter, et prévoyant leurs refus, elle a imaginé de leur demander la tête de leur mère. Nous ne voyons point là de préparations forcées et peu naturelles.

Il résulte de tout ceci, que les grandes beautés de cette tragédie

50 Adieu, princes.

Adieu, après une telle proposition ! et observez qu'elle n'a pas dit un seul mot de la seule chose qui pourrait en quelque façon lui faire pardonner cette horreur insensée : elle devrait leur dire au moins, Cléopâtre vous a demandé ma tête ; ma sûreté me force à vous demander la sienne. *a*

SCÈNE V.

1 ...... Hélas ! c'est donc ainsi qu'on traite
Les plus profonds respects d'une amour si parfaite !

Est-ce ici le temps de se plaindre qu'on a mal reçu ces profonds respects de l'amour, quand il s'agit d'un parricide ?

2 Elle fuit, mais en Parthe, en nous perçant le cœur.

Ce vers a toujours été regardé comme un jeu d'esprit qui diminue l'horreur de la situation. On dit que les Parthes lançaient des flèches en fuyant ; mais ce n'est pas parce que Rodogune sort qu'elle afflige ces princes, c'est parce qu'elle leur a fait auparavant une proposition affreuse, qui n'a rien de commun avec la manière dont les Parthes combattaient.

ne sont pas amenées par de grands défauts. Sans doute elle peut, de nos jours, paroître mal écrite ; mais on passe sur ces défauts du siècle de Corneille, en considération de beautés supérieures qui sont de tous les temps.

a Rodogune n'a parlé aux princes que de la vengeance qu'ils devoient à leur père. C'étoit le seul véhicule qu'elle pût employer.

3 Plaignons-nous sans blasphême.

Ne croirait-on pas entendre un héros de roman qui traite sa maîtresse de divinité?

4 Il faut plus de respect pour celle qu'on adore.

Peut-on employer ces idées et ces expressions de roman dans un moment si terrible? Il n'y a rien de si plat et de si mauvais que ce vers. *a*

5 C'est ou d'elle ou du trône être ardemment épris,
Que vouloir ou l'aimer ou régner à ce prix.

On ne sait, par la construction, si c'est au prix du sang de sa mère.

6 C'est et d'elle et de lui tenir bien peu de compte....

Lui se rapporte au *trône*; mais on ne se sert point de ce pronom pour les choses inanimées. Ces vers jettent de l'obscurité dans le dialogue: *tenir bien peu de compte d'un trône,* termes d'une prose rampante.

7 Que faire une révolte et si pleine et si prompte.

Faire une révolte contre une femme qui a imaginé quelque chose de si noir; cette expression ne serait pas pardonnée à Céladon: *faire une révolte* n'est pas français.

8 La révolte, mon frère, est bien précipitée....

La révolte, trois fois répétée, rebute trois fois dans une telle circonstance: on voit que cette idée

---

a Qu'un critique qui auroit toujours raison parlât aussi indécemment, on auroit sujet de s'en plaindre. Que dire donc d'un commentateur qui tient ce langage, quand il est évident qu'il a souvent tort?

ACTE III, SCÈNE V.

de traiter de souveraine et de divinité une maîtresse qui exige un parricide, est indigne non-seulement d'un héros, mais de tout honnête homme.

Non-seulement cet amour romanesque est froid et ridicule, mais cette dissertation sur le respect et l'obéissance qu'on doit à l'objet aimé, quand cet objet aimé ordonne de sang-froid un parricide, est peut-être ce qu'il y a de plus mauvais au théâtre aux yeux des connaisseurs. *a*

9 Quand la loi qu'elle rompt peut être rétractée.

On ne rompt point une loi, on ne la rétracte pas ; *révoquer* est le mot propre : on rétracte une opinion.

10 Et c'est à nos désirs trop de témérité
    De vouloir de tels biens avec facilité.

Que veut dire ce *trop de témérité à ses désirs, de vouloir de tels biens?* de quels biens a-t-on parlé? de quelle gloire s'agit-il? que prétend-il par ces sentences? Si Rodogune a fait ce qu'elle ne devait pas faire, Antiochus dit ce qu'il ne devrait pas dire.

11 Pour gagner un triomphe il faut une victoire.

On gagne une victoire, et non un triomphe.

12 Nos malheurs sont plus forts que ces déguisements.

Un déguisement n'est point fort : il faut toujours ou le mot propre, ou une métaphore juste. Antio-

---

a On a beau chercher, dans ce que dit Antiochus, les mots de *divinité*, de *souveraine*, ils n'y sont point. Voltaire les lui prête, pour l'accuser d'avoir une idée indigne d'un honnête homme.

-chus veut dire qu'il ne peut se dissimuler ces malheurs.

13 Leur excès à mes yeux paroit un noir abîme
Où la haine s'apprête à couronner le crime,
Où la gloire est sans nom....

Un abîme noir où la haine s'apprête! et une gloire sans nom! On dit bien *un nom sans gloire;* mais *gloire sans nom* n'a pas de sens.

14 J'en ferois comme vous (des discours)

n'est pas français; et *je ferais comme vous* est du style de la comédie.

15 Je vois ce qu'est un trône et ce qu'est une femme.

Il voit bien ce qu'est Rodogune; mais il n'y a jamais eu que cette femme au monde qui ait dit: *Tuez votre mère, si vous voulez que je vous épouse.* Le trône n'a rien de commun avec la monstrueuse idée de la douce Rodogune. Ce qu'il y a de pis, c'est que tous les raisonnements d'Antiochus et de Séleucus ne produisent rien : ils dissertent; les deux frères ne prennent aucune résolution; et le malheur de leur personnage jusqu'ici est de ne rien faire, et d'attendre ce qu'on fera d'eux. *a*

a Comment Voltaire décide-t-il que les deux princes ne prennent aucune résolution dans le moment où Séleucus dit :

J'éteins enfin ma flamme et mon ambition;

et qu'Antiochus répond :

J'espère encore un peu;
. . . .
Et si tantôt leur haine eût attendu nos larmes,
Leur haine à nos douleurs auroit rendu les armes?

ACTE III, SCÈNE V.

¹⁶ Comme j'aime beaucoup, j'espère encore un peu.

Beaucoup et *un peu ;* cette antithèse n'est pas digne du tragique.

¹⁷ L'espoir ne peut s'éteindre où brûle tant de feu.

Un feu où brûle l'espoir ! *a*

¹⁸ Et son reste confus me rend quelques lumières....

Ce reste confus du feu de l'amour peut-il donner des lumières, parce qu'on se sert du mot *feu* pour exprimer l'amour ? n'est-ce pas abuser des termes ? Est-ce ainsi que la nature parle ? *b*

☞ ¹⁹ Pour juger mieux que vous de ces âmes si fières.

Il semble que l'auteur ait été si embarrassé de cette situation forcée, qu'il ait voulu exprès se rendre inintelligible : une fuite qui dérobe des cœurs à des soupirs ! une haine qui attend des larmes et qui rend les armes ! *c*

a Cette scène est écrite avec négligence, et nous n'avons jusqu'à présent essayé d'en défendre aucun vers. Mais que veut dire Voltaire par cette remarque, *un feu où brûle l'espoir ?* Le sens du vers nous paroît être : L'espoir ne peut s'éteindre dans un cœur où *brûle tant de feu.*

b Il n'est pas du tout question *d'un reste de feu,* mais d'un reste d'espoir :

> L'espoir ne peut s'éteindre où brûle tant de feu,
> Et son reste confus me rend quelques lumières,
> Pour juger mieux que vous de ces âmes si fières.

Le sens est clair.

c On vient de voir que nous n'avons eu besoin que de réunir trois vers, pris isolément par Voltaire, pour leur rendre un sens

☞ 20 Il vous faudra parer leurs haines mutuelles.

On ne pare point une haine comme on pare un coup d'épée.

21 . . . . Ni maîtresse ni mère
N'ont plus de choix ici, ni de lois à nous faire.

Il veut dire, *nous n'avons plus à choisir entre Cléopâtre et Rodogune. N'ont plus de choix*, dans le sens qu'on lui donne ici, n'est pas français. [a]

22 Rodogune est à vous, puisque je vous fais roi.

Lorsqu'on prend la résolution de renoncer à un royaume, un si grand effort doit-il être si soudain? fait-il une grande impression sur les spectateurs, sur-tout quand cette cession ne produit rien dans la pièce?

SCÈNE VI.

1 Elle agira pour vous, mon frère, également,
Et n'abusera point de cette violence
Que l'indignation fait à votre espérance.

Cela est trop obscur, et à peine intelligible; on ne fait point violence à une espérance.

raisonnable. Au lieu donc de croire que Corneille ait voulu que ses vers fussent inintelligibles, on pourroit soupçonner le commentateur d'avoir cherché à les faire paroître tels.

[a] La pensée de Séleucus nous paroît très-claire. Ni la reine ni la princesse n'ont plus de choix à faire entre nous, ni de lois à nous imposer; Rodogune est à vous, puisque je vous fais roi. On ne conçoit pas pourquoi le commentateur a été chercher un autre sens.

² La pesanteur du coup souvent nous étourdit, etc.

Antiochus perd là dix vers entiers à débiter des sentences : est-ce l'occasion de disserter, de parler de malades qui ne sentent point leur mal, et d'ombres de santé qui cachent mille poisons? On ne peut trop répéter que la véritable tragédie rejette toutes les dissertations, toutes les comparaisons, tout ce qui sent le rhéteur, et que tout doit être sentiment, jusque dans le raisonnement même.

³ Cependant allons voir si nous vaincrons l'orage....

Vaincre un orage est impropre ; on détourne, on calme un orage, on s'y dérobe, on le brave, etc., on ne le *vainc* pas : cette métaphore d'orage vaincu ne peut convenir à des ombres de santé qui cachent des poisons.

⁴ Et si, contre l'effort d'un si puissant courroux,
La nature et l'amour voudront parler pour nous.

La nature et l'amour qui parlent contre l'effort d'un courroux! Voilà encore des expressions impropres : je ne me lasserai point de dire qu'il les faut remarquer, non pour observer des fautes, mais pour être utile à ceux qui ne lisent pas avec assez d'attention, à ceux qui veulent se former le goût et posséder leur langue, à ceux qui veulent écrire, aux étrangers qui nous lisent. On a passé beaucoup de fautes contre la langue, et contre l'élégance et la netteté de la construction ; le lecteur attentif peut les sentir. On craint de faire trop de remarques, et de marquer une affectation de critiquer.

ACTE QUATRIÈME.

SCÈNE I.ère

1 Prince, qu'ai-je entendu ? parce que je soupire,
Vous présumez que j'aime, et vous m'osez le dire !

L'ame du spectateur était remplie de deux assassinats proposés par deux femmes; on attendait la suite de ces horreurs; le spectateur est étonné de voir Rodogune qui se fâche de ce qu'on présume qu'elle pourrait aimer un des princes destiné pour être son époux; elle ne parle que de la témérité d'Antiochus, qui, en la voyant soupirer, ose supposer qu'elle n'est pas insensible. C'était un des ridicules à la mode dans les romans de chevalerie, comme on l'a déjà dit; il fallait qu'un chevalier n'imaginât pas que la dame de ses pensées pût être sensible avant de très-longs services; ces idées infectèrent notre théâtre. Antiochus, qui ne devrait parler à cette princesse que pour lui dire qu'elle est indigne de lui, et qu'on n'épouse point la vieille maîtresse de son père quand elle demande la tête de sa belle-mère pour présent de noce, oublie tout d'un coup la conduite révoltante et contradictoire d'une fille modeste et parricide, et lui dit que personne *n'est assez téméraire jusqu'à s'imaginer qu'il ait l'heur de lui plaire; que c'est présomption de croire ce miracle; qu'elle est un oracle; qu'il ne faut pas éteindre un bel espoir.* Peut-on souffrir, après ces vers, que Rodogune, qui mériterait d'être enfermée toute sa vie pour avoir proposé un pareil assassinat, *trouve trop de vanité dans l'espoir trop prompt des termes obligeants de sa civilité?* Ces propos de comédie sont-ils soutenables? Il faut dire la vérité courageusement; il faut admirer, encore une fois, les grandes beautés répandues dans Cinna, dans les Horaces, dans le Cid, dans Pompée, dans Polyeucte; mais, si on veut être utile au public, il faut faire sentir les défauts dont l'imitation rendrait la scène française trop vicieuse.

Remarquez encore que cette conjonction *parce que* ne doit jamais entrer dans un vers noble; elle est dure et sourde à l'oreille. *a*

² Je vois votre mérite et le peu que je vaux,
Et ce rival si cher connoît mieux ses défauts.

Est-ce à Antiochus à parler des défauts de son frère? Comment peut-on dire à une telle femme que les deux frères connaissent trop bien leurs défauts pour oser croire qu'elle puisse aimer l'un des deux?

a Rodogune a grande raison de s'offenser qu'on attribue ses soupirs à son amour pour l'un des princes, puisque, ignorant encore quel est celui qui sera son époux, elle doit se garder de toute préférence. Sa position est bien différente de celles des héroïnes de romans, que le commentateur se plait à rappeler. Il a d'abord prétendu que la princesse étoit trop jeune pour avoir de l'expérience; il a ensuite trouvé ses discours trop timides pour une personne qui n'étoit pas jeune; il l'appelle maintenant la vieille maîtresse du père des princes. Rien ne décèle mieux la passion qui a dicté cette critique. Quoi qu'il en soit, cette scène nous paroît ce qu'elle doit être.

3 *Lorsque j'ai soupiré, ce n'étoit pas pour vous.*

Ce vers paraît trop comique, et achève de révolter le lecteur judicieux, qui doit attendre ce que deviendra la proposition d'un assassinat horrible. *a*

4 *J'ai donné ces soupirs aux mânes d'un époux.*

Voici qui est bien pis. Quoi! elle prétend avoir été l'épouse du père d'Antiochus! Elle ne se contente pas d'être parricide, elle se dit incestueuse! En effet, dans les premiers actes, on ne sait si elle a consommé ou non le mariage avec le père de ses amants. Il faudrait au moins que de telles horreurs fussent un peu cachées sous la beauté de la diction. *b*

5 *Recevez donc son cœur en nous deux réparti.*

Il semble, par ce discours d'Antiochus, qu'en effet Rodogune a été la femme de son père : s'il est ainsi, quel effet doit faire un amour, d'ailleurs assez froid, qui devient un inceste avéré, auquel ni Antiochus ni Rodogune ne prennent seulement pas garde? Mais qu'est-ce qu'un cœur réparti en deux? *c*

a Nous ne trouvons rien de comique ni de révoltant dans ce vers.

b Nicanor a été tué comme il venoit à Séleucie pour y épouser Rodogune. Elle étoit fondée à le regarder déjà comme son époux, et c'est dans ce sens qu'elle lui en donne le titre.

c Antiochus parle de l'amour que son père a eu pour Rodogune, mais il ne dit pas qu'elle ait été sa femme.

6 Ce cœur, en vous aimant indignement percé,
Reprend pour vous aimer le sang qu'il a versé.

C'est donc le cœur de Nicanor réparti entre ses deux fils, qui, ayant été percé, reprend le sang qu'il a versé; c'est-à-dire son propre sang, pour aimer encore sa femme dans la personne de ses deux enfants. Que dire de telles idées et de telles expressions ? comment ne pas remarquer de pareils défauts, et comment les excuser ? que gagnerait-on à vouloir les pallier ? Ce serait trahir l'art qu'on doit enseigner aux jeunes gens. *a*

7 Faites ce qu'il feroit s'il vivoit en lui-même.

Rodogune continue la figure employée par Antiochus; mais on ne peut dire *vivre en soi-même*; ce style fait beaucoup de peine, mais ce qui en fait bien davantage, c'est que Rodogune passe ainsi tout d'un coup de la modeste fierté d'une fille qui ne veut pas qu'on lui parle d'amour, à l'exécrable empressement d'exiger d'un fils la tête de sa mère.

8 A ce cœur qu'il vous laisse osez prêter un bras :
Pouvez-vous le porter, et ne l'écouter pas ?

Prêter un bras à un cœur, le porter, et ne pas l'écouter, sont des expressions si peu naturelles, si

---

a On ne cherche pas à justifier les véritables fautes, c'est-à-dire celles du style; mais comment souffrir qu'un commentateur s'obstine sans cesse à supposer des fautes bien plus importantes ? Tel est ici le prétendu mariage de Rodogune, qu'il continue d'appeler la femme de Nicanor, quoiqu'il sache bien et qu'il soit positivement annoncé, au premier acte, qu'ils n'ont pas été mariés.

forcées, si fausses, qu'on voit bien que la situation ne l'est pas ; car d'ordinaire, comme dit Boileau,

Ce que l'on conçoit bien s'exprime clairement. *a*

9 Une seconde fois il vous le dit par moi ;
Prince, il faut le venger.

Rodogune demande donc deux fois un parricide; ce que Cléopâtre elle-même n'a pas fait. Est-il possible qu'Antiochus puisse lui dire, *Nommez les assassins?* Quel faux artifice! ne les connaît-il pas? ne sait-il pas que c'est sa mère? ne s'en est-elle pas vantée à lui-même? Je n'ai point de terme pour exprimer la peine que me font les fautes de ce grand homme : elles consolent au moins, en faisant voir l'extrême difficulté de faire une bonne pièce de théâtre. *b*

10 Ah! je vois trop régner son parti dans votre âme ;
Prince, vous le prenez? — Oui, je le prends, madame.

Quelle froideur dans de tels éclaircissements! et quelles étranges expressions! *Vous le prenez? Oui, je le prends.* Je ne parle pas ici du sens ridicule que les jeunes gens attribuent à ces paroles; je parle de la bassesse des mots.

a Cette remarque de Voltaire, dans laquelle il dit le contraire de ce qu'il veut dire, est une preuve de la négligence qu'il a apportée dans son commentaire ; négligence qui, après la mauvaise foi, est le plus grand tort qu'on puisse avoir quand on critique Corneille.

b N'y a-t-il pas plus d'artifice dans cette douleur affectée de Voltaire, que dans ces mots, *Nommez les assassins,* qu'Antiochus prononce dans l'ardeur de la passion?

11 De deux princes unis à soupirer pour vous,
  Prenez l'un pour victime, et l'autre pour époux.

Il fallait au moins, *unis en soupirant;* car on ne peut dire, *unis à soupirer.*

☞ Punissez un des fils du crime de la mère.

Peut-on sérieusement dire à Rodogune, Tuez l'un de nous deux, et épousez l'autre, et se complaire dans cette pensée aussi froide que barbare, et la retourner en deux ou trois façons ?

☞ Corneille fait dire à Sabine, dans les Horaces, *Que l'un de vous me tue, et que l'autre me venge :* il répète ici cette pensée ; mais il la délaie, il la rend insipide : tous ces froids efforts de l'esprit ne sont que des amplifications de rhéteur. Ce n'est pas là Virgile, ce n'est pas là Racine.

13 Hélas, prince ! — Est-ce encor le roi que vous plaignez ?
   Ce soupir ne va-t-il que vers l'ombre d'un père ?

Enfin Rodogune passe tout d'un coup de l'assassinat à la tendresse. La petite finesse du soupir qui va vers l'ombre d'un père, et Rodogune qui tremble d'aimer, forment ici une pastorale. Quel contraste ! est-ce là du tragique ? La proposition d'assassiner une mère est d'une furie ; et cet *hélas* et ce *soupir* sont d'une bergère. Tout cela n'est que trop vrai ; et, encore une fois, il faut le dire et le redire. *a*

---

a Rodogune, en continuant de demander la mort de Cléopâtre, suit le plan qu'elle s'étoit proposé, pour s'exempter de faire un choix entre les deux princes. Elle a acquis la certitude que sa proposition ne sera point acceptée ; elle ne passe donc pas de l'assassinat à la tendresse, quand, ne pouvant plus cacher ses sentiments pour Antiochus, elle s'écrie : *Hélas, prince !*

Ibid. . . . . Est-ce encor le roi que vous plaignez ?

Cela serait bon dans la bouche d'un berger galant. Ce mélange de tendresse naïve et d'atrocités affreuses n'est pas supportable.

14 Mais enfin il m'échappe, et cette retenue
　Ne peut plus soutenir l'effort de votre vue.

Ce soupir échappe donc; et la retenue de cette parricide ne peut plus se soutenir à la vue de celui qui doit être son mari; et cependant elle lui tient encore de longs discours, malgré *l'effort de sa vue.*

☞ Remarquez qu'une femme qui dit deux fois, *mon soupir m'échappe,* est une femme à qui rien n'échappe, et qui met un art grossier dans sa conduite. Racine n'a jamais de ces mauvaises finesses. *Ne peut plus soutenir l'effort de votre vue;* quelle expression ! jamais le mot propre. Ce n'est pas là le *vultus nimiùm lubricus aspici* d'Horace.

15 Vous l'avez fait renaître en me pressant d'un choix
　Qui rompt de vos traités les favorables lois.

Cela n'est pas français : on ne presse point d'une chose.

16 D'un père mort pour moi voyez le sort étrange.

Le *sort étrange* est faible ; *étrange* n'est là qu'une mauvaise épithète pour rimer à *venge.*

17 Si vous me laissez libre, il faut que je le venge.

Pourquoi ? elle a donc été sa femme ? mais si elle ne l'a point été, elle n'est point du tout obligée de venger Nicanor; elle n'est obligée qu'à remplir les conditions de la paix, qui interdisent toute vengeance : ainsi elle raisonne fort mal. *a*

18 Et mes feux dans mon âme ont beau s'en mutiner,
Ce n'est qu'à ce prix seul que je puis me donner.

Des feux qui se mutinent! cela est impropre; et *s'en mutinent* est encore plus mauvais : ☞ On ne se mutine point *de*; *mutiner* est un verbe qui n'a point de régime. Cette scène est un entassement de barbarismes et de solécismes autant que de pensées fausses. Ce sont ces défauts, applaudis par quelques ignorants entêtés, que Boileau avait en vue, quand il disait, dans son Art poétique :

Mon esprit n'admet point un pompeux barbarisme,
Ni d'un vers ampoulé l'orgueilleux solécisme.

19 Mais ce n'est pas de vous qu'il faut que je l'attende.

Pourquoi l'a-t-elle donc demandé? Toutes ces contradictions sont la suite de cette proposition révoltante qu'elle fait d'assassiner sa belle-mère; une faute en attire cent autres. *b*

20 Et je n'estime pas l'honneur d'une vengeance
Jusqu'à vouloir d'un crime être la récompense.

Y a-t-il de l'honneur dans cette vengeance? Elle

a Elle devoit épouser Nicanor, qui l'aimoit, et qui n'a été assassiné qu'à cause d'elle; elle doit donc se croire obligée de le venger. Peut-elle vouloir remplir les conditions de la paix avec Cléopâtre, dont Laonice lui a appris les projets?

b Corneille a dit, dans son examen, pourquoi elle a fait cette proposition; Voltaire n'a feint de l'avoir oublié que pour établir un principe d'après lequel il a cru pouvoir sans cesse inspirer de l'horreur pour le personnage de Rodogune, et saper le plan de tragédie peut-être le mieux conçu que nous ayons.

change à présent d'avis : elle ne voudrait plus d'Antiochus s'il avait tué sa mère : ce n'est pas là assurément le caractère qu'exigent Horace et Boileau :

> Qu'en tout avec soi-même il se montre d'accord,
> Et qu'il soit jusqu'au bout tel qu'on l'a vu d'abord. *a*

21 Attendant son secret vous aurez mes désirs ;
Et, s'il le fait régner, vous aurez mes soupirs.

Elle voulait tout-à-l'heure tuer Cléopâtre, et à présent elle lui est soumise. Et qu'est-ce qu'un secret qui *fait régner? b*

22 Je mourrai de douleur, mais je mourrai content.

Il est assurément impossible de mourir affligé et content.

23 Mon amour.... Mais adieu ; mon esprit se confond.

Voilà encore Rodogune qui se recueille pour dire qu'elle est troublée, qui fait une pause pour dire qu'elle se confond. Toujours cette grossière finesse, toujours cet art qui manque d'art. *c*

a Elle ne change point d'avis : elle n'auroit jamais aimé Antiochus s'il avoit tué sa mère. Elle ne lui en a fait la proposition que pour s'exempter du choix que les deux princes la pressoient de faire, et parce que, comme elle l'a dit, elle avoit prévu leurs refus.

b Elle ne parle pas de sa soumission à Cléopâtre, mais des regrets qu'elle aura, si ce n'est pas Antiochus qui règne.

c Voltaire sentant qu'il ne pouvoit convaincre par la solidité de ses remarques, semble avoir voulu étourdir par le nombre. En effet, à quoi sert celle-ci ?

24 Si vous n'êtes ingrat à ce cœur qui vous aime,

n'est pas français; on dit, *ingrat envers quelqu'un*, et non *ingrat à quelqu'un*.

J'ai déjà remarqué ailleurs qu'*ingrat vis-à-vis de quelqu'un* est une de ces mauvaises expressions qu'on a mises à la mode depuis quelque temps. Presque personne ne s'étudie à bien parler sa langue. *a*

25 Ne me revoyez point qu'avec le diadème,

n'est pas français; il faut, *ne me revoyez qu'avec*.

SCÈNE II.

1 Les plus doux de mes vœux enfin sont exaucés.
Tu viens de vaincre, amour; mais ce n'est pas assez;
Si tu veux triompher en cette conjoncture,
Après avoir vaincu, fais vaincre la nature;
Et prête-lui pour nous ces tendres sentiments
Que ton ardeur inspire aux cœurs des vrais amants,
Cette pitié qui force, et ces dignes foiblesses
Dont la vigueur détruit les fureurs vengeresses.

Tout cela ressemble à des stances de Boisrobert, où les vrais amants reviennent à tout propos.

Pourquoi Rodrigue et Chimène parlent-ils si bien, et Antiochus et Rodogune si mal? C'est que l'amour de Chimène est véritablement tragique, et que celui

---

a Le commentateur a déjà fait une remarque à-peu-près semblable sur la deuxième scène du second acte de *Pompée*. Nous avons répondu en citant un vers de la *Mort de César*. Pour ne pas nous répéter, nous citerons cette fois un vers de *Mahomet*. Ce fourbe dit à Palmire :

Ce cœur que j'ai formé n'est-il plus qu'un rebelle,
Ingrat à mes bienfaits, à mes lois infidèle?

de Rodogune et d'Antiochus ne l'est point du tout; c'est un amour froid dans un sujet terrible. *a*

SCÈNE III.

Je ne sais si je me trompe, mais cette scène ne me paraît pas plus naturelle ni mieux faite que les précédentes. Il me semble que Cléopâtre, après avoir dit à ses deux fils qu'elle couronnera celui qui aura assassiné sa maîtresse, ne doit point parler familièrement à Antiochus.

1 Eh bien, Antiochus, vous dois-je la couronne?

C'est-à-dire, voulez-vous tuer Rodogune? Cela ne peut s'entendre autrement; cela même signifie avez-vous tué Rodogune? car elle n'a promis la couronne qu'à l'assassin. *b*

2 Il a su me venger quand vous délibériez.

On ne peut imaginer que Cléopâtre veuille dire ici autre chose sinon, *Séleucus vient de tuer sa maîtresse et la vôtre*. A ce mot seul Antiochus ne doit-il pas entrer en fureur? *c*

---

a Il y a des remarques si vagues, que tout en en désapprouvant le fonds, on néglige de répondre aux détails, parce qu'il faudroit écrire des volumes.

b En admettant le sens que le commentateur prête à ce vers dans la bouche de Cléopâtre,

Eh bien, Antiochus, vous dois-je la couronne?

y a-t-il rien de plus naturel et de plus noble que la réponse:

Madame, vous savez si le ciel me la donne?

c Encore de la mauvaise foi! Le vers que cite Voltaire est pré-

> Et je dois à son bras ce que vous espériez.

Ce vers confirme encore la mort de Rodogune. Il n'en est rien, à la vérité, mais Cléopâtre le dit positivement. Comment Antiochus n'est-il pas saisi du plus affreux désespoir à cette nouvelle épouvantable ? comment peut-il raisonner de sang-froid avec sa mère comme si elle ne lui avait rien dit ? Rien de tout cela n'est vraisemblable ; il ne l'est pas que Cléopâtre veuille faire accroire que Rodogune est morte ; il ne l'est pas qu'Antiochus soutienne cette conversation : s'il croit Cléopâtre, il doit être furieux ; s'il ne la croit pas, il doit lui dire, Osez-vous bien imputer ce crime à mon frère ? *a*

> C'est périr en effet que perdre un diadème.
> Je n'y sais qu'un remède, encore est-il fâcheux,
> Étonnant, incertain, et triste pour tous deux ;
> Je périrai moi-même avant que de le dire.

On n'entend pas mieux ce que c'est que ce secret. Ces deux couplets paraissent remplis d'obscurités.

cédé d'un *peut-être*, qui marque une espèce d'interrogation dans tout ce que dit Cléopâtre ; mais quand elle affirmeroit ce dont elle ne parle que par supposition, Antiochus pourroit-il la croire ? Séleucus n'a-t-il pas le premier offert la couronne à son frère ? N'aimoit-il pas, comme lui, Rodogune ? N'a-t-il pas montré l'horreur que lui inspire Cléopâtre ? En quittant Antiochus, ne lui a-t-il pas récemment abandonné le trône et Rodogune ? Quel motif pourroit donc l'avoir porté à assassiner cette princesse ?

a Antiochus n'est pas désespéré, n'est pas furieux, parce qu'il n'a aucun sujet de l'être ; il ne repousse pas l'imputation faite à son frère ; et la raison, c'est que tout ce que lui dit sa mère est précédé du mot *peut-être*.

5   Le remède à nos maux est tout en votre main.

Comment ce remède aux maux est-il dans la main de Cléopâtre? Entend-il qu'en nommant l'aîné elle finira tout? Mais il dit, *Nous perdons tout en perdant Rodogune.* Il n'y aura donc point de remède aux maux de celui qui la perdra. Peut-il répondre que le cœur de Cléopâtre est aveuglé d'un peu d'inimitié? que si ce cœur ignore les maux des deux frères, elle ne peut en prendre pitié, et qu'au point où il les voit c'en est le seul remède? Quel discours! quel langage! et, dans une telle occasion, il parle avec la plus grande soumission! et Cléopâtre lui répond, *Quelle fureur vous possède?* En vérité, ces discours sont-ils dans la nature? *a*

6   Je tâche avec respect de vous faire connoître
    Les forces d'un amour que vous avez fait naître.

On a déjà remarqué qu'on ne dit point *les forces* au pluriel, excepté quand on parle des *forces d'un état.* *b*

a Voltaire demande l'explication de ce vers : *Le remède de nos maux est tout en votre main*, et il feint d'aller la chercher bien loin, tandis que le prince a dit : *Nous perdons tout en perdant Rodogune;* c'est-à-dire si Rodogune périt. Le remède à leurs maux est donc que Cléopâtre renonce à faire périr Rodogune. Cléopâtre, qui veut se défaire de cette princesse, apprend que ses fils l'adorent, malgré ce qu'elle leur a dit. Elle s'écrie: *Quelle aveugle fureur vous possède?* Cela me paroît très-fort dans la nature.

b S'est-on jamais avisé de trouver mauvais le dernier des vers suivants, dans lequel Boileau a mis *forces* au pluriel :

Craignez d'un vain plaisir les trompeuses amorces,
Et consultez long-temps votre esprit et vos forces?

ACTE IV, SCÈNE III.

☞ 7 Et quel autre prétexte a fait notre retour?

Un prétexte qui fait un retour n'est pas français.

8 Qui de nous deux, madame, eût osé s'en défendre,
Quand vous nous ordonniez à tous deux d'y prétendre?

Il me semble qu'il n'est point du tout intéressant de savoir si Cléopâtre a fait naître elle-même l'amour des deux frères pour Rodogune; ce n'est pas là ce qui doit l'inquiéter; il doit trembler que Cléopâtre n'ait déjà fait assassiner Rodogune par Séleucus, comme elle l'a déjà dit, ou du moins qu'elle n'emploie le bras de quelque autre : cette idée si naturelle ne se présente pas seulement à lui; c'était la seule qui pût inspirer de la terreur et de la pitié; et c'est la seule qui ne vienne pas dans la tête d'Antiochus; il s'amuse à dire inutilement que les deux frères devaient aimer Rodogune; il veut le prouver en forme; il parle de *l'ordre des lois.* ᵃ

9 Le devoir auprès d'elle eût attaché nos vœux.

Il dit que *le devoir attacha leurs vœux auprès d'elle.* Comment un devoir attache-t-il des vœux? Cela n'est pas français. ᵇ

ᵃ Antiochus dit ce qu'il doit dire. On a vu qu'il n'a rien à craindre de Séleucus; et Voltaire n'auroit pas fait cette huitième remarque, si, dans la seconde, il n'avoit pas, avec intention, mis de côté le mot *peut-être.*

ᵇ Il ne dit point *attacha,* mais *eût attaché,* puisque, aux termes du traité, Rodogune doit être reine. *Le devoir auprès d'elle eût attaché leurs vœux;* ceux de l'un comme époux, ceux de l'autre comme sujet.

☞ 10 Le désir de régner eût fait la même chose ;
Et, dans l'ordre des lois que la paix nous impose,
Nous devions aspirer à sa possession
Par amour, par devoir, ou par ambition.
Nous avons donc aimé, etc.

Le désir de régner qui eût fait la même chose, et les deux princes qui devaient aspirer à la possession de Rodogune dans l'ordre des lois, et qui ont donc aimé ! Quel langage ! ᵃ

11 Avons-nous dû prévoir cette haine cachée,
Que la foi des traités n'avoit point arrachée ?

Ce verbe *arracher* exige une préposition et un substantif : on arrache la haine du cœur.

12 Non ; mais vous avez dû garder le souvenir
Des hontes que pour vous j'avois su prévenir.

La *honte* n'a point de pluriel, du moins dans le style noble.

13 Je croyois que vos cœurs, sensibles à ces coups,
En sauroient conserver un généreux courroux.

Je croyais que vos cœurs sensibles à ces coups se rapporte, par la construction de la phrase, au courage de Cléopâtre, dont il est parlé au vers précédent, et, par le sens de la phrase, aux coups de

---

ᵃ *L'ordre des lois* signifie les conditions du traité ; c'est ce qu'auroit dû dire le commentateur, au lieu de s'amuser à parodier les vers, en mêlant les mots de l'un à ceux de l'autre. Cette tirade, lue comme elle doit l'être, ne mérite point que l'on s'écrie : Quel langage !

On peut voir par ce signe ☞, que nous avons mis au commencement de la remarque de Voltaire, qu'elle n'étoit pas dans l'édition de 1764.

ACTE IV, SCÈNE III.

Rodogune. Et comment retenait-elle ce courroux, quand elle dit qu'elle croyait que leurs cœurs conserveraient un généreux courroux? pouvait-elle retenir un courroux dont ses deux fils ne lui donnaient aucune marque? Au reste, je suis toujours étonné que Cléopâtre veuille tromper toujours grossièrement des princes qui la connaissent, et qui doivent tant se défier d'elle. Observez sur-tout que rien n'est si froid que ces discussions dans des scènes où il s'agit d'un grand intérêt. *a*

14 Votre main tremble-t-elle? y voulez-vous la mienne?

Cet *y* ne se rapporte à rien.

15 Du moins souvenez-vous qu'elle n'a pris pour armes
Que de foibles soupirs et d'impuissantes larmes.

S'il n'a eu que d'impuissantes larmes, comment Cléopâtre a-t-elle pu lui dire, *quelle aveugle fureur vous possède?* comme on l'a déjà remarqué? *b*

16 Je sens que je suis mère auprès de vos douleurs.

Cela n'est pas français : il fallait dire, *vos douleurs me font sentir que je suis mère.* La correction du style est devenue d'une nécessité absolue : on est obligé de tourner quelquefois un vers en plusieurs manières avant de rencontrer la bonne. *c*

a Sensibles à ces coups se rapporte fort bien à *hontes* et à *l'indigne état.* Il n'y a personne qui n'entende cette phrase.

b Quelle fureur de faire des remarques! Nous avons fait observer dans notre réponse à la cinquième, que ces mots de Cléopâtre, *Quelle aveugle fureur vous possède?* vouloient dire, comment pouvez-vous aimer votre plus cruelle ennemie?

c Cette expression est hardie, mais n'a rien d'incorrect.

17 Rendez grâces aux dieux qui vous ont fait l'aîné.

Je suis encore surpris du peu d'effet que produit ici cette déclaration de la primogéniture d'Antiochus; c'est pourtant le sujet de la pièce : c'est ce qui est annoncé dès les premiers vers comme la chose la plus importante. Je pense que la raison de l'indifférence avec laquelle on entend cette déclaration est qu'on ne la croit pas vraie. Cléopâtre vient de s'adoucir sans aucune raison; on pense que tout ce qu'elle dit est feint. Une autre raison encore du peu d'effet de cette déclaration si importante, c'est qu'elle est noyée dans un amas de petits artifices, de mauvaises raisons, et sur-tout de mauvais vers. Cela peut rendre attentif, mais cela ne saurait toucher. J'observe que parmi ces défauts l'intérêt de curiosité se fait toujours sentir; c'est ce qui soutient la pièce jusqu'au cinquième acte, dont les grandes beautés, la situation unique, et le terrible tableau, demandent grâce pour tant de fautes, et l'obtiennent.

☞ 18 Oui, je veux couronner une flamme si belle.

Une flamme si belle n'est pas une raison quand il s'agit du trône; il faut d'autres preuves. Le petit compliment qu'elle fait à Antiochus est plutôt de la comédie que de la tragédie.

19 Heureux Antiochus! heureuse Rodogune!

Il faut que ce prince ait le sens bien borné pour n'avoir aucune défiance en voyant sa mère passer tout d'un coup de l'excès de la méchanceté la plus atroce à l'excès de la bonté. Quoi! après qu'elle ne lui a parlé que d'assassiner Rodogune, après avoir voulu lui faire accroire que Séleucus l'a tuée, après lui avoir dit, Périssez, périssez! elle lui dit que ses larmes ont de l'intelligence dans son cœur; et Antiochus la croit! Non, une telle crédulité n'est pas dans la nature. Antiochus n'a jamais dû avoir plus de défiance, et il n'en témoigne aucune : il devrait au moins demander si le changement inopiné de sa mère est bien vrai; il devrait dire : Est-il possible que vous soyez tout autre en un moment! serai-je assez heureux? etc. Mais point; il s'écrie tout d'un coup : *O moment fortuné! ô trop heureuse fin!* Plus j'y réfléchis, et moins je trouve cette scène naturelle. *a*

SCÈNE V. [1]

On dit qu'au théâtre on n'aime pas les scélérats. Il n'y a point de criminelle plus odieuse que Cléopâtre, et cependant on se plaît à la voir; du moins le parterre, qui n'est pas toujours composé de connaisseurs sévères et délicats, s'est laissé subjuguer quand une actrice imposante a joué ce rôle; elle

---

a Cléopâtre n'a pas voulu faire accroire que Séleucus avoit tué Rodogune. Rappelons-nous le *peut-être*. Antiochus est, comme tout homme, porté à croire ce qu'il désire; néanmoins, il n'est pas d'abord très-rassuré. Il dit positivement ce que Voltaire exige : *Madame, est-il possible?* A quoi Cléopâtre répond : *En vain j'ai résisté,* etc. Ce n'est qu'après des protestations réitérées de la part de la reine, que le prince s'écrie : *Heureux Antiochus! heureuse Rodogune!*

ennoblit l'horreur de son caractère par la fierté des traits dont Corneille la peint; on ne lui pardonne pas, mais on attend avec impatience ce qu'elle fera après avoir promis Rodogune et le trône à son fils Antiochus. Si Corneille a manqué à son art dans les détails, il a rempli le grand projet de tenir les esprits en suspens, et d'arranger tellement les événemens, que personne ne peut deviner le dénoûment de cette tragédie.

☞ 2 Je ne veux plus que moi dedans ma confidence.

On a déjà averti qu'il faut *dans*, et non pas *dedans*. Mais pourquoi ne veut-elle plus de confidente, et pourquoi s'est-elle confiée? elle ne le dit pas.

3 Ce n'est pas tout d'un coup que tant d'orgueil trébuche.

Trébuche n'a jamais été du style noble.

4 Et c'est mal démêler le cœur d'avec le front,
Que prendre pour sincère un changement si prompt.

Je crois qu'il eût fallu *distinguer*, au lieu de *démêler*; car le cœur et le front ne sont point mêlés ensemble. Je ne vois pas pourquoi elle s'applaudit de tromper toujours sa confidente; doit-elle penser à elle dans ce moment d'horreur? *a*

a Aux nombreuses méprises qu'a faites Voltaire, on croiroit qu'il a commenté, de mémoire, les vers de Corneille. Ceux-ci ne sont pas, comme le dit le commentateur, adressés à la confidente, mais au fils de Cléopâtre : *Et toi, crédule amant,* etc.

SCÈNE VI.

¹ Savez-vous, Séleucus, que je me suis vengée? —
Pauvre princesse! hélas!

Cette réponse est insoutenable; la bassesse de l'expression s'y joint à une indifférence qu'on n'attendait pas d'un homme amoureux : on ne parlerait pas ainsi de la mort d'une personne qu'on connaîtrait à peine : il croit que sa maîtresse est assassinée, et il dit : *Pauvre princesse!* ᵃ

² Quoi! l'aimiez-vous? — Assez pour regretter sa mort, enchérit encore sur cette faute. ᵇ

³ Les biens que vous m'ôtez n'ont point d'attraits si doux
Que mon cœur n'ait donnés à ce frère avant vous.

N'ait donnés se rapporte *aux attraits si doux* : mais ce ne sont pas les attraits si doux qu'il a donnés à son frère, ce sont les *biens*. ᶜ

ᵃ La réponse paroît très-convenable à la situation de Séleucus. La cruauté simulée de Rodogune est cause qu'*il ne l'aime plus, qu'il a secoué le joug, que sa flamme pour elle est entièrement éteinte, et que l'amitié qu'il porte à son frère lui fera voir son mariage avec elle d'un œil de pitié;* telles sont ses propres expressions dans la cinquième scène du troisième acte. Est-il donc étonnant qu'en apprenant la mort de Rodogune, il s'écrie : *Pauvre princesse!* N'est-ce pas là la juste mesure de son regret pour une femme qu'il a aimée, et pour laquelle il se croit fondé à n'avoir plus d'estime?

ᵇ Cette réponse, *Assez pour regretter sa mort*, est une suite de l'autre, et a le même fondement.

ᶜ Nous convenons que cette phrase n'est point claire ; mais quel admirable effet produit cette réponse de Séleucus : *Vous ne m'af-*

4 C'est ainsi qu'on déguise un violent dépit ;
C'est ainsi qu'une feinte au-dehors l'assoupit,
Et qu'on croit amuser de fausses patiences
Ceux dont en l'âme on craint les justes défiances.

Cléopâtre est-elle habile? Elle veut trop persuader à Séleucus qu'il doit s'affliger; c'est lui faire voir qu'en effet elle veut l'affliger, et l'animer contre son frère; mais ses paroles n'ont pas un sens net. Qu'est-ce *qu'une feinte* qui *assoupit au-dehors*, et de *fausses patiences* qui *amusent ceux dont on craint en l'âme des défiances?* Comment l'auteur de Cinna a-t-il pu écrire dans un style si incorrect et si peu noble?

5 Piqué jusques au vif, il tâche à le reprendre;
Il fait de l'insensible, afin de mieux surprendre;
D'autant plus animé, que ce qu'il a perdu
Par rang ou par mérite à sa flamme étoit dû.

Tout cela est très-mal exprimé, et est d'un style familier et bas. *Une chose due par rang* n'est pas français.

Le reste de la scène est plus naturel et mieux écrit; mais Séleucus ne dit rien qui doive faire prendre à sa mère la résolution de l'assassiner : un si grand crime doit au moins être nécessaire. Pourquoi Séleucus ne prend-il pas des mesures contre sa mère, comme il l'avait proposé à Antiochus? En ce cas, Cléopâtre aurait quelque raison qui semblerait colorer ses crimes. [a]

fligez pas de l'avoir couronné! Qu'un critique ne l'ait point fait remarquer, passe; mais un commentateur!

[a] Séleucus avoit, au deuxième acte, proposé à son frère de s'unir

SCÈNE VII.

☞ ¹ .... De quel malheur suis-je encore capable?

On est capable d'une résolution, d'une action vertueuse ou criminelle; on n'est point capable d'un malheur.

² Peux-tu n'en prendre qu'un, et m'ôter tous les deux?

Elle veut dire, *en n'en prenant qu'un*, car Rodogune ne pouvait pas prendre deux maris. Cette antithèse, *en prendre un, et en ôter deux*, est recherchée. J'ai déjà remarqué que l'antithèse est trop familière à la poésie française : ce pourrait bien être la faute de la langue, qui n'a point le nombre et l'harmonie de la latine et de la grecque. C'est encore plus notre faute : nous ne travaillons pas assez nos vers, nous n'avons pas assez d'attention au choix des paroles, nous ne luttons pas assez contre les difficultés.

³ J'ai commencé par lui, j'achèverai par eux.

Je ne sais si on sera de mon sentiment, mais je ne vois aucune nécessité pressante qui puisse forcer Cléopâtre à se défaire de ses deux enfants. Antiochus est doux et soumis; Séleucus ne l'a point menacée. J'avoue que son atrocité me révolte; et, quelque méchant que soit le genre humain, je ne

contre leur mère pour s'emparer du trône et sauver la princesse; mais depuis que celle-ci lui a fait une proposition qui l'a révolté, il a renoncé à la princesse et au trône. Il n'a par conséquent plus de mesures à prendre.

crois pas qu'une telle résolution soit dans la nature. Si ses deux enfants avaient comploté de la faire enfermer, comme ils le devaient, peut-être la fureur pouvait rendre Cléopâtre un peu excusable; mais une femme qui de sang-froid se résout à assassiner un de ses fils et à empoisonner l'autre, n'est pour moi qu'un monstre qui me dégoûte : ☞ cela est plus atroce que tragique; il faut toujours, à mon avis, qu'un grand crime ait quelque chose d'excusable. *a*

a La résistance d'Antiochus et de Séleucus aux ordres de leur mère, la protection qu'ils ont promis d'accorder à Rodogune, sont, pour une femme du caractère de Cléopâtre, une sorte de nécessité de se défaire d'eux. Ajoutons qu'elle ne peut douter que Séleucus n'instruise son frère, et qu'alors elle voit dans ses enfants des ennemis qu'elle doit croire d'autant plus à craindre, qu'étant implacable dans sa haine, il est naturel qu'elle suppose aux autres les mêmes sentiments. Sa propre sûreté, dans sa manière de voir, demande donc leur mort. N'a-t-elle pas, d'ailleurs, annoncé ce dont elle étoit capable, quand elle a dit :

> Je ferois encore plus,
> S'il étoit quelque voie, infâme ou légitime,
> Que m'enseignât la gloire, ou que m'ouvrît le crime,
> Qui me pût conserver un bien que j'ai chéri,
> Jusqu'à verser pour lui tout le sang d'un mari?

ACTE CINQUIÈME.

SCÈNE I.ère

1 Enfin, grâces aux dieux, j'ai moins d'un ennemi, etc.

Il n'est point de serpent, ni de monstre odieux,
Qui, par l'art imité, ne puisse plaire aux yeux.

Il faut bien que cela soit ainsi, puisque le public écoute encore non sans plaisir ce monologue. Je ne puis trahir ma pensée jusqu'à déguiser la peine qu'il me fait : je trouve sur-tout cette exclamation, *grâces aux dieux*, aussi déplacée qu'horrible ; *grâces aux dieux, je viens d'égorger mon fils, de qui je n'avais nul sujet de me plaindre* : mais enfin je conçois que cette détestable fermeté de Cléopâtre peut attacher, et sur-tout qu'on est très-curieux de savoir comment Cléopâtre réussira ou succombera ; c'est là ce qui fait, à mon avis, le grand mérite de cette pièce. [a]

[a] Peut-on dire qu'une femme du caractère de Cléopâtre, car c'est son caractère bien établi, et parfaitement soutenu dans ce monologue, qu'on ne doit pas perdre de vue ; peut-on dire qu'une pareille femme n'a nul sujet de se plaindre d'un fils, quand elle croit l'avoir puni de sa résistance à ses volontés, en lui ôtant le trône qu'elle avoue lui appartenir, quand celui-ci a découvert la politique de sa mère, et sur-tout quand il lui a dit :

     Par quel amour de mère
Pressez-vous tellement ma douleur contre un frère ?
Prenez-vous intérêt à la faire éclater ?
. . . .
. . . . . . Mais enfin, n'espérez voir en moi
Qu'amitié pour mon frère, et zèle pour mon roi ?

REMARQUES SUR RODOGUNE.

^a Son ombre, en attendant Rodogune et son frère,
Peut déjà de ma part les promettre à son père.

De ma part est une expression familière; mais ainsi placée elle devient fière et tragique : c'est là le grand art de la diction. ☞ Il serait à souhaiter que Corneille l'eût employé souvent; mais il serait à souhaiter aussi que la rage de Cléopâtre pût avoir quelque excuse au moins apparente. *a*

☞ 3 Poison, me sauras-tu rendre mon diadème ?

J'avoue encore que je n'aime point cette apostrophe au *poison* : on ne parle point à un *poison*; c'est une déclamation de rhéteur : une reine ne s'avise guère de prodiguer ces figures recherchées. Vous ne trouverez point de ces apostrophes dans Racine. *b*

---

a Il est très-important, en lisant les remarques de Voltaire, de faire attention à la place où sont les ☞, et que tout ce qui vient après a été ajouté à l'édition de 1774. Que l'on rapproche la fin de cette remarque avec la fin de la dernière sur le quatrième acte, on conclura peut-être avec nous que l'Académie avoit reconnu que le crime de Cléopâtre étoit très-compatible avec son caractère, et qu'elle avoit exigé que le commentateur retranchât des assertions qu'il a reproduites depuis, conformément à la promesse qu'il avoit faite au comte d'Argental : PATIENCE, JE SUIS UN DÉTERMINÉ.

b Voltaire n'a point fait de remarque sur une apostrophe semblable qui se trouve dans le *Cid* :

Fer jadis tant à craindre, et qui dans cette offense, etc.

C'est apparemment une préférence qu'il a réservée pour Rodogune. Ses observations sont beaucoup plus nombreuses sur cette tragédie que sur les autres. Seroit-ce parce que Corneille a marqué de la prédilection pour celle-ci ? Quoi qu'il en soit, le commentateur se

ACTE V, SCÈNE I.

> . . . . .Et toi, que me veux-tu,
> Ridicule retour d'une sotte vertu ?

n'est pas de même ; rien n'est plus bas ni même plus mal placé : Cléopâtre n'a point de vertu ; son âme exécrable n'a pas hésité un instant. Ce mot *sotte* doit être évité.

⁵ Tendresse dangereuse autant comme importune, etc.

Autant comme n'est pas français ; on l'a déjà observé ailleurs.

⁶ Il faut ou condamner ou couronner sa haine.

Ces sentences au moins doivent être claires et fortes ; mais ici le mot de *haine* est faible, et *couronner sa haine* ne donne pas une idée nette.

⁷ Trône, à t'abandonner je ne puis consentir ;
Par un coup de tonnerre il vaut mieux en sortir ;
Il vaut mieux mériter le sort le plus étrange.
Tombe sur moi le ciel, pourvu que je me venge !

Il vaut mieux mériter, etc. Il est bien plus étrange qu'un vers si oiseux et si faible se trouve

trompe, quand il avance qu'on ne trouve point de ces apostrophes dans Racine. Monime, qui semble destinée à témoigner continuellement contre Voltaire, Monime, n'ayant pu terminer ses jours à l'aide du bandeau royal, lui parle ainsi :

> Et toi, fatal tissu, malheureux diadême,
> Instrument et témoin de toute ma douleur,
> Bandeau, etc.

Ce qu'il y a de plus étonnant, c'est que, malgré cette aversion prononcée pour les apostrophes, Voltaire lui-même s'en soit servi. Électre dit, dans la tragédie d'*Oreste* :

> Glaive affreux, fer sanglant qu'un outrage nouveau
> Exposoit en triomphe à ce sacré tombeau,
> Fer teint du sang d'Oreste, etc.

entre deux vers si beaux et si forts. Plaignons la stérilité de nos rimes dans le genre noble : nous n'en avons qu'un très-petit nombre, et l'embarras de trouver une rime convenable fait souvent beaucoup de tort au génie; mais aussi, quand cette difficulté est toujours surmontée, le génie alors brille dans toute sa perfection.

8 Tombe sur moi le ciel, pourvu que je me venge !

On sait bien que le ciel ne peut tomber sur une personne; mais cette idée, quoique très-fausse, était reçue du vulgaire; elle exprime toute la fureur de Cléopâtre; elle fait frémir.

9 Mais voici Laonice; il faut dissimuler....

Ces avertissements au parterre ne sont plus permis; on s'est aperçu qu'il y a très-peu d'art à dire, *je vais agir avec art :* on doit assez s'apercevoir que Cléopâtre dissimule, sans qu'elle dise, *je vais dissimuler.* *a*

SCÈNE II.

1 Viennent-ils, nos amants? — Ils approchent, madame :
On lit dessus leur front l'allégresse de l'âme, etc.

Cette description que fait Laonice, toute simple qu'elle est, me paraît un grand coup de l'art; elle intéresse pour les deux époux; c'est un beau con-

---

a Pour que ces mots, *il faut dissimuler,* voulussent dire *je vais agir avec art*, il faudroit qu'ils fussent suivis d'un point. Mais il y a, *il faut dissimuler ce que le seul effet doit bientôt révéler;* c'est-à-dire, il faut cacher et la mort de Séleucus et mes projets contre Antiochus et Rodogune. Que dire de la réticence du commentateur?

traste avec la rage de Cléopâtre. Ce moment excite la crainte et la pitié ; et voilà la vraie tragédie.

² Ils viennent prendre ici la coupe nuptiale....
Par les mains du grand-prêtre être unis à jamais.

On sent assez la dureté de ces sons, *grand-prêtre*, *être*; il est aisé de substituer le mot *pontife*.

³ Le peuple tout ravi par ses vœux le devance,

est un peu trop du style de la comédie. Il ne faut pas croire que ces petites négligences puissent diminuer en rien le grand intérêt de cette situation, la majesté du spectacle, et la beauté de presque tout ce cinquième acte, considéré en lui-même indépendamment des quatre premiers.

⁴ Les Parthes à la foule aux Syriens mêlés.

Il faut *en foule*.

⁵ Tous nos vieux différends, de leur âme exilés,
Font leur suite assez grosse, et d'une voix commune
Bénissent à la fois le prince et Rodogune.

Il semble par la phrase que ces différends soient de la suite. *a*

---

a Voilà justement l'effet qu'on produit quand on veut, par l'isolement des vers. Joignez à ceux-ci celui qui les précède :

    Les Parthes à la foule aux Syriens mêlés,
    Tous nos vieux différends de leur âme exilés,
    Font leur suite assez grosse.

On voit alors que ce sont les Parthes, et non les différends, qui forment la suite.

SCÈNE III.

² Approchez, mes enfants; car l'amour maternelle,
Madame, dans mon cœur vous tient déjà pour telle.

Quoi! après avoir demandé, il y a deux heures, la tête de Rodogune, elle leur parle d'*amour maternelle!* cela n'est-il pas trop outré? Rodogune ne peut-elle pas regarder ce mot comme une ironie? Il n'y a point de réconciliation formelle; les deux princesses ne se sont point vues. *a*

² Prêtez les yeux au reste.

Pourquoi dit-on *prêter l'oreille*, et que *prêter les yeux* n'est pas français? n'est-ce point qu'on peut s'empêcher à toute force d'entendre, en détournant ailleurs son attention, et qu'on ne peut s'empêcher de voir, quand on a les yeux ouverts?

SCÈNE IV.

² Immobile et rêveur, en malheureux amant....

On est fâché de cette absurdité de Timagène, qui jetterait quelque ridicule sur cet événement terrible, s'il était possible d'en jeter. Peut-on dire d'un prince assassiné qu'il est *rêveur en malheureux amant sur un lit de gazon?* Le moment est pressant et horrible. Séleucus peut avoir un reste de vie, on peut le secourir; et Timagène s'amuse à représenter un prince assassiné et baigné dans son

---

a Les deux princesses, il est vrai, ne se sont point vues, mais Cléopâtre a dit à Antiochus, dans le quatrième acte:

Oui, je veux couronner une flamme si belle:
Allez à la princesse porter cette nouvelle.

sang, comme un berger de l'Astrée rêvant à sa maîtresse sur une couche verte.

☞ ² Enfin que faisoit-il? achevez promptement.

Enfin que faisait ce malheureux amant rêveur ? Monsieur, il était mort. C'est une espèce d'arlequinade. Si un auteur hasardait aujourd'hui sur le théâtre une telle incongruité, comme on se récrierait ! comme on sifflerait ! sur-tout si l'auteur était mal voulu ; cela seul serait capable de faire tomber une pièce nouvelle. Mais le grand intérêt qui règne dans ce dernier acte, si différent du reste, la terreur de cette situation, et le grand nom de Corneille, couvrent ici tous les défauts. *a*

³ La tienne est donc coupable, et ta rage insolente....
L'ayant assassiné, le fait encor parler.

Je ne sais s'il est bien adroit à Cléopâtre d'accuser sur-le-champ Timagène ; mais comme elle craint d'être accusée, elle se hâte de faire retomber le soupçon sur un autre, quelque peu vraisemblable que soit ce soupçon ; d'ailleurs son trouble est une excuse.

On peut remarquer que quand Timagène dit que Séleucus a parlé en mourant, la reine lui répond : C'est donc toi qui l'as tué. Ce n'est pas une conséquence ; *il a parlé,* donc *tu l'as tué.*

⁴ J'en ferois autant qu'elle à vous connoître moins.

Cet *à* n'est pas français ; il faut, *si je vous con-*

---

a Observez bien que cette indécente remarque ne se trouve pas dans l'édition de 1764 : l'Académie ne l'y auroit sûrement pas laissé mettre.

naissais moins : mais pourquoi soupçonnerait-il Timagène ? ne devrait-il pas plutôt soupçonner Cléopâtre, qu'il sait être capable de tout ?*a*

5 « *Une main qui nous fut bien chère*
« *Venge ainsi le refus d'un coup trop inhumain,* etc. »

Plusieurs critiques ont trouvé qu'il n'est pas naturel que Séleucus en mourant ait prononcé quatre vers entiers sans nommer sa mère ; ils disent que cet artifice est trop ajusté au théâtre : ils prétendent que, s'il a été frappé à la poitrine par sa mère, il devait se défendre ; qu'un prince ne se laisse pas tuer ainsi par une femme ; et que, s'il a été assassiné par un autre envoyé par sa mère, il ne doit pas dire que c'est *une main chère* ; qu'enfin Antiochus, au récit de cette aventure, devrait courir sur le lieu. C'est au lecteur à peser la valeur de toutes ces critiques. ☞ La dernière critique sur-tout ne souffre point de réponse : Antiochus aimait tendrement son frère ; ce frère est assassiné, et Antiochus achève tranquillement la cérémonie de son mariage. Rien n'est moins naturel et plus révoltant. Son premier soin doit être de courir sur le lieu, de voir si en effet son frère est mort, si on peut lui donner quelque secours : mais le parterre s'aperçoit à peine de cette invraisemblance ; il est impatient de savoir comment Cléopâtre se justifiera. *b*

a Antiochus cherche, par ce vers, à adoucir la peine que l'inculpation de la reine doit faire éprouver à Timagène.

b Séleucus n'a point nommé sa mère ; sans doute c'est un art de la part de l'auteur, mais il n'est pas assez prolongé, et il produit

« Est-ce vous désormais dont je dois me garder?

Cette situation est sans doute des plus théâtrales; elle ne permet pas aux spectateurs de respirer. Quelques personnes plus difficiles peuvent trouver mauvais qu'Antiochus soupçonne Rodogune qu'il adore, et qui n'avait assurément aucun intérêt à tuer Séleucus : d'ailleurs, quand l'aurait-elle assassiné? on faisait les préparatifs de la cérémonie; Rodogune devait être accompagnée d'une nombreuse cour; l'ambassadeur Oronte ne l'a pas sans doute quittée; son amant était auprès d'elle : une princesse qu'on va marier se dérobe-t-elle à tout ce qui l'entoure? sort-elle seule du palais, pour aller au bout d'une allée sombre assassiner son beau-frère, auquel elle ne pense seulement pas? Il est très-beau qu'Antiochus puisse balancer entre sa maîtresse et sa mère; mais malheureusement on ne pouvait guère amener cette belle situation qu'aux dépens de la vraisemblance.

Le succès prodigieux de cette scène est une grande réponse à tous ces critiques qui disent à un auteur, Ceci n'est pas assez fondé, cela n'est pas assez préparé. L'auteur répond : J'ai touché, j'ai enlevé le

---

un trop bel effet pour être blâmé. Un coup de poignard porté inopinément dans la poitrine, permet-il qu'on se défende, même contre une femme? Antiochus doit-il courir à son frère, qu'on lui dit positivement être mort, tandis qu'il est entre les deux personnes accusées de cet assassinat? La discussion qui s'élève à ce sujet n'est-elle pas très-naturelle? La continuation de la cérémonie l'est beaucoup moins. Cependant, il en résulte une situation qui est si terrible, qu'elle ne permet pas d'apercevoir ce léger défaut.

public. L'auteur a raison, tant que le public applaudit. Il est pourtant infiniment mieux de s'astreindre à la plus exacte vraisemblance; par-là on plaît toujours, non-seulement au public assemblé, qui sent plus qu'il ne raisonne, mais aux critiques éclairés qui jugent dans le cabinet : c'est même le seul moyen de conserver une réputation pure dans la postérité. *a*

7 Nous avons mal servi vos haines mutuelles,
   Aux jours l'une de l'autre également cruelles.

Des haines cruelles aux jours l'une de l'autre; cela n'est pas français.

8 Puis-je vivre, et traîner cette gêne éternelle?

On ne traîne point une gêne. Mais le discours d'Antiochus est si beau, que cette légère faute n'est pas sensible.

9 Et que mon déplaisir, par un coup généreux,
   Épargne un parricide à l'une de vous deux.

Il faudrait *désespoir* plutôt que *déplaisir*.

10 Elle a soif de mon sang, elle a voulu l'épandre.

Épandre était un terme heureux qu'on employait au besoin au lieu de *répandre;* ce mot a vieilli. *b*

---

a Antiochus ne soupçonne pas Rodogune, mais les dernières paroles de son frère doivent le jeter dans une grande incertitude, et il seroit sans doute révoltant de l'entendre sur-le-champ imputer à sa mère un crime aussi atroce.

b Ce mot a été employé par Racine, Boileau et J. B. Rousseau. Il ne doit donc pas être rejeté de la poésie. Voltaire lui-même s'en est servi dans la *Henriade*.

☞ 11 Sur la foi de ses pleurs je n'ai rien craint de vous.

Ce plaidoyer de Cléopâtre n'est pas sans adresse ; mais ce vain artifice doit être senti par Antiochus, qui ne peut, en aucune façon, soupçonner Rodogune. *a*

12 Si vous n'avez un charme à vous justifier.

Cela n'est pas français ; et ce dernier vers ne finit pas heureusement une si belle tirade.

13 Je me défendrai mal ; l'innocence étonnée
Ne peut s'imaginer qu'elle soit soupçonnée ;
Et n'ayant rien prévu d'un attentat si grand, etc.

On n'a rien à dire sur ces deux plaidoyers de Cléopâtre et de Rodogune. Ces deux princesses parlent toutes deux comme elles doivent parler. La réponse de Rodogune est beaucoup plus forte que le discours de Cléopâtre, et elle doit l'être ; il n'y a rien à y répliquer, elle porte la conviction ; et Antiochus devrait en être tellement frappé, qu'il ne devrait peut-être pas dire, *Non, je n'écoute rien ;* car comment ne pas écouter de si bonnes raisons ? Mais j'ose dire que le parti que prend Antiochus est infiniment plus théâtral que s'il était simplement raisonnable. *b*

a Ce plaidoyer est de la plus grande force ; et si Antiochus n'avoit pas déjà manifesté de l'incertitude, on ne pourroit nullement lui faire un reproche de soupçonner Rodogune, contre qui les apparences se trouvent rassemblées de la manière la plus pressante.

b Je n'examinerai pas si le parti que prend Antiochus est raisonnable, mais je dirai que, dans sa situation, il est naturel qu'il n'écoute rien. Son âme doit être trop vivement affectée pour lui permettre d'entendre.

14 Heureux si sa fureur qui me prive de toi
 Se fait bientôt connoître en achevant sur moi, etc..

En achevant sur moi dépare un peu ce morceau qui est très-beau; *achevant* demande absolument un régime. *Tout lieu de me surprendre* est trop faible; *réduire en poudre*, trop commun.

15 Faites-en faire essai par quelque domestique.

Apparemment que les princesses syriennes faisaient peu de cas de leurs domestiques; mais c'est une réflexion que personne ne peut faire dans l'agitation où l'on est et dans l'attente du dénoûment.

L'action qui termine cette scène fait frémir; c'est le tragique porté au comble : on est seulement étonné que, dans les compliments d'Antiochus et de l'ambassadeur qui terminent la pièce, Antiochus ne dise pas un mot de son frère qu'il aimait si tendrement. Le rôle terrible de Cléopâtre et le cinquième acte feront toujours réussir cette pièce. [a]

16 Et soit amour pour moi, soit adresse pour elle,
 Ce soin la fait paroître un peu moins criminelle.

Soit adresse pour elle n'est pas français; on ne peut dire, *j'ai de l'adresse pour moi* : il fallait peut-être dire, *soit intérêt pour elle*.

17 Mais j'ai cette douceur dedans cette disgrâce
 De ne point voir régner ma rivale à ma place.

Disgrâce paraît un mot trop faible dans une

---

[a] J'ajouterai que les quatre autres actes qui, dans leur contexture, n'offrent rien des défauts que Voltaire a supposés, par une mauvaise foi malheureusement trop prouvée, contribueront toujours à rendre cette tragédie peut-être la plus belle du théâtre.

aventure si effroyable ; voilà ce que la nécessité de
la rime entraîne ; dans ces occasions il faut changer
les deux rimes.

Après ces vers Corneille en avait ajouté huit autres
qui ne se trouvent aujourd'hui dans aucune édition
connue ; les voici :

> Je n'avois que le trône, et de son droit douteux
> J'espérois faire un don fatal à tous les deux,
> Détruire l'un par l'autre, et régner en Syrie
> Plutôt par vos fureurs que par ma barbarie.
> Séleucus, avec toi trop fortement uni,
> Ne m'a point écoutée, et je l'en ai puni.
> J'ai cru par ce poison en faire autant du reste ;
> Mais sa force trop prompte à moi seule est funeste.
> Règne ; de crime en crime, etc.

Corneille supprima ces vers avec grande raison :
une femme empoisonnée et mourante n'a pas le
temps d'entrer dans ces détails ; et une femme aussi
forcenée que Cléopâtre ne rend point compte ainsi
à ses ennemis. Les comédiens de Paris ont rétabli
ces vers, pour avoir le mérite de réciter quelques
vers que personne ne connaissait. La singularité les
a plus déterminés que le goût. Ils se donnent trop
la licence de supprimer et d'allonger des morceaux
qu'on doit laisser comme ils étaient.

On trouvera peut-être que j'ai examiné cette pièce
avec des yeux trop sévères ; mais ma réponse sera
toujours que je n'ai entrepris ce commentaire que
pour être utile ; que mon dessein n'a pas été de
donner de vaines louanges à un mort qui n'en a pas
besoin, et à qui je donne d'ailleurs tous les éloges

qui lui sont dus; qu'il faut éclairer les artistes, et non les tromper; que je n'ai pas cherché malignement à trouver des défauts; que j'ai examiné chaque pièce avec la plus grande attention; que j'ai très-souvent consulté des hommes d'esprit et de goût, et que je n'ai dit que ce qui m'a paru la vérité. Admirons le génie mâle et fécond de Corneille; mais, pour la perfection de l'art, connaissons ses fautes ainsi que ses beautés.

SCÈNE V.

1 Dans les justes rigueurs d'un sort si déplorable,
Seigneur, le juste ciel vous est bien favorable, etc.

L'ambassadeur Oronte n'a joué dans toute la pièce qu'un rôle insipide; et il finit l'acte le plus tragique par les plus froids compliments. *a*

RÉCAPITULATION.

Corneille préféroit *Rodogune* à ses autres ouvrages, et l'on s'accorde à regarder le cinquième acte de cette tragédie comme le plus admirable qu'il y ait au théâtre. Tout le crédit de Voltaire n'a pu détruire la réputation de cette pièce, dont le commencement lui paroissoit inintelligible, le milieu révoltant, et la fin peu vraisemblable. C'est pour appuyer cette ridicule assertion, qu'il feint d'ignorer qui est Rodogune. Il la trouve tour-à-tour trop jeune pour faire des réflexions politiques, trop âgée pour être timide. Bientôt il l'appelle la vieille maîtresse de Nicanor, et va

---

a Ce n'est point Oronte qui finit l'acte, mais Antiochus, et de la manière la plus convenable.

jusqu'à prétendre qu'elle a épousé ce roi. Il est révolté de la proposition qu'elle fait aux princes de punir leur mère, quoiqu'il soit évident que cette proposition lui est arrachée par l'embarras où elle se trouve devant eux, et suggérée par la connoissance qu'elle a de la demande que Cléopâtre a faite de sa tête.

Cléopâtre lui paroît imprudente de se reconnoître, devant ses enfants, coupable du meurtre de leur père, meurtre que tout le monde sait qu'elle a commis; de leur demander de la délivrer d'une ennemie qui a été sur le point de les dépouiller. Voltaire trouve sur-tout Cléopâtre imprudente de confier à Laonice qu'elle a fait cette proposition aux princes, tandis que Laonice étoit présente quand elle a été faite.

Le commentateur ne trouve pas naturel que Séleucus ait, en mourant, prononcé quatre vers sans nommer sa mère. Il est révolté qu'Antiochus, à qui l'on dit que son frère est mort, ne coure pas sur le lieu où il a été assassiné. Nous croyons avoir répondu suffisamment à ces critiques, et il nous sera toujours impossible de croire que Voltaire n'ait entrepris ces commentaires, comme il l'affirme, que pour être utile, et encore moins qu'il n'ait dit que ce qui lui a paru la vérité.

Nous ne pouvons mieux appuyer notre critique, sur les remarques de Voltaire concernant la tragédie de Rodogune, qu'en donnant l'extrait d'une lettre écrite au commentateur, le 31 juillet 1762, par son ami Dalembert.

« Comment avez-vous pu vous imaginer, mon cher et
« illustre maître, que j'aie eu l'intention de vous comparer
« à Zoïle?... J'ai seulement cru devoir vous représenter

« que vos ennemis ne vous épargneroient pas cette nou-
« velle qualification, pour peu que vous laissiez subsister,
« dans vos remarques sur Corneille, *ce ton sévère qui se*
« *montre sur-tout dans celles sur Rodogune*, et qui a
« paru blesser quelques-uns de nos confrères. »

FIN DES REMARQUES ET DES OBSERVATIONS
SUR RODOGUNE.

HÉRACLIUS,

EMPEREUR D'ORIENT,

TRAGÉDIE

REPRÉSENTÉE EN 1647.

A MONSEIGNEUR

SÉGUIER,

CHANCELIER DE FRANCE.

Monseigneur,

Je sais que cette tragédie n'est pas d'un genre assez relevé pour espérer légitimement que vous y daigniez jeter les yeux, et que, pour offrir quelque chose à votre grandeur qui n'en fût pas entièrement indigne, j'aurois eu besoin d'une parfaite peinture de toute la vertu d'un Caton ou d'un Sénèque : mais comme je tâchois d'amasser des forces pour ce grand dessein, les nouvelles faveurs que j'ai reçues de vous m'ont donné une juste impatience de les publier; et les applaudissements qui ont suivi les représentations de ce poëme, m'ont fait présumer que sa bonne fortune pourroit suppléer à son peu de mérite. La curiosité que son récit a laissée dans les esprits pour sa lecture, m'a flatté aisément, jusqu'à me persuader que je ne pouvois prendre une plus heureuse occasion de leur faire savoir combien je vous suis redevable; et j'ai précipité ma reconnoissance, quand j'ai considéré qu'autant que je la différerois pour m'en acquitter plus dignement, autant je demeurerois dans les apparences d'une ingratitude inexcusable envers vous. Mais quand même les dernières obligations que je vous ai ne m'auroient pas fait cette glorieuse violence, il faut que je vous avoue ingénument que les intérêts de ma propre réputation m'en imposoient une très-pressante nécessité. Le bonheur de mes ouvrages ne la porte en aucun lieu où elle ne demeure fort douteuse, et où l'on ne se défie avec raison de ce qu'en dit la voix publique, parce qu'aucun d'eux n'y fait connoître l'honneur que j'ai d'être connu de vous. Cependant on sait par toute l'Europe l'accueil favorable que votre grandeur fait aux gens de lettres; que l'accès auprès de vous est ouvert et libre à tous ceux que les sciences ou les talents de l'esprit élèvent au-dessus du commun ; que les caresses dont vous les honorez sont les marques les plus indubitables et les plus solides de ce qu'ils valent; et qu'enfin nos plus belles muses, que feu monseigneur le cardinal de Richelieu avoit choisies de sa main pour en composer un corps tout d'esprits, seroient encore inconsolables de sa perte, si elles n'avoient trouvé chez votre grandeur la même protection qu'elles rencontroient chez son éminence. Quelle apparence donc qu'en quelque climat où notre langue puisse avoir entrée, on puisse croire qu'un homme mérite quelque véritable estime, si ses travaux n'y portent les assurances de l'état que vous en faites dans les hommages qu'il vous en doit? Trouvez bon, Monseigneur, que celui-ci, plus heureux que le reste des miens, affranchisse mon nom de la honte de ne vous en avoir point encore rendu, et que, pour affermir ce peu de réputation qu'ils m'ont acquis, il tire mes lecteurs d'un doute si légitime, en leur apprenant non-seulement que je ne suis pas tout-à-fait inconnu, mais aussi même que votre bonté ne dédaigne pas de répandre sur moi votre bienveillance et vos grâces : de sorte que, quand votre vertu ne me donneroit pas toutes les passions imaginables pour votre service, je serois le plus ingrat de tous les hommes si je n'étois toute ma vie très-véritablement,

MONSEIGNEUR,

Votre très-humble, très-obéissant
et très-fidèle serviteur,

P. Corneille.

PRÉFACE
DE CORNEILLE.

Voici une hardie entreprise sur l'histoire, dont vous ne connoîtrez aucune chose dans cette tragédie, que l'ordre de la succession des empereurs Tibère, Maurice, Phocas et Héraclius. J'ai falsifié la naissance de ce dernier; mais ce n'a été qu'en sa faveur et pour lui en donner une plus illustre, le faisant fils de l'empereur Maurice, bien qu'il ne le fût que d'un préteur d'Afrique de même nom que lui. J'ai prolongé la durée de l'empire de son prédécesseur de douze années, et lui ai donné un fils; quoique l'histoire n'en parle point, mais seulement d'une fille nommée Domitia, qu'il maria à un Priscus, ou Crispus. J'ai prolongé de même la vie de l'impératrice Constantine : comme j'ai fait régner ce tyran vingt ans au lieu de huit, je n'ai fait mourir cette princesse que dans la quinzième année de sa tyrannie, quoiqu'il l'eût sacrifiée à sa sûreté avec ses filles dès la cinquième. Je ne me mettrai pas en peine de justifier cette licence que j'ai prise, l'événement l'a assez justifiée; et les exemples des anciens que j'ai rapportés sur Rodogune, semblent l'autoriser suffisamment : mais, à parler sans fard, je ne voudrois pas conseiller à personne de la tirer en exemple. C'est beaucoup hasarder, et l'on n'est pas toujours heureux; et, dans un dessein de cette nature, ce qu'un bon succès fait passer pour une ingénieuse hardiesse, un mauvais le fait prendre pour une témérité ridicule.

Baronius, parlant de la mort de l'empereur Maurice, et de celle de ses fils, que Phocas faisoit immoler à sa vue, rapporte une circonstance très-rare, dont j'ai pris l'occasion de former le nœud de cette tragédie, à qui elle sert de fondement. Cette nourrice eut tant de zèle pour ce malheureux prince, qu'elle exposa son propre fils au supplice, au lieu d'un des siens qu'on lui avoit donné à nourrir. Maurice reconnut l'échange, et l'empêcha par une considération pieuse que cette extermination de toute sa famille étoit un juste jugement de Dieu, auquel il n'eût pas cru satisfaire, s'il eût souffert que le sang d'un autre eût payé pour celui d'un de ses fils. Mais quant à ce qui étoit de la mère, elle avoit surmonté l'affection maternelle en faveur de son prince, et l'on peut dire que son enfant étoit mort pour son regard. Comme j'ai cru que cette action étoit assez généreuse pour mériter une personne plus illustre à la produire, j'ai fait de cette nourrice une gouvernante. J'ai supposé que l'échange avoit eu son effet; et de cet enfant sauvé par la supposition d'un autre, j'en ai fait Héraclius, le successeur de Phocas. Bien plus, j'ai feint que cette Léontine ne pouvoit cacher long-temps cet enfant que Maurice avoit commis à sa fidélité, vu la recherche exacte que Phocas en faisoit faire; et se voyant même déjà soupçonnée, et prête à être découverte, se voulut mettre dans les bonnes grâces de ce tyran, en lui allant offrir ce petit prince dont il étoit en peine, au lieu duquel elle lui livra son propre fils Léonce. J'ai ajouté que, par cette action, Phocas fut tellement gagné, qu'il crut ne pouvoir remettre son fils Martian aux mains d'une personne qui lui fût plus acquise, d'autant que ce qu'elle venoit de faire l'avoit jetée, à ce qu'il croyoit, dans une haine irréconciliable avec les amis de Maurice, qu'il avoit seuls à craindre. Cette faveur où je la mets auprès de lui, donne lieu à un second échange d'Héraclius, qu'elle nourrissoit comme son fils, sous le nom de Léonce, avec Martian, que Phocas lui avoit confié. Je lui fais prendre l'occasion de l'éloignement de ce tyran, que j'arrête trois ans, sans revenir, à la guerre contre les Perses; et à son retour, je fais qu'elle lui donne Héraclius pour son fils, qui est, dorénavant, élevé auprès de lui sous le nom de Martian, pendant qu'elle retient le vrai Martian auprès d'elle, et le nourrit sous le nom de son Léonce, qu'elle avoit exposé pour l'autre. Comme ces deux princes sont grands, et que Phocas, abusé par ce dernier échange, presse Héraclius d'épouser Pulchérie, fille de Maurice, qu'il avoit réservée exprès seule de toute sa famille, afin qu'elle portât, par ce mariage, le droit et les titres de l'empire dans sa maison; Léontine, pour empêcher cette alliance incestueuse du frère et de la sœur, avertit Héraclius de sa naissance. Je serois trop long si je voulois ici toucher le reste des incidents d'un poëme si embarrassé, et me contenterai de vous avoir donné ces lumières, afin que vous en puissiez commencer la lecture avec moins d'obscurité. Vous vous souviendrez seulement qu'Héraclius passe pour Martian, fils de Phocas, et Martian pour Léonce, fils de Léontine; et qu'Héraclius sait qui il est, et qui est ce faux Léonce, mais que le vrai Martian, Phocas, ni Pulchérie, n'en savent rien, non plus que le reste des acteurs, hormis Léontine et sa fille Eudoxe.

On m'a fait quelque scrupule de ce qu'il n'est pas vraisemblable qu'une mère expose son fils à la mort pour en préserver un autre : à quoi j'ai deux réponses à faire; la première, que notre unique docteur Aristote nous permet de mettre quelquefois des choses qui même soient contre la raison et l'apparence, pourvu que ce soit hors de l'action, ou, pour me servir des termes latins de ses interprètes, EXTRA FABULAM, comme est ici cette supposition d'enfant, et nous donne pour exemple Œdipe, qui, ayant tué un roi de Thèbes, l'ignore encore vingt ans après; l'autre, que l'action étant vraie du côté de la mère, comme je l'ai remarqué tantôt, il ne faut plus s'informer si elle est vraisemblable, étant certain que toutes les vérités sont recevables dans la poésie, quoiqu'elle ne soit pas obligée à les suivre. La liberté qu'elle a de s'en écarter n'est pas une nécessité; et la vraisemblance n'est qu'une condition nécessaire à la disposition, et non pas au choix du sujet ni des incidents, qui sont appuyés de l'histoire.

Tout ce qui entre dans le poëme doit être croyable; et il l'est, selon Aristote, par l'un de ces trois moyens, la vérité, la vraisemblance, ou l'opinion commune. J'irai plus outre; et, quoique peut-être on voudra prendre cette proposition pour un paradoxe, je ne craindrai point d'avancer que le sujet d'une belle tragédie doit n'être pas vraisemblable. La preuve en est aisée par le même Aristote, qui ne veut pas qu'on en compose une d'un ennemi qui tue son ennemi, parce que, bien que cela soit fort vraisemblable, il n'excite dans l'âme des spectateurs ni pitié ni crainte, qui sont les deux passions de la tragédie; mais il nous renvoie à choisir dans les événements extraordinaires qui se passent entre personnes proches, comme d'un père qui tue son fils, une femme son mari, un frère sa sœur; ce qui, n'étant jamais vraisemblable, doit avoir l'autorité de l'histoire ou de l'opinion commune pour être cru : si bien qu'il n'est pas permis d'inventer un sujet de cette nature. C'est la raison qu'il donne de ce que les anciens traitoient presque les mêmes sujets, d'autant qu'ils rencontroient peu de familles où fussent arrivés de pareils désordres, qui font les belles et puissantes oppositions du devoir et de la passion.

Ce n'est pas le lieu de m'étendre ici plus au long sur cette matière : j'en ai dit ces deux mots en passant, par une nécessité de me défendre d'une objection qui détruiroit tout mon ouvrage, puisqu'elle va à en saper le fondement, et non par ambition d'étaler mes maximes, qui, peut-être, ne sont pas généralement avouées des savants. Aussi ne donné-je ici mes opinions qu'à la mode de M. de Montaigne, non pour bonnes, mais pour miennes. Je m'en suis bien trouvé jusqu'à présent; mais je ne tiens pas impossible qu'on réussisse mieux en suivant les contraires.

PERSONNAGES.

PHOCAS, empereur d'Orient.

HÉRACLIUS, fils de l'empereur Maurice, cru Martian, fils de Phocas, amant d'Eudoxe.

MARTIAN, fils de Phocas, cru Léonce, fils de Léontine, amant de Pulchérie.

PULCHÉRIE, fille de l'empereur Maurice, maîtresse de Martian.

LÉONTINE, dame de Constantinople, autrefois gouvernante d'Héraclius et de Martian.

EUDOXE, fille de Léontine, et maîtresse d'Héraclius.

CRISPE, gendre de Phocas.

EXUPÈRE, patricien de Constantinople.

AMINTAS, ami d'Exupère.

UN PAGE DE LÉONTINE.

La scène est à Constantinople.

HÉRACLIUS,

TRAGÉDIE.

ACTE PREMIER.

SCÈNE I.ère

PHOCAS, CRISPE.

PHOCAS.

Crispe, il n'est que trop vrai ; la plus belle couronne [1]
N'a que de faux brillants dont l'éclat l'environne ;
Et celui dont le ciel pour un sceptre fait choix, [2]
Jusqu'à ce qu'il le porte, en ignore le poids.
Mille et mille douceurs y semblent attachées, [3]
Qui ne sont qu'un amas d'amertumes cachées :
Qui croit les posséder les sent s'évanouir ;
Et la peur de les perdre empêche d'en jouir ;
Sur-tout qui, comme moi, d'une obscure naissance, [4]
Monte par la révolte à la toute-puissance,
Qui de simple soldat à l'empire élevé,
Ne l'a que par le crime acquis et conservé :
« Autant que sa fureur s'est immolé de têtes, [5]
« Autant dessus la sienne il croit voir de tempêtes ;

« Et comme il n'a semé qu'épouvante et qu'horreur,⁶
« Il n'en recueille enfin que trouble et que terreur.
« J'en ai semé beaucoup ; et depuis quatre lustres
« Mon trône n'est fondé que sur des morts illustres;⁷
« Et j'ai mis au tombeau, pour régner sans effroi,
« Tout ce que j'en ai vu de plus digne que moi.
« Mais le sang répandu de l'empereur Maurice,
« Ses cinq fils à ses yeux envoyés au supplice,
« En vain en ont été les premiers fondements,
« Si pour m'ôter ce trône ils servent d'instruments.ᵃ
On en fait revivre un au bout de vingt années.
Byzance ouvre, dis-tu, l'oreille à ces menées;⁸
Et le peuple, amoureux de tout ce qui me nuit,
D'une croyance avide embrasse ce faux bruit,
Impatient déjà de se laisser séduire⁹
Au premier imposteur armé pour me détruire,
« Qui, s'osant revêtir de ce fantôme aimé,¹⁰
« Voudra servir d'idole à son zèle charmé.¹¹
« Mais sais-tu sous quel nom ce fâcheux bruit s'excite?¹²

CRISPE.

« Il nomme Héraclius celui qu'il ressuscite.

ᵃ Autant ma barbarie a fait tomber de têtes,
Autant j'ai sur la mienne amassé de tempêtes ;
Et quand je sème au loin la douleur et l'effroi,
Tous les maux que je fais semblent fondre sur moi.
J'ai répandu le sang de l'empereur Maurice ;
Ses cinq fils, par mon ordre envoyés au supplice,
Sur son trône affermi me laissoient sans rivaux ;
Mais enfin, pour me perdre, ils sortent des tombeaux.
On en, etc.

ACTE I, SCÈNE I.

PHOCAS.

« Quiconque en est l'auteur devoit mieux l'inventer. *a*
Le nom d'Héraclius doit peu m'épouvanter ;
Sa mort est trop certaine, et fut trop remarquable, 13
Pour craindre un grand effet d'une si vaine fable.
Il n'avoit que six mois ; et, lui perçant le flanc,
On en fit dégoutter plus de lait que de sang ;
Et ce prodige affreux, dont je tremblai dans l'âme, 14
Fut aussitôt suivi de la mort de ma femme.
Il me souvient encor qu'il fut deux jours caché,
Et que sans Léontine ont l'eût long-temps cherché :
Il fut livré par elle, à qui, pour récompense, 15
Je donnai de mon fils à gouverner l'enfance,
Du jeune Martian, qui, d'âge presque égal,
Étoit resté sans mère en ce moment fatal.
Juge par-là combien ce conte est ridicule.

CRISPE.

Tout ridicule il plaît ; et le peuple est crédule.
« Mais avant qu'à ce conte il se laisse emporter, 16 *b*
Il vous est trop aisé de le faire avorter.

a Il se lève en tumulte, et déjà sa fureur,
   Dans ce fantôme aimé, voit son libérateur.
   Mais sais-tu sous quel nom la révolte s'excite ?
CRISPE.
On nomme Héraclius, celui qu'on ressuscite.
PHOCAS.
L'auteur de ce faux bruit devoit mieux l'inventer.
Le nom, etc.

b Mais à quelque projet qu'on le puisse porter,
   Il vous est, etc.

Quand vous fîtes périr Maurice et sa famille, [17]
Il vous en plut, seigneur, réserver une fille,
Et résoudre dès-lors qu'elle auroit pour époux [18]
« Ce prince destiné pour régner après vous.
« Le peuple en sa personne aime encore et révère [a]
Et son père Maurice et son aïeul Tibère,
Et vous verra sans trouble en occuper le rang,
S'il voit tomber leur sceptre au reste de leur sang.
Non, il ne courra plus après l'ombre du frère,
S'il voit monter la sœur dans le trône du père.
Mais pressez cet hymen : le prince au champ de Mars,
Chaque jour, chaque instant, s'offre à mille hasards;
« Et n'eût été Léonce en la dernière guerre, [19]
« Ce dessein avec lui seroit tombé par terre, [20]
« Puisque, sans la valeur de ce jeune guerrier,
« Martian demeuroit ou mort ou prisonnier. [21] [b]
Avant que d'y périr, s'il faut qu'il y périsse,
Qu'il vous laisse un neveu qui le soit de Maurice,
Et qui, réunissant l'une et l'autre maison, [22]
« Tire chez vous l'amour qu'on garde pour son nom. [c]

[a] Martian, destiné pour régner après vous,
En elle tout le peuple aime encore et révère
Et son père, etc.

[b] Sa valeur imprudente expose votre ouvrage ;
Et sans Léonce enfin, dont le jeune courage,
Dans nos derniers combats, courut à son secours,
Martian étoit pris ou terminoit ses jours.
Avant que d'y périr, etc.

[c] Porte chez vous l'amour qu'on garde pour son nom.

ACTE I, SCÈNE I.

PHOCAS.

Hélas ! de quoi me sert ce dessein salutaire,
« Si pour en voir l'effet tout me devient contraire ? 23 *a*
Pulchérie et mon fils ne se montrent d'accord
Qu'à fuir cet hyménée à l'égal de la mort ;
Et les aversions entre eux deux mutuelles 24
Les font d'intelligence à se montrer rebelles.
La princesse sur-tout frémit à mon aspect ;
Et, quoiqu'elle étudie un peu de faux respect,
Le souvenir des siens, l'orgueil de sa naissance, 25
« L'emporte à tous moments à braver ma puissance.
« Sa mère, que long-temps je voulus épargner,
« Et qu'en vain par douceur j'espérai de gagner,
« L'a de la sorte instruite ; et ce que je vois suivre 26
« Me punit bien du trop que je la laissai vivre.

CRISPE.

« Il faut agir de force avec de tels esprits, 27 *b*
Seigneur ; et qui les flatte endurcit leurs mépris.
La violence est juste où la douceur est vaine.

PHOCAS.

C'est par-là qu'aujourd'hui je veux dompter sa haine.

---

a Quand je veux l'accomplir tout me devient contraire.

b Irritent son courage et bravent ma puissance.
   Sa mère, que long-temps je voulus épargner,
   Qu'en vain par la douceur je tentai de gagner,
   Dans l'espoir de me perdre, éleva sa jeunesse,
   Et me punit ainsi de mon trop de foiblesse.
        CRISPE.
   Il faut user de force avec de tels esprits,
   Seigneur ; et qui, etc.

Je l'ai mandée exprès, non plus pour la flatter, [28]
Mais pour prendre mon ordre et pour l'exécuter.

CRISPE.

Elle entre.

SCÈNE II.

PHOCAS, PULCHÉRIE, CRISPE.

PHOCAS.

Enfin, madame, il est temps de vous rendre :
Le besoin de l'état défend de plus attendre ;
Il lui faut des Césars ; et je me suis promis
D'en voir naître bientôt de vous et de mon fils.
Ce n'est pas exiger grande reconnoissance [1]
Des soins que mes bontés ont pris de votre enfance,
De vouloir qu'aujourd'hui, pour prix de mes bienfaits,
Vous daigniez accepter les dons que je vous fais ;
Ils ne font point de honte au rang le plus sublime ;
Ma couronne et mon fils valent bien quelque estime :
Je vous les offre encore après tant de refus ;
Mais apprenez aussi que je n'en souffre plus,
Que de force ou de gré je veux me satisfaire, [2]
Qu'il me faut craindre en maître, ou me chérir en père,
Et que, si votre orgueil s'obstine à me haïr,
Qui ne peut être aimé se peut faire obéir.

PULCHÉRIE.

« J'ai rendu jusqu'ici cette reconnoissance [3]
« A ces soins tant vantés d'élever mon enfance,
« Que, tant qu'on m'a laissée en quelque liberté, [4]
« J'ai voulu me défendre avec civilité ;

ACTE I, SCÈNE II.

« Mais puisqu'on use enfin d'un pouvoir tyrannique,
« Je vois bien qu'à mon tour il faut que je m'explique, [5][a]
Que je me montre entière à l'injuste fureur,
Et parle à mon tyran en fille d'empereur.
Il falloit me cacher avec quelque artifice [6]
Que j'étois Pulchérie, et fille de Maurice,
« Si tu faisois dessein de m'éblouir les yeux [7]
« Jusqu'à prendre tes dons pour des dons précieux. [8][b]
Vois quels sont ces présents dont le refus t'étonne :
Tu me donnes, dis-tu, ton fils et ta couronne; [9]
Mais que me donnes-tu, puisque l'une est à moi,
Et l'autre en est indigne, étant sorti de toi?
Ta libéralité me fait peine à comprendre :
Tu parles de donner, quand tu ne fais que rendre;
Et puisqu'avecque moi tu veux le couronner,
Tu ne me rends mon bien que pour te le donner;
Tu veux que cet hymen, que tu m'oses prescrire,
Porte dans ta maison les titres de l'empire,
Et de cruel tyran, d'infâme ravisseur,
Te fasse vrai monarque et juste possesseur.

PULCHÉRIE.

« Oui, celui qui m'opprime épargna mon enfance,
Je le sais; et peut-être à la reconnoissance
Ses soins, qu'il vante trop, auroient forcé mon cœur,
S'il avoit jusqu'au bout respecté mon malheur;
Mais puisqu'il use enfin d'un pouvoir tyrannique,
Il est temps, je le vois, qu'avec lui je m'explique,
Que je me, etc.

[b] Si tu voulois qu'un jour tes dons injurieux
Et ton sceptre sanglant m'éblouissent les yeux.

Ne reproche donc plus à mon âme indignée
Qu'en perdant tous les miens tu m'as seule épargnée :
Cette feinte douceur, cette ombre d'amitié,
Vint de ta politique, et non de ta pitié.
Ton intérêt dès-lors fit seul cette réserve : 10
Tu m'as laissé la vie afin qu'elle te serve :
Et mal sûr dans un trône où tu crains l'avenir,
Tu ne m'y veux placer que pour t'y maintenir ;
« Tu ne m'y fais monter que de peur d'en descendre.
« Mais connois Pulchérie, et cesse de prétendre. 11

« Je sais qu'il m'appartient ce trône où tu te sieds,
« Que c'est à moi d'y voir tout le monde à mes pieds :
Mais comme il est encor teint du sang de mon père,
S'il n'est lavé du tien, il ne sauroit me plaire ;
Et ta mort, que mes vœux s'efforcent de hâter,
Est l'unique degré par où j'y veux monter.
Voilà quelle je suis, et quelle je veux être.
Qu'un autre t'aime en père, ou te redoute en maître,
Le cœur de Pulchérie est trop haut et trop franc
Pour craindre ou pour flatter le bourreau de son sang.

PHOCAS.

J'ai forcé ma colère à te prêter silence, 12
Pour voir à quel excès iroit ton insolence :
J'ai vu ce qui t'abuse et me fait mépriser,
Et t'aime encore assez pour te désabuser.

N'estime plus mon sceptre usurpé sur ton père,
Ni que pour l'appuyer ta main soit nécessaire.
Depuis vingt ans je règne, et je règne sans toi ;
« Et j'en eus tout le droit du choix qu'on fit de moi.

ACTE I, SCÈNE II.

« Le trône où je me sieds n'est pas un bien de race : [13]
« L'armée a ses raisons pour remplir cette place ;
« Son choix en est le titre ; et tel est notre sort,
« Qu'une autre élection nous condamne à la mort.
« Celle qu'on fit de moi fut l'arrêt de Maurice ; [a]
J'en vis avec regret le triste sacrifice :
Au repos de l'état il fallut l'accorder ;
Mon cœur, qui résistoit, fut contraint de céder.
Mais pour remettre un jour l'empire en sa famille
Je fis ce que je pus ; je conservai sa fille ;
Et, sans avoir besoin de titres ni d'appui,
Je te fais part d'un bien qui n'étoit plus à lui.

PULCHÉRIE.

Un chétif centenier des troupes de Mysie, [14]
Qu'un gros de mutinés élut par fantaisie,
Oser arrogamment se vanter à mes yeux
D'être juste seigneur du bien de mes aïeux !
Lui qui n'a pour l'empire autre droit que ses crimes, [15]
Lui qui de tous les miens fit autant de victimes,
Croire s'être lavé d'un si noir attentat
En imputant leur perte au repos de l'état !
Il fait plus, il me croit digne de cette excuse !
Souffre, souffre à ton tour que je te désabuse :
Apprends que si jadis quelques séditions
Usurpèrent le droit de ces élections,
L'empire étoit chez nous un bien héréditaire ;
Maurice ne l'obtint qu'en gendre de Tibère :

---

[a] Mon titre est dans le choix que l'on a fait de moi ;
L'armée en me nommant avoit proscrit Maurice ;
J'en vis, etc.

Et l'on voit depuis lui remonter mon destin [16]
Jusqu'au grand Théodose, et jusqu'à Constantin.
Et je pourrois avoir l'âme assez abattue.....

PHOCAS.

Eh bien, si tu le veux, je te le restitue [17]
Cet empire, et consens encor que ta fierté
Impute à mes remords l'effet de ma bonté.
« Dis que je te le rends et te fais des caresses
« Pour apaiser des tiens les ombres vengeresses;
« Et tout ce qui pourra, sous quelque autre couleur,
« Autoriser ta haine et flatter ta douleur :
« Pour un dernier effort je veux souffrir la rage [18]
« Qu'allume dans ton cœur cette sanglante image. *a*
Mais que t'a fait mon fils? étoit-il, au berceau,
Des tiens que je perdis le juge ou le bourreau?
Tant de vertus qu'en lui le monde entier admire
Ne l'ont-elles pas fait trop digne de l'empire?
En ai-je eu quelque espoir qu'il n'ait assez rempli?
Et voit-on sous le ciel prince plus accompli?
Un cœur comme le tien, si grand, si magnanime.....

PULCHÉRIE.

Va, je ne confonds point ses vertus et ton crime; [19]
Comme ma haine est juste, et ne m'aveugle pas,
J'en vois assez en lui pour les plus grands états :
« J'admire chaque jour les preuves qu'il en donne;
« J'honore sa valeur, j'estime sa personne,

---

a Dis que je te le rends, et dis que je m'empresse,
Pour apaiser des tiens la fureur vengeresse.
Mais que t'a fait, etc.

ACTE I, SCÈNE II.

« Et penche d'autant plus à lui vouloir du bien, [20]
« Que s'en voyant indigne il ne demande rien,
« Que ses longues froideurs témoignent qu'il s'irrite [21]
« De ce qu'on veut de moi par-delà son mérite,
« Et que de tes projets son cœur triste et confus,
« Pour m'en faire justice, approuve mes refus.
Ce fils si vertueux d'un père si coupable, [22]
S'il ne devoit régner, me pourroit être aimable;
Et cette grandeur même où tu le veux porter [23]
Est l'unique motif qui m'y fait résister.
Après l'assassinat de ma famille entière,
Quand tu ne m'as laissé père, mère, ni frère,
Que j'en fasse ton fils légitime héritier!
Que j'assure par-là leur trône au meurtrier!
Non, non; si tu me crois le cœur si magnanime
Qu'il ose séparer ses vertus de ton crime,
Sépare tes présents, et ne m'offre aujourd'hui
Que ton fils sans le sceptre, ou le sceptre sans lui.
Avise; et si tu crains qu'il te fût trop infâme [24]
De remettre l'empire en la main d'une femme,
Tu peux dès aujourd'hui le voir mieux occupé :
Le ciel me rend un frère à ta rage échappé;
On dit qu'Héraclius est tout près de paroître :
Tyran, descends du trône, et fais place à ton maître. [25]

PHOCAS.

A ce compte, arrogante, un fantôme nouveau, [26]
Qu'un murmure confus fait sortir du tombeau,
Te donne cette audace et cette confiance;
Ce bruit s'est fait déjà digne de ta croyance : [27]
Mais....

PULCHÉRIE.

Je sais qu'il est faux ; pour t'assurer ce rang
Ta rage eut trop de soin de verser tout mon sang :
Mais la soif de ta perte en cette conjoncture
Me fait aimer l'auteur d'une belle imposture.
« Au seul nom de Maurice il te fera trembler :
« Puisqu'il se dit son fils, il veut lui ressembler;
« Et cette ressemblance où son courage aspire [28]
« Mérite mieux que toi de gouverner l'empire.
J'irai par mon suffrage affermir cette erreur,
L'avouer pour mon frère et pour mon empereur,
Et dedans son parti jeter tout l'avantage
Du peuple convaincu par mon premier hommage.
« Toi, si quelque remords te donne un juste effroi,
« Sors du trône, et te laisse abuser comme moi; [29]
« Prends cette occasion de te faire justice.

PHOCAS.

« Oui, je me la ferai bientôt par ton supplice.
« Ma bonté ne peut plus arrêter mon devoir;
« Ma patience a fait par-delà son pouvoir. [30]
« Qui se laisse outrager mérite qu'on l'outrage;
« Et l'audace impunie enfle trop un courage.
« Tonne, menace, brave, espère en de faux bruits;
Fortifie, affermis ceux qu'ils auront séduits;

PHOCAS.

« Va, sur un bruit trompeur, ta haine a trop compté :
Ta fureur insensée a lassé ma bonté.
Qui se laisse offenser, mérite qu'on l'offense.
Tu n'auras pas en vain défié ma vengeance;
Brave, menace, tonne, espère en de faux bruits;
Fortifie, etc.

Dans ton âme à ton gré change ma destinée :
Mais choisis pour demain la mort ou l'hyménée. 31
PULCHÉRIE.
Il n'est pas pour ce choix besoin d'un grand effort
A qui hait l'hyménée et ne craint point la mort.
PHOCAS.
Dis, si tu veux encor, que ton cœur la souhaite. 32

SCÈNE III. 1 *

PHOCAS, PULCHÉRIE, HÉRACLIUS, cru Martian,
et sachant qu'il est Héraclius ; MARTIAN se croyant
Léonce ; CRISPE.

PHOCAS, à Héraclius.

Approche, Martian, que je te le répète : 2
Cette ingrate furie, après tant de mépris,
Conspire encor la perte et du père et du fils ;
Elle-même a semé cette erreur populaire
D'un faux Héraclius qu'elle accepte pour frère :
Mais, quoi qu'à ces mutins elle puisse imposer,
Demain ils la verront mourir, ou t'épouser.

HÉRACLIUS, cru Martian.

Seigneur....

PHOCAS.
Garde sur toi d'attirer ma colère.

HÉRACLIUS, cru Martian.

Dussé-je mal user de cet amour de père,

---

* Dans cette scène et la suivante, Héraclius passe pour Martian,
et Martian pour Léonce. Héraclius se connoît, mais Martian ne
se connoît pas.

Étant ce que je suis, je me dois quelque effort [3]
Pour vous dire, seigneur, que c'est vous faire tort, [4]
Et que c'est trop montrer d'injuste défiance
De pouvoir ne régner que par son alliance :
Sans prendre un nouveau droit du nom de son époux,
Ma naissance suffit pour régner après vous.
J'ai du cœur, et tiendrois l'empire même infâme
S'il falloit le tenir de la main d'une femme.

PHOCAS.

Eh bien, elle mourra; tu n'en as pas besoin. [5]

HÉRACLIUS, cru Martian.

De vous-même, seigneur, daignez mieux prendre soin.
Le peuple aime Maurice; en perdre ce qui reste
Nous rendroit ce tumulte au dernier point funeste.
Au nom d'Héraclius à demi soulevé,
Vous verriez par sa mort le désordre achevé. [6]
Il vaut mieux la priver du rang qu'elle rejette,
Faire régner une autre, et la laisser sujette;
Et d'un parti plus bas punissant son orgueil.... [7]

PHOCAS.

Quand Maurice peut tout du creux de son cercueil,
A ce fils supposé, dont il me faut défendre,
Tu parles d'ajouter un véritable gendre!

HÉRACLIUS.

Seigneur, j'ai des amis chez qui cette moitié.... [8]

PHOCAS.

A l'épreuve d'un sceptre il n'est point d'amitié, [9]
Point qui ne s'éblouisse à l'éclat de sa pompe,
Point qu'après son hymen sa haine ne corrompe.
Elle mourra, te dis-je.

ACTE I, SCÈNE IV.

PULCHÉRIE.

Ah ! ne m'empêchez pas
De rejoindre les miens par un heureux trépas.
La vapeur de mon sang ira grossir la foudre 10
Que Dieu tient déjà prête à le réduire en poudre ;
Et ma mort, en servant de comble à tant d'horreurs.....

PHOCAS.

Par ses remercîments juge de ses fureurs.
J'ai prononcé l'arrêt, il faut que l'effet suive.
Résous-la de t'aimer, si tu veux qu'elle vive ; 11
Sinon, j'en jure encore, et ne t'écoute plus, 12
Son trépas dès demain punira ses refus.

SCÈNE IV.

PULCHÉRIE, HÉRACLIUS, se connoissant ;
MARTIAN, se croyant Léonce.

HÉRACLIUS.

En vain il se promet que sous cette menace 1
J'espère en votre cœur surprendre quelque place :
Votre refus est juste, et j'en sais les raisons.
Ce n'est pas à nous deux d'unir les deux maisons ;
D'autres destins, madame, attendent l'un et l'autre :
Ma foi m'engage ailleurs aussi bien que la vôtre.
Vous aurez en Léonce un digne possesseur ; 2
Je serai trop heureux d'en posséder la sœur.
Ce guerrier vous adore, et vous l'aimez de même ;
Je suis aimé d'Eudoxe autant comme je l'aime : 3
Léontine leur mère est propice à nos vœux ;
Et, quelque effort qu'on fasse à rompre ces beaux nœuds,

D'un amour si parfait les chaînes sont si belles,
Que nos captivités doivent être éternelles.

PULCHÉRIE.

Seigneur, vous connoissez ce cœur infortuné :
Léonce y peut beaucoup ; vous me l'avez donné,
Et votre main illustre augmente le mérite
Des vertus dont l'éclat pour lui me sollicite.
Mais à d'autres pensers il me faut recourir :
Il n'est plus temps d'aimer alors qu'il faut mourir ; [4]
Et quand à ce départ une âme se prépare.... [5]

HÉRACLIUS.

Redoutez un peu moins les rigueurs d'un barbare ;
Pardonnez-moi ce mot : pour vous servir d'appui
J'ai peine à reconnoître encore un père en lui. [6]
Résolu de périr pour vous sauver la vie,
Je sens tous mes respects céder à cette envie ;
Je ne suis plus son fils s'il en veut à vos jours,
Et mon cœur tout entier vole à votre secours.

PULCHÉRIE.

C'est donc avec raison que je commence à craindre,
Non la mort, non l'hymen où l'on me veut contraindre,
Mais ce péril extrême où, pour me secourir,
Je vois votre grand cœur aveuglément courir.

MARTIAN, se croyant Léonce.

Ah ! mon prince, ah ! madame, il vaut mieux vous résoudre
Par un heureux hymen, à dissiper ce foudre.
Au nom de votre amour et de votre amitié,
Prenez de votre sort tous deux quelque pitié.
Que la vertu du fils, si pleine et si sincère, [8]
Vainque la juste horreur que vous avez du père ; [9]

ACTE I, SCÈNE IV.

Et, pour mon intérêt, n'exposez pas tous deux... 10

HÉRACLIUS.

Que me dis-tu, Léonce? et qu'est-ce que tu veux?
Tu m'as sauvé la vie; et, pour reconnoissance,
Je voudrois à tes feux ôter leur récompense;
Et, ministre insolent d'un prince furieux,
Couvrir de cette honte un nom si glorieux;
Ingrat à mon ami, perfide à ce que j'aime,
Cruel à la princesse, odieux à moi-même!
    Je te connois, Léonce, et mieux que tu ne crois;
Je sais ce que tu vaux, et ce que je te dois.
Son bonheur est le mien, madame; et je vous donne
Léonce et Martian en la même personne;
C'est Martian en lui que vous favorisez. 11
Opposons la constance aux périls opposés. 12
Je vais près de Phocas essayer la prière;
Et si je n'en obtiens la grâce tout entière, 13
Malgré le nom de père et le titre de fils,
Je deviens le plus grand de tous ses ennemis.
Oui, si sa cruauté s'obstine à votre perte,
J'irai pour l'empêcher jusqu'à la force ouverte;
Et puisse, si le ciel m'y voit rien épargner, 14
Un faux Héraclius en ma place régner!
Adieu, madame.

PULCHÉRIE.

Adieu, prince trop magnanime.

SCÈNE V.

PULCHÉRIE, MARTIAN, se croyant Léonce.

PULCHÉRIE.

Prince digne en effet d'un trône acquis sans crime,
Digne d'un autre père; ah! Phocas, ah! tyran,
Se peut-il que ton sang ait formé Martian?
  Mais allons, cher Léonce, admirant son courage,
Tâcher de notre part à repousser l'orage.
Tu t'es fait des amis; je sais des mécontents;
Le peuple est ébranlé; ne perdons point de temps;
L'honneur te le commande, et l'amour t'y convie.

MARTIAN, se croyant Léonce.

Pour otage, en ses mains, ce tigre a vôtre vie;
Et je n'oserai rien qu'avec un juste effroi
Qu'il ne venge sur vous ce qu'il craindra de moi.[1]

PULCHÉRIE.

N'importe; à tout oser le péril doit contraindre:
Il ne faut craindre rien quand on a tout à craindre.[2]
Allons examiner pour ce coup généreux [3]
Les moyens les plus prompts et les moins dangereux.

FIN DU PREMIER ACTE.

ACTE SECOND.

SCÈNE I.ère

LÉONTINE, EUDOXE.

LÉONTINE.

Voilà ce que j'ai craint de son âme enflammée. 1
EUDOXE.
S'il m'eût caché son sort, il m'auroit mal aimée. 2
LÉONTINE.
Avec trop d'imprudence il vous l'a révélé.
Vous êtes fille, Eudoxe, et vous avez parlé : 3
Vous n'avez pu savoir cette grande nouvelle 4
Sans la dire à l'oreille à quelque âme infidèle,
A quelque esprit léger, ou de votre heur jaloux,
A qui ce grand secret a pesé comme à vous.
C'est par-là qu'il est su, c'est par-là qu'on publie
Ce prodige étonnant d'Héraclius en vie ;
C'est par-là qu'un tyran, plus instruit que troublé 5
De l'ennemi secret qui l'auroit accablé,
Ajoutera bientôt sa mort à tant de crimes, 6
Et se sacrifira pour nouvelles victimes
Ce prince dans son sein pour son fils élevé,
Vous qu'adore son âme, et moi qui l'ai sauvé.
Voyez combien de maux pour n'avoir su vous taire. 7
EUDOXE.
Madame, mon respect souffre tout d'une mère, 8

Qui, pour peu qu'elle veuille écouter la raison,
Ne m'accusera plus de cette trahison ;
Car c'en est une enfin bien digne de supplice, [9]
Qu'avoir d'un tel secret donné le moindre indice. [10]

LÉONTINE.

Et qui donc aujourd'hui le fait connoître à tous ?
Est-ce le prince, ou moi ?

EUDOXE.

Ni le prince, ni vous.
De grâce, examinez ce bruit qui vous alarme.
On dit qu'il est en vie, et son nom seul les charme :
« On ne dit point comment vous trompâtes Phocas, [11]
« Livrant un de vos fils pour ce prince au trépas,
« Ni comme après, du sien étant la gouvernante,
« Par une tromperie encor plus importante,
« Vous en fîtes l'échange, et, prenant Martian, [12]
« Vous laissâtes pour fils ce prince à son tyran ;
« En sorte que le sien passe ici pour mon frère,
« Cependant que de l'autre il croit être le père, [13]
« Et voit en Martian Léonce qui n'est plus,
« Tandis que sous ce nom il aime Héraclius. [a]

---

[a] Mais, madame, dit-on que pour tromper Phocas,
Jadis vous-même offrant votre fils au trépas,
Vous sauvâtes ainsi l'héritier de Maurice ;
Que, loin de soupçonner un si grand sacrifice,
Phocas à votre foi confia Martian ;
Qu'un échange facile abusa le tyran ;
Que du fils de Maurice il croit être le père,
Tandis que Martian se croit toujours mon frère,
Et qu'ici remplaçant Léonce, qui n'est plus,
De son nom, qu'il ignore, il couvre Héraclius ?

On diroit tout cela si, par quelque imprudence, 14
Il m'étoit échappé d'en faire confidence :
Mais pour toute nouvelle on dit qu'il est vivant ;
Aucun n'ose pousser l'histoire plus avant. 15
« Comme ce sont pour tous des routes inconnues,
« Il semble à quelques-uns qu'il doit tomber des nues ; 16
« Et j'en sais tel qui croit dans sa simplicité
« Que pour punir Phocas Dieu l'a ressuscité.
Mais le voici.

SCÈNE II.

HÉRACLIUS, LÉONTINE, EUDOXE.

HÉRACLIUS.

Madame, il n'est plus temps de taire [1]
D'un si profond secret le dangereux mystère :
Le tyran, alarmé du bruit qui le surprend,
Rend ma crainte trop juste et le péril trop grand ;
Non que de ma naissance il fasse conjecture ;
Au contraire, il prend tout pour grossière imposture,
Et me connoît si peu, que, pour la renverser,
A l'hymen qu'il souhaite il prétend me forcer.
Il m'oppose à mon nom qui le vient de surprendre :
Je suis fils de Maurice ; il m'en veut faire gendre, 3
Et s'acquérir les droits d'un prince si chéri
En me donnant moi-même à ma sœur pour mari.
En vain nous résistons à son impatience,
Elle par haine aveugle, et moi par connoissance :
Lui, qui ne conçoit rien de l'obstacle éternel
Qu'oppose la nature à ce nœud criminel,

Menace Pulchérie, au refus obstinée,
Lui propose à demain la mort ou l'hyménée.
J'ai fait pour le fléchir un inutile effort;
Pour éviter l'inceste elle n'a que la mort.
Jugez s'il n'est pas temps de montrer qui nous sommes,
De cesser d'être fils du plus méchant des hommes,
D'immoler mon tyran aux périls de ma sœur,
Et de rendre à mon père un juste successeur.

LÉONTINE.

Puisque vous ne craignez que sa mort, ou l'inceste,
Je rends grâces, seigneur, à la bonté céleste 4
De ce qu'en ce grand bruit le sort nous est si doux,
Que nous n'avons encor rien à craindre pour vous.
Votre courage seul nous donne lieu de craindre;
Modérez-en l'ardeur, daignez vous y contraindre;
Et, puisqu'aucun soupçon ne dit rien à Phocas,
Soyez encor son fils, et ne vous montrez pas.
De quoi que ce tyran menace Pulchérie,
J'aurai trop de moyens d'arrêter sa furie, 5
De rompre cet hymen, ou de le retarder,
Pourvu que vous veuilliez ne vous point hasarder.
Répondez-moi de vous, et je vous réponds d'elle.

HÉRACLIUS.

Jamais l'occasion ne s'offrira si belle.
Vous voyez un grand peuple à demi révolté,
Sans qu'on sache l'auteur de cette nouveauté.
Il semble que de Dieu la main appesantie, 6
Se faisant du tyran l'effroyable partie,
Veuille avancer par-là son juste châtiment;
Que, par un si grand bruit semé confusément,

Il dispose les cœurs à prendre un nouveau maître,
Et presse Héraclius de se faire connoître.
« C'est à nous de répondre à ce qu'il en prétend : *a*
Montrons Héraclius au peuple qui l'attend ;
Évitons le hasard qu'un imposteur l'abuse,
Et qu'après s'être armé du nom que je refuse,
De mon trône à Phocas, sous ce titre arraché,
Il puisse me punir de m'être trop caché.
Il ne sera pas temps, madame, de lui dire
Qu'il me rende mon nom, ma naissance et l'empire,
Quand il se prévaudra de ce nom déjà pris
Pour me joindre au tyran dont je passe pour fils.

LÉONTINE.

Sans vous donner pour chef à cette populace,
Je romprai bien encor ce coup, s'il vous menace :
Mais gardons jusqu'au bout ce secret important ;
Fiez-vous plus à moi qu'à ce peuple inconstant.
Ce que j'ai fait pour vous depuis votre naissance
Semble digne, seigneur, de cette confiance :
Je ne laisserai point mon ouvrage imparfait ;
Et bientôt mes desseins auront un plein effet.
Je punirai Phocas, je vengerai Maurice :
Mais aucun n'aura part à ce grand sacrifice ;
J'en veux toute la gloire, et vous me la devez.
Vous régnerez par moi, si par moi vous vivez.
Laissez entre mes mains mûrir vos destinées,
Et ne hasardez point le fruit de vingt années.

a Madame, c'est à nous de saisir cet instant :

EUDOXE.

Seigneur, si votre amour peut écouter mes pleurs, [8]
Ne vous exposez point au dernier des malheurs. [9]
La mort de ce tyran, quoique trop légitime,
« Aura dedans vos mains l'image d'un grand crime : [a]
« Le peuple pour miracle osera maintenir
« Que le ciel par son fils l'aura voulu punir;
« Et sa haine obstinée, après cette chimère,
« Vous croira parricide en vengeant votre père :
« La vérité n'aura ni le nom ni l'effet
« Que d'un adroit mensonge à couvrir ce forfait;
« Et d'une telle erreur l'ombre sera trop noire
« Pour ne pas obscurcir l'éclat de votre gloire.
Je sais bien que l'ardeur de venger vos parents....

HÉRACLIUS.

Vous en êtes aussi, madame, et je me rends; [10]
Je n'examine rien, et n'ai pas la puissance
De combattre l'amour et la reconnoissance.
Le secret est à vous, et je serois ingrat
Si sans votre congé j'osois en faire éclat,
Puisque, sans votre aveu, toute mon aventure
Passeroit pour un songe ou pour une imposture.
Je dirai plus; l'empire est plus à vous qu'à moi,
Puisqu'à Léonce mort tout entier je le doi;
C'est le prix de son sang, c'est pour y satisfaire [11]
Que je rends à la sœur ce que je tiens du frère :
« Non que pour m'acquitter par cette élection [12]
« Mon devoir ait forcé mon inclination :

---

[a] Auroit dans votre main l'image d'un grand crime :

ACTE II, SCÈNE III.

« Il présenta mon cœur aux yeux qui le charmèrent ;
« Il prépara mon âme aux feux qu'ils allumèrent ;
« Et ces yeux tout divins, par un soudain pouvoir, 13
« Achevèrent sur moi l'effet de ce devoir. *a*
Oui, mon cœur, chère Eudoxe, à ce trône n'aspire
Que pour vous voir bientôt maîtresse de l'empire.
Je ne me suis voulu jeter dans le hasard 14
Que par la seule soif de vous en faire part ; 15
C'étoit là tout mon but. Pour éviter l'inceste
Je n'ai qu'à m'éloigner de ce climat funeste :
Mais si je me dérobe au rang qui vous est dû,
Ce sera par moi seul que vous l'aurez perdu ;
Seul je vous ôterai ce que je vous dois rendre. 17
Disposez des moyens et du temps de le prendre.
Quand vous voudrez régner, faites-m'en possesseur : 18
Mais comme enfin j'ai lieu de craindre pour ma sœur,
Tirez-la dans ce jour de ce péril extrême,
Ou demain je ne prends conseil que de moi-même.

LÉONTINE.

Reposez-vous sur moi, seigneur, de tout son sort, 19
Et n'en appréhendez ni l'hymen ni la mort.

SCÈNE III.

LÉONTINE, EUDOXE.

LÉONTINE.

Ce n'est plus avec vous qu'il faut que je déguise ;
A ne vous rien cacher son amour m'autorise :

---

a Et je puis dire encor qu'en cette occasion,
   Mon devoir suit aussi mon inclination.

Vous saurez les desseins de tout ce que j'ai fait, 1
Et pourrez me servir à presser leur effet.
 Notre vrai Martian adore la princesse :
Animons toutes deux l'amant pour la maîtresse ;
Faisons que son amour nous venge de Phocas, 2
Et de son propre fils arme pour nous le bras.
Si j'ai pris soin de lui, si je l'ai laissé vivre,
Si je perdis Léonce, et ne le fis pas suivre,
Ce fut sur l'espoir seul qu'un jour, pour s'agrandir,
A ma pleine vengeance il pourroit s'enhardir.
Je ne l'ai conservé que pour ce parricide.

EUDOXE.

Ah, madame !

LÉONTINE.

 Ce mot déjà vous intimide !
C'est à de telles mains qu'il nous faut recourir ;
C'est par-là qu'un tyran est digne de périr ;
Et le courroux du ciel, pour en purger la terre,
Nous doit un parricide au refus du tonnerre ;
C'est à nous qu'il remet de l'y précipiter :
Phocas le commettra, s'il le peut éviter ;
Et nous immolerons au sang de votre frère
Le père par le fils, ou le fils par le père.
L'ordre est digne de nous ; le crime est digne d'eux :
Sauvons Héraclius au péril de tous deux.

EUDOXE.

Je sais qu'un parricide est digne d'un tel père ; 3
Mais faut-il qu'un tel fils soit en péril d'en faire ?
Et, sachant sa vertu, pouvez-vous justement
Abuser jusque-là de son aveuglement ?

LÉONTINE.

« Dans le fils d'un tyran l'odieuse naissance 4
« Mérite que l'erreur arrache l'innocence,
« Et que, de quelqu'éclat qu'il se soit revêtu, 5
« Un crime qu'il ignore en souille la vertu.

SCÈNE IV.

LÉONTINE, EUDOXE, UN PAGE.

LE PAGE.

Exupère, madame, est là qui vous demande. 1

LÉONTINE.

Exupère ! A ce nom que ma surprise est grande !
Qu'il entre. A quel dessein vient-il parler à moi, 2
Lui que je ne vois point, qu'à peine je connoi ? 3
Dans l'âme il hait Phocas qui s'immola son père,
Et sa venue ici cache quelque mystère.
Je vous l'ai déjà dit, votre langue nous perd. 4

SCÈNE V.

EXUPÈRE, LÉONTINE, EUDOXE.

EXUPÈRE.

Madame, Héraclius vient d'être découvert. 1

LÉONTINE, à Eudoxe.

Eh bien !

EUDOXE.

Si....

LÉONTINE.

(A Eudoxe.)   (A Exupère.)
Taisez-vous. Depuis quand ?

EXUPÈRE.
Tout-à-l'heure,
LÉONTINE.
Et déjà l'empereur a commandé qu'il meure?
EXUPÈRE.
Le tyran est bien loin de s'en voir éclairci.
LÉONTINE.
Comment?
EXUPÈRE.
Ne craignez rien, madame; le voici.
LÉONTINE.
Je ne vois que Léonce.
EXUPÈRE.
Ah! quittez l'artifice.

SCÈNE VI.
MARTIAN, LÉONTINE, EXUPÈRE, EUDOXE.

MARTIAN.
Madame, dois-je croire un billet de Maurice?
Voyez si c'est sa main, ou s'il est contrefait;
Dites s'il me détrompe ou m'abuse en effet,
Si je suis votre fils, ou s'il étoit mon père :
Vous en devez connoître encor le caractère.

LÉONTINE, lisant.
Léontine a trompé Phocas, [1]
Et, livrant pour mon fils un des siens au trépas,
Dérobe à sa fureur l'héritier de l'empire.
O vous qui me restez de fidèles sujets,
Honorez ce grand zèle, appuyez ses projets:
Sous le nom de Léonce Héraclius respire.
MAURICE.

(Elle rend le billet à Exupère.)

Seigneur, il vous dit vrai ; vous étiez en mes mains
Quand on ouvrit Bysance au pire des humains.
Maurice m'honora de cette confiance ;
Mon zèle y répondit par-delà sa croyance.
Le voyant prisonnier et ses quatre autres fils,
Je cachai quelques jours ce qu'il m'avoit commis ;
Mais enfin, toute prête à me voir découverte,
Ce zèle sur mon sang détourna votre perte.
J'allai, pour vous sauver, vous offrir à Phocas ;
Mais j'offris votre nom, et ne vous donnai pas.
La généreuse ardeur de sujette fidèle
Me rendit pour mon prince à moi-même cruelle :
Mon fils fut, pour mourir, le fils de l'empereur.
J'éblouis le tyran, je trompai sa fureur :
Léonce, au lieu de vous, lui servit de victime.

(Elle fait un soupir.)

Ah ! pardonnez, de grâce ; il m'échappe sans crime.
J'ai pris pour vous sa vie, et lui rends un soupir ;
Ce n'est pas trop, seigneur, pour un tel souvenir !
A cet illustre effort par mon devoir réduite,
J'ai dompté la nature, et ne l'ai pas détruite.
  Phocas, ravi de joie à cette illusion,
Me combla de faveurs avec profusion,
Et nous fit de sa main cette haute fortune
Dont il n'est pas besoin que je vous importune.
  Voilà ce que mes soins vous laissoient ignorer ;
Et j'attendois, seigneur, à vous le déclarer,
Que par vos grands exploits votre rare vaillance
Pût faire à l'univers croire votre naissance,

Et qu'une occasion pareille à ce grand bruit
Nous pût de son aveu promettre quelque fruit:
Car, comme j'ignorois que notre grand monarque 9
En eût pu rien savoir, ou laisser quelque marque, 10
Je doutois qu'un secret n'étant su que de moi
Sous un tyran si craint pût trouver quelque foi.

EXUPÈRE.

« Comme sa cruauté, pour mieux gêner Maurice, 11
« Le forçoit de ses fils à voir le sacrifice, *a*
Ce prince vit l'échange, et l'alloit empêcher;
Mais l'acier des bourreaux fut plus prompt à trancher:
La mort de votre fils arrêta cette envie, 12
Et prévint d'un moment le refus de sa vie.
Maurice, à quelque espoir se laissant lors flatter, 13
S'en ouvrit à Félix, qui vint le visiter, 14
Et trouva les moyens de lui donner ce gage
Qui vous en pût un jour rendre un plein témoignage.
Félix est mort, madame; et naguère en mourant
Il remit ce dépôt à son plus cher parent;
Et m'ayant tout conté, *Tiens*, dit-il, *Exupère*,
    Sers ton prince, et venge ton père.
Armé d'un tel secret, seigneur, j'ai voulu voir 15
Combien parmi le peuple il auroit de pouvoir :
J'ai fait semer ce bruit sans vous faire connoître;
Et, voyant tous les cœurs vous souhaiter pour maître,
J'ai ligué du tyran les secrets ennemis,
Mais sans leur découvrir plus qu'il ne m'est permis.

---

a Comme sa cruauté, sous les yeux de Maurice,
    De ses malheureux fils ordonna le supplice,

Ils aiment votre nom, sans savoir davantage,
Et cette seule joie anime leur courage,
« Sans qu'autres que les deux qui vous parloient là-bas 16
« De tout ce qu'elle a fait sachent plus que Phocas.
« Vous venez de savoir ce que vous vouliez d'elle ;
« C'est à vous de répondre à son généreux zèle.
Le peuple est mutiné, nos amis assemblés,
Le tyran effrayé, ses confidents troublés.
Donnez l'aveu du prince à sa mort qu'on apprête,
Et ne dédaignez pas d'ordonner de sa tête.

MARTIAN, *se croyant Héraclius.*

Surpris des nouveautés d'un tel événement, 17
Je demeure à vos yeux muet d'étonnement. 18
Je sais ce que je dois, madame, au grand service 19
Dont vous avez sauvé l'héritier de Maurice.
Je croyois, comme fils, devoir tout à vos soins,
Et je vous dois bien plus lorsque je vous suis moins :
Mais, pour vous expliquer toute ma gratitude,
Mon âme a trop de trouble et trop d'inquiétude.
J'aimois, vous le savez, et mon cœur enflammé 20
Trouve enfin une sœur dedans l'objet aimé.
Je perds une maîtresse en gagnant un empire :
Mon amour en murmure, et mon cœur en soupire,
Et de mille pensers mon esprit agité
Paroît enseveli dans la stupidité.
Il est temps d'en sortir, l'honneur nous le commande :
Il faut donner un chef à votre illustre bande : 21
Allez, brave Exupère, allez, je vous rejoins ;
Souffrez que je lui parle un moment sans témoins.

Disposez cependant vos amis à bien faire ;
Sur-tout sauvons le fils en immolant le père ;
Il n'eut rien du tyran qu'un peu de mauvais sang, [22]
Dont la dernière guerre a trop purgé son flanc.

EXUPÈRE.

Nous vous rendrons, seigneur, entière obéissance,
Et vous allons attendre avec impatience.

SCÈNE VII.

MARTIAN, LÉONTINE, EUDOXE.

MARTIAN.

MADAME, pour laisser toute sa dignité [1]
A ce dernier effort de générosité,
Je crois que les raisons que vous m'avez données
M'en ont seules caché le secret tant d'années.
D'autres soupçonneroient qu'un peu d'ambition,
Du prince Martian voyant la passion,
Pour lui voir sur le trône élever votre fille,
Auroit voulu laisser l'empire en sa famille,
Et me faire trouver un tel destin bien doux
Dans l'éternelle erreur d'être sorti de vous :
Mais je tiendrois à crime une telle pensée. [2]
Je me plains seulement d'une ardeur insensée,
D'un détestable amour que pour ma propre sœur
Vous-même vous avez allumé dans mon cœur.
Quel dessein faisiez-vous sur cet aveugle inceste ? [3]

LÉONTINE.

Je vous aurois tout dit avant ce nœud funeste ;

ACTE II, SCÈNE VII.

Et je le craignois peu, trop sûre que Phocas, 4
Ayant d'autres desseins, ne le souffriroit pas.
 Je voulois donc, seigneur, qu'une flamme si belle 5
Portât votre courage aux vertus dignes d'elle,
Et que, votre valeur l'ayant su mériter,
Le refus du tyran vous pût mieux irriter.
Vous n'avez pas rendu mon espérance vaine :
J'ai vu dans votre amour une source de haine;
Et j'ose dire encor qu'un bras si renommé 6
Peut-être auroit moins fait si le cœur n'eût aimé.
Achevez donc, seigneur; et puisque Pulchérie 7
Doit craindre l'attentat d'une aveugle furie....

MARTIAN.

Peut-être il vaudroit mieux moi-même la porter 8
A ce que le tyran témoigne en souhaiter :
Son amour, qui pour moi résiste à sa colère,
N'y résistera plus quand je serai son frère.
Pourrois-je lui trouver un plus illustre époux?

LÉONTINE.

Seigneur, qu'allez-vous faire? et que me dites-vous?

MARTIAN.

Que peut-être, pour rompre un si digne hyménée,
J'expose à tort sa tête avec ma destinée,
Et fais d'Héraclius un chef de conjurés
Dont je vois les complots encor mal assurés.
Aucun d'eux du tyran n'approche la personne :
Et quand même l'issue en pourroit être bonne, 9
Peut-être il m'est honteux de reprendre l'état
Par l'infâme succès d'un lâche assassinat;

Peut-être il vaudroit mieux en tête d'une armée 10
Faire parler pour moi toute ma renommée,
Et trouver à l'empire un chemin glorieux 11
Pour venger mes parents d'un bras victorieux.
C'est dont je vais résoudre avec cette princesse, 12
Pour qui non plus l'amour, mais le sang m'intéresse.
Vous, avec votre Eudoxe....

LÉONTINE.

Ah! seigneur, écoutez,

MARTIAN.

J'ai besoin de conseils dans ces difficultés ;
Mais, à parler sans fard, pour écouter les vôtres,
Outre mes intérêts vous en avez trop d'autres.
Je ne soupçonne point vos vœux ni votre foi ;
Mais je ne veux d'avis que d'un cœur tout à moi.
Adieu. 13

SCÈNE VIII.

LÉONTINE, EUDOXE.

LÉONTINE.

Tout me confond, tout me devient contraire.
Je ne fais rien du tout, quand je pense tout faire ;
Et, lorsque le hasard me flatte avec excès,
Tout mon dessein avorte au milieu du succès :
Il semble qu'un démon funeste à sa conduite 1
Des beaux commencements empoisonne la suite.
Ce billet, dont je vois Martian abusé, 2
Fait plus en ma faveur que je n'aurois osé ;

Il arme puissamment le fils contre le père :
Mais, comme il a levé le bras en qui j'espère,
Sur le point de frapper je vois avec regret
Que la nature y forme un obstacle secret.
La vérité le trompe, et ne peut le séduire;
Il sauve en reculant ce qu'il croit mieux détruire :
Il doute; et du côté que je le vois pencher,
Il va presser l'inceste au lieu de l'empêcher.

EUDOXE.

Madame, pour le moins vous avez connoissance 3
De l'auteur de ce bruit, et de mon innocence.
Mais je m'étonne fort de voir à l'abandon
Du prince Héraclius les droits avec le nom.
Ce billet, confirmé par votre témoignage,
« Pour monter dans le trône est un grand avantage. *a*
Si Martian le peut sous ce titre occuper,
Pensez-vous qu'il se laisse aisément détromper,
Et qu'au premier moment qu'il vous verra dédire,
Aux mains de son vrai maître il remette l'empire ?

LÉONTINE.

Vous êtes curieuse, et voulez trop savoir. 4
N'ai-je pas déjà dit que j'y saurai pourvoir? 5
Tâchons sans plus tarder à revoir Exupère,
« Pour prendre en ce désordre un conseil salutaire. *b*

---

a Pour monter sur le trône est un grand avantage.

b Pour prendre en ce péril un conseil salutaire.

FIN DU SECOND ACTE.

ACTE TROISIÈME.

SCÈNE I.ère [1]

MARTIAN, PULCHÉRIE.

MARTIAN.

Je veux bien l'avouer, madame, car mon cœur
A de la peine encore à vous nommer ma sœur,
Quand, malgré ma fortune à vos pieds abaissée,
J'osai jusques à vous élever ma pensée,
Plus plein d'étonnement que de timidité,
J'interrogeois ce cœur sur sa témérité ;
Et dans ses mouvements, pour secrète réponse,
Je sentois quelque chose au-dessus de Léonce,
Dont, malgré ma raison, l'impérieux effort
Emportoit mes désirs au-delà de mon sort.

PULCHÉRIE.

Moi-même assez souvent j'ai senti dans mon âme
Ma naissance en secret me reprocher ma flamme.
Mais quoi ! l'impératrice, à qui je dois le jour,
Avoit innocemment fait naître cet amour.
J'approchois de quinze ans, alors qu'empoisonnée [2]
« Pour avoir contredit mon indigne hyménée, [a]

---

[a] Pour avoir rejeté mon indigne hyménée,

ACTE III, SCÈNE I.

Elle mêla ces mots à ses derniers soupirs :
Le tyran veut surprendre ou forcer vos désirs,
Ma fille; et sa fureur à son fils vous destine :
Mais prenez un époux des mains de Léontine;
Elle garde un trésor qui vous sera bien cher.
Cet ordre en sa faveur me sut si bien toucher,
Qu'au lieu de la haïr d'avoir livré mon frère,
J'en tins le bruit pour faux; elle me devint chère;
Et confondant ces mots de trésor et d'époux,
Je crus les bien entendre, expliquant tout de vous.
« J'opposois de la sorte à ma fière naissance 3
« Les favorables lois de mon obéissance;
« Et je m'imputois même à trop de vanité
« De trouver entre nous quelque inégalité.
« La race de Léonce étant patricienne,
« L'éclat de vos vertus l'égaloit à la mienne;
« Et je me laissois dire en mes douces erreurs :
« *C'est de pareils héros qu'on fait les empereurs :*
« *Tu peux bien sans rougir aimer un grand courage*
« *A qui le monde entier peut rendre un juste hommage.*
« J'écoutois sans dédain ce qui m'autorisoit :
« L'amour pensoit le dire, et le sang le disoit;
Et de ma passion la flatteuse imposture
S'emparoit dans mon cœur des droits de la nature.

MARTIAN.

Ah! ma sœur, puisqu'enfin mon destin éclairci
Veut que je m'accoutume à vous nommer ainsi,
Qu'aisément l'amitié jusqu'à l'amour nous mène!
C'est un penchant si doux qu'on y tombe sans peine; 4

Mais quand il faut changer l'amour en amitié,
Que l'âme qui s'y force est digne de pitié !
Et qu'on doit plaindre un cœur qui, n'osant s'en défendre,
Se laisse déchirer avant que de se rendre !
Ainsi donc la nature à l'espoir le plus doux
Fait succéder l'horreur, et l'horreur d'être à vous !
Ce que je suis m'arrache à ce que j'aimois d'être !
Ah ! s'il m'étoit permis de ne me pas connoître,
Qu'un si charmant abus seroit à préférer
A l'âpre vérité qui vient de m'éclairer !

PULCHÉRIE.

« J'eus pour vous trop d'amour pour ignorer ses forces.
« Je sais quelle amertume aigrit de tels divorces ; [5]
« Et la haine à mon gré les fait plus doucement [6]
« Que quand il faut aimer, mais aimer autrement.
J'ai senti comme vous une douleur bien vive [7]
En brisant les beaux fers qui me tenoient captive ;
Mais j'en condamnerois le plus doux souvenir
S'il avoit à mon cœur coûté plus d'un soupir.
Ce grand coup m'a surprise, et ne m'a point troublée ;
Mon âme l'a reçu sans en être accablée ;
Et comme tous mes feux n'avoient rien que de saint,
L'honneur les alluma, le devoir les éteint.
Je ne vois plus d'amant où je rencontre un frère :
L'un ne me peut toucher, ni l'autre me déplaire ;
Et je tiendrois toujours mon bonheur infini,
Si les miens sont vengés, et le tyran puni.
 Vous, que va sur le trône élever la naissance,
Régnez sur votre cœur avant que sur Byzance ; [8]

« Et, domptant, comme moi, ce dangereux mutin,
« Commencez à répondre à ce noble destin. *a*

MARTIAN.

Ah! vous fûtes toujours l'illustre Pulchérie,
En fille d'empereur dès le berceau nourrie ;
Et ce grand nom sans peine a pu vous enseigner 9
« Comment dessus vous-même il vous falloit régner : *b*
Mais pour moi, qui, caché sous une autre aventure,
D'une âme plus commune ai pris quelque teinture,
Il n'est pas merveilleux si ce que je me crus 10
Mêle un peu de Léonce au cœur d'Héraclius.
A mes confus regrets soyez donc moins sévère ;
C'est Léonce qui parle, et non pas votre frère :
Mais si l'un parle mal, l'autre va bien agir, 11
Et l'un ni l'autre enfin ne vous fera rougir.
Je vais des conjurés embrasser l'entreprise, 12
Puisqu'une âme si haute à frapper m'autorise,
Et tient que, pour répandre un si coupable sang,
L'assassinat est noble et digne de mon rang.
Pourrai-je cependant vous faire une prière ?

PULCHÉRIE.

Prenez sur Pulchérie une puissance entière.

MARTIAN.

Puisqu'un amant si cher ne peut plus être à vous, 13
Ni vous mettre l'empire en la main d'un époux,
Épousez Martian comme un autre moi-même ; 14
Ne pouvant être à moi, soyez à ce que j'aime.

a Et domptant, comme moi, ce dangereux penchant,
Commencez à répondre au sort qui vous attend.

b A quel point sur vous-même il vous falloit régner :

PULCHÉRIE.

Ne pouvant être à vous, je pourrois justement 15
Vouloir n'être à personne, et fuir tout autre amant;
Mais on pourroit nommer cette fermeté d'âme
Un reste mal éteint d'incestueuse flamme.
Afin donc qu'à ce choix j'ose tout accorder,
Soyez mon empereur pour me le commander.
Martian vaut beaucoup, sa personne m'est chère;
Mais purgez sa vertu des crimes de son père,
Et donnez à mes feux pour légitime objet
Dans le fils du tyran votre premier sujet.

MARTIAN.

Vous le voyez, j'y cours; mais enfin, s'il arrive
Que l'issue en devienne ou funeste ou tardive,
Votre perte est jurée; et d'ailleurs nos amis
Au tyran immolé voudront joindre ce fils.
Sauvez d'un tel péril et sa vie et la vôtre;
Par cet heureux hymen conservez l'un et l'autre;
Garantissez ma sœur des fureurs de Phocas,
Et mon ami de suivre un tel père au trépas.
Faites qu'en ce grand jour la troupe d'Exupère
Dans un sang odieux respecte mon beau-frère;
Et donnez au tyran, qui n'en pourra jouir,
Quelques moments de joie afin de l'éblouir.

PULCHÉRIE.

Mais durant ces moments, unie à sa famille,
Il deviendra mon père, et je serai sa fille;
Je lui devrai respect, amour, fidélité;
Ma haine n'aura plus d'impétuosité;

« Et tous mes vœux pour vous seront mous et timides, ª
Quand mes vœux contre lui seront des parricides.
Outre que le succès est encore à douter, 16
Que l'on peut vous trahir, qu'il peut vous résister ;
Si vous y succombez, pourrai-je me dédire
D'avoir porté chez lui les titres de l'empire ?
Ah ! combien ces moments de quoi vous me flattez 17
Alors pour mon supplice auroient d'éternités !
Votre haine voit peu l'erreur de sa tendresse ;
Comme elle vient de naître, elle n'est que foiblesse :
La mienne a plus de force, et les yeux mieux ouverts ;
Et, se dût avec moi perdre tout l'univers,
Jamais un seul moment, quoi que l'on puisse faire,
Le tyran n'aura droit de me traiter de père.
Je ne refuse au fils ni mon cœur ni ma foi :
Vous l'aimez, je l'estime, il est digne de moi ;
Tout son crime est un père à qui le sang l'attache ;
Quand il n'en aura plus il n'aura plus de tache ;
Et cette mort, propice à former ces beaux nœuds,
Purifiant l'objet, justifira mes feux.
 Allez donc préparer cette heureuse journée,
Et du sang du tyran signez cet hyménée.
Mais quel mauvais démon devers nous le conduit ?

MARTIAN.

Je suis trahi, madame, Exupère le suit.

ª Et tous mes vœux pour vous seront foibles, timides,

SCÈNE II.

PHOCAS, EXUPÈRE, AMINTAS, MARTIAN,
PULCHÉRIE, CRISPE.

PHOCAS.

Quel est votre entretien avec cette princesse ? [1]
« Des noces que je veux ? [a]

MARTIAN.

C'est de quoi je la presse.

PHOCAS.

Et vous l'avez gagnée en faveur de mon fils !

MARTIAN.

Il sera son époux, elle me l'a promis.

PHOCAS.

C'est beaucoup obtenu d'une âme si rebelle.
Mais quand ?

MARTIAN.

C'est un secret que je n'ai pas su d'elle.

PHOCAS.

Vous pouvez m'en dire un dont je suis plus jaloux.
On dit qu'Héraclius est fort connu de vous :
Si vous aimez mon fils, faites-le-moi connoître. [2]

MARTIAN.

Vous le connoissez trop, puisque je vois ce traître.

EXUPÈRE.

Je sers mon empereur, et je sais mon devoir.

MARTIAN.

Chacun te l'avoûra ; tu le fais assez voir.

[a] De l'hymen que je veux ?

PHOCAS.

De grâce, éclaircissez ce que je vous propose :
Ce billet à demi m'en dit bien quelque chose ;
Mais, Léonce, c'est peu si vous ne l'achevez.

MARTIAN.

Nommez-moi par mon nom, puisque vous le savez ;
Dites Héraclius ; il n'est plus de Léonce ;
Et j'entends mon arrêt sans qu'on me le prononce.

PHOCAS.

Tu peux bien t'y résoudre après ton vain effort
Pour m'arracher le sceptre et conspirer ma mort.

MARTIAN.

J'ai fait ce que j'ai dû. Vivre sous ta puissance,
C'eût été démentir mon nom et ma naissance,
Et ne point écouter le sang de mes parents,
Qui ne crie en mon cœur que la mort des tyrans.
Quiconque pour l'empire eut la gloire de naître
Renonce à cet honneur s'il peut souffrir un maître :
Hors le trône ou la mort, il doit tout dédaigner ;
C'est un lâche, s'il n'ose ou se perdre ou régner.
  J'entends donc mon arrêt sans qu'on me le prononce.
Héraclius mourra comme a vécu Léonce ;
Bon sujet, meilleur prince ; et ma vie et ma mort
Rempliront dignement et l'un et l'autre sort.
La mort n'a rien d'affreux pour une âme bien née : 3
A mes côtés pour toi je l'ai cent fois traînée ;
Et mon dernier exploit contre tes ennemis
Fut d'arrêter son bras qui tomboit sur ton fils.

PHOCAS.

Tu prends pour me toucher un mauvais artifice : 4
Héraclius n'eut point de part à ce service;
J'en ai payé Léonce, à qui seul étoit dû
L'inestimable honneur de me l'avoir rendu.
Mais, sous des noms divers à soi-même contraire,
Qui conserva le fils attente sur le père;
Et, se désavouant d'un aveugle secours, 5
Sitôt qu'il se connoît il en veut à mes jours.
Je te devois sa vie, et je me dois justice.
Léonce est effacé par le fils de Maurice.
Contre un tel attentat rien n'est à balancer;
Et je saurai punir comme récompenser.

MARTIAN.

Je sais trop qu'un tyran est sans reconnoissance
Pour en avoir conçu la honteuse espérance,
Et suis trop au-dessus de cette indignité
Pour te vouloir piquer de générosité.
Que ferois-tu pour moi de me laisser la vie, 6
Si pour moi sans le trône elle n'est qu'infamie?
Héraclius vivroit pour te faire la cour!
Rends-lui, rends-lui son sceptre, ou prive-le du jour.
Pour ton propre intérêt sois juge incorruptible : 7
Ta vie avec la sienne est trop incompatible;
Un si grand ennemi ne peut être gagné,
Et je te punirois de m'avoir épargné.
Si de ton fils sauvé j'ai rappelé l'image,
J'ai voulu de Léonce étaler le courage,
Afin qu'en le voyant tu ne doutasses plus
Jusques où doit aller celui d'Héraclius.

ACTE III, SCÈNE II.

Je me tiens plus heureux de périr en monarque, 8
« Que de vivre en éclat sans en porter la marque; a
Et puisque, pour jouir d'un si glorieux sort,
Je n'ai que ce moment qu'on destine à ma mort,
Je la rendrai si belle, et si digne d'envie,
Que ce moment vaudra la plus illustre vie.
M'y faisant donc conduire, assure ton pouvoir,
Et délivre mes yeux de l'horreur de te voir.

PHOCAS.

Nous verrons la vertu de cette âme hautaine.
Faites-le retirer en la chambre prochaine, 9
Crispe; et qu'on me l'y garde, attendant que mon choix,
Pour punir son forfait, vous donne d'autres lois.

MARTIAN, à Pulchérie.

Adieu, madame, adieu. Je n'ai pu davantage.
Ma mort va vous laisser encor dans l'esclavage :
Le ciel par d'autres mains vous en daigne affranchir!

SCÈNE III.

PHOCAS, PULCHÉRIE, EXUPÈRE, AMINTAS.

PHOCAS.

Et toi, n'espère pas désormais me fléchir.
Je tiens Héraclius, et n'ai plus rien à craindre,
Plus lieu de te flatter, plus lieu de me contraindre.
Ce frère et ton espoir vont entrer au cercueil,
Et j'abattrai d'un coup sa tête et ton orgueil.
Mais ne te contrains point dans ces rudes alarmes;
Laisse aller tes soupirs, laisse couler tes larmes. 1

a Que d'en être le fils sans en porter la marque;

PULCHÉRIE.

Moi pleurer ! moi gémir, tyran ! J'aurois pleuré
Si quelques lâchetés l'avoient déshonoré,
S'il n'eût pas emporté sa gloire tout entière,
S'il m'avoit fait rougir par la moindre prière,
Si quelque infâme espoir qu'on lui dût pardonner,
Eût mérité la mort que tu lui vas donner.
Sa vertu jusqu'au bout ne s'est point démentie :
Il n'a point pris le ciel ni le sort à partie, [2]
Point querellé le bras qui fait ces lâches coups,
Point daigné contre lui perdre un juste courroux. [3]
Sans te nommer ingrat, sans trop le nommer traître,
De tous deux, de soi-même, il s'est montré le maître ;
Et dans cette surprise il a bien su courir
A la nécessité qu'il voyoit de mourir.
Je goûtois cette joie en un sort si contraire.
Je l'aimai comme amant, je l'aime comme frère ;
Et dans ce grand revers je l'ai vu hautement
Digne d'être mon frère et d'être mon amant.

PHOCAS.

Explique, explique mieux le fond de ta pensée ;
Et, sans plus te parer d'une vertu forcée,
Pour apaiser le père, offre le cœur au fils, [4]
Et tâche à racheter ce cher frère à ce prix.

PULCHÉRIE.

Crois-tu que sur la foi de tes fausses promesses [5]
Mon âme ose descendre à de telles bassesses ?
Prends mon sang pour le sien ; mais, s'il y faut mon cœur,
Périsse Héraclius avec sa triste sœur !

ACTE III, SCÈNE III.

PHOCAS.

Eh bien, il va périr; ta haine en est complice. 6

PULCHÉRIE.

Et je verrai du ciel bientôt choir ton supplice. 7
Dieu, pour le réserver à ses puissantes mains,
Fait avorter exprès tous les moyens humains;
Il veut frapper le coup sans notre ministère.
Si l'on t'a bien donné Léonce pour mon frère,
Les quatre autres peut-être à tes yeux abusés
Ont été, comme lui, des Césars supposés.
L'état, qui dans leur mort voyoit trop sa ruine,
Avoit des généreux autres que Léontine;
Ils trompoient d'un barbare aisément la fureur, 8
Qui n'avoit jamais vu la cour ni l'empereur.
Crains, tyran, crains encor; tous les quatre peut-être
L'un après l'autre enfin se vont faire paroître; 9
Et, malgré tous tes soins, malgré tout ton effort,
Tu ne les connoîtras qu'en recevant la mort.
Moi-même à leur défaut je serai la conquête
De quiconque à mes pieds apportera ta tête;
L'esclave le plus vil qu'on puisse imaginer 10
Sera digne de moi, s'il peut t'assassiner.
Va perdre Héraclius, et quitte la pensée
Que je me pare ici d'une vertu forcée;
Et, sans m'importuner de répondre à tes vœux, 11
Si tu prétends régner, défais-toi de tous deux.

SCÈNE IV.

PHOCAS, EXUPÈRE, AMINTAS.

PHOCAS.

J'écoute avec plaisir ces menaces frivoles ; [1]
Je ris d'un désespoir qui n'a que des paroles ;
Et, de quelque façon qu'elle m'ose outrager,
Le sang d'Héraclius m'en doit assez venger.

Vous donc, mes vrais amis, qui me tirez de peine,
Vous, dont je vois l'amour quand j'en craignois la haine,
Vous, qui m'avez livré mon secret ennemi,
Ne soyez point vers moi fidèles à demi ;
Résolvez avec moi des moyens de sa perte :
La ferons-nous secrète, ou bien à force ouverte?
Prendrons-nous le plus sûr ou le plus glorieux?

EXUPÈRE.

Seigneur, n'en doutez point, le plus sûr vaut le mieux;
Mais le plus sûr pour vous est que sa mort éclate,
De peur qu'en l'ignorant le peuple ne se flatte,
N'attende encor ce prince, et n'ait quelque raison
De courir en aveugle à qui prendra son nom.

PHOCAS.

Donc, pour ôter tout doute à cette populace,
Nous enverrons sa tête au milieu de la place.

EXUPÈRE.

Mais si vous la coupez dedans votre palais,
Ces obstinés mutins ne le croiront jamais ;
Et, sans que pas un d'eux à son erreur renonce,
Ils diront qu'on impute un faux nom à Léonce,

ACTE III, SCÈNE IV.

Qu'on en fait un fantôme afin de les tromper,
Prêts à suivre toujours qui voudra l'usurper.

PHOCAS.

Lors nous leur ferons voir ce billet de Maurice.

EXUPÈRE.

Ils le tiendront pour faux et pour un artifice :
Seigneur, après vingt ans vous espérez en vain
Que ce peuple ait des yeux pour connoître sa main.
Si vous voulez calmer toute cette tempête,
Il faut en pleine place abattre cette tête,
Et qu'il dise, en mourant, à ce peuple confus :
Peuple, n'en doute point, je suis Héraclius.

PHOCAS.

Il le faut, je l'avoue; et déjà je destine
A ce même échafaud l'infâme Léontine.
Mais si ces insolents l'arrachent de nos mains?

EXUPÈRE.

Qui l'osera, seigneur?

PHOCAS.
             Ce peuple que je crains.

EXUPÈRE.

Ah! souvenez-vous mieux des désordres qu'enfante
Dans un peuple sans chef la première épouvante.
Le seul bruit de ce prince au palais arrêté [3]
Dispersera soudain chacun de son côté;
Les plus audacieux craindront votre justice,
Et le reste en tremblant ira voir son supplice.
Mais ne leur donnez pas, tardant trop à punir,
Le temps de se remettre et de se réunir :

Envoyez des soldats à chaque coin des rues; 4
Saisissez l'Hippodrome avec ses avenues;
Dans tous les lieux publics rendez-vous le plus fort.
Pour nous, qu'un tel indice intéresse à sa mort,
De peur que d'autres mains ne se laissent séduire,
Jusques à l'échafaud laissez-nous le conduire.
Nous aurons trop d'amis pour en venir à bout; 5
J'en réponds sur ma tête, et j'aurai l'œil à tout. 6

PHOCAS.

C'en est trop, Exupère : allez, je m'abandonne 7
Aux fidèles conseils que votre ardeur me donne.
C'est l'unique moyen de dompter nos mutins,
Et d'éteindre à jamais ces troubles intestins.
Je vais sans différer, pour cette grande affaire, 8
Donner à tous mes chefs un ordre nécessaire.
Vous, pour répondre aux soins que vous m'avez promis, 9
Allez de votre part assembler vos amis, 10
Et croyez qu'après moi, jusqu'à ce que j'expire, 11
Ils seront, eux et vous, les maîtres de l'empire.

SCÈNE V. 1

EXUPÈRE, AMINTAS.

EXUPÈRE.

« Nous sommes en faveur, ami; tout est à nous : 2
« L'heur de notre destin va faire des jaloux.

AMINTAS.

« Quelque allégresse ici que vous fassiez paroître,
« Trouvez-vous doux les noms de perfide et de traître?

ACTE III, SCÈNE V.

EXUPÈRE.

« Je sais qu'aux généreux ils doivent faire horreur;
« Ils m'ont frappé l'oreille, ils m'ont blessé le cœur:
« Mais bientôt, par l'effet que nous devons attendre,
« Nous serons en état de ne les plus entendre.
« Allons; pour un moment qu'il les faut endurer,
« Ne fuyons pas les biens qu'ils nous font espérer.

FIN DU TROISIÈME ACTE.

ACTE QUATRIÈME.

SCÈNE I.ère 1

HÉRACLIUS, EUDOXE.

HÉRACLIUS.

Vous avez grand sujet d'appréhender pour elle :
Phocas au dernier point la tiendra criminelle ;
Et je le connois mal, ou, s'il la peut trouver,
Il n'est moyen humain qui la puisse sauver.
Je vous plains, chère Eudoxe, et non pas votre mère ;
Elle a bien mérité ce qu'a fait Exupère ;
Il trahit justement qui vouloit me trahir.

EUDOXE.

Vous croyez qu'à ce point elle ait pu vous haïr,
Vous pour qui son amour a forcé la nature ? 2

HÉRACLIUS.

Comment voulez-vous donc nommer son imposture ? 3
M'empêcher d'entreprendre, et, par un faux rapport,
Confondre en Martian et mon nom et mon sort ;
Abuser d'un billet que le hasard lui donne ;
Attacher de sa main mes droits à sa personne,
Et le mettre en état, dessous sa bonne foi, 4
De régner en ma place, ou de périr pour moi !

Madame, est-ce en effet me rendre un grand service ?

EUDOXE.

Eût-elle démenti ce billet de Maurice ?
« Et l'eût-elle pu faire, à moins que révéler
« Ce que sur-tout alors il lui falloit celer ?
« Quand Martian par-là n'eût pas connu son père,
« C'était vous hasarder sur la foi d'Exupère :
« Elle en doutoit, seigneur ; et, par l'événement,
« Vous voyez que son zèle en doutoit justement.
« Sûre en soi des moyens de vous rendre l'empire, 5
« Qu'à vous-même jamais elle n'a voulu dire, 6
Elle a sur Martian tourné le coup fatal 7
De l'épreuve d'un cœur qu'elle connoissoit mal.
Seigneur, où seriez-vous sans ce nouveau service ?

HÉRACLIUS.

Qu'importe qui des deux on destine au supplice ?
Qu'importe, Martian, vu ce que je te doi,
Qui trahisse mon sort, d'Exupère, ou de moi ?
Si l'on ne me découvre, il faut que je m'expose ;
Et l'un et l'autre enfin ne sont que même chose, 8
Sinon qu'étant trahi je mourrois malheureux,
Et que, m'offrant pour toi, je mourrai généreux.

EUDOXE.

Quoi ! pour désabuser une aveugle furie, 9
Rompre votre destin, et donner votre vie !

HÉRACLIUS.

Vous êtes plus aveugle encore en votre amour.
Périra-t-il pour moi quand je lui dois le jour ?

Et lorsque, sous mon nom, il se livre à sa perte,
Tiendrai-je sous le sien ma fortune couverte?
S'il s'agissoit ici de le faire empereur,
Je pourrois lui laisser mon nom et son erreur :
« Mais conniver en lâche à ce nom qu'on me vole, *a*
Quand son père à mes yeux, au lieu de moi, l'immole!
« Souffrir qu'il se trahisse aux rigueurs de mon sort! 10*b*
Vivre par son supplice, et régner par sa mort!

EUDOXE.

Ah! ce n'est pas, seigneur, ce que je vous demande;
De cette lâcheté l'infamie est trop grande.
Montrez-vous pour sauver ce héros du trépas;
Mais montrez-vous en maître, et ne vous perdez pas;
Rallumez cette ardeur où s'opposoit ma mère;
Garantissez le fils par la perte du père;
Et, prenant à l'empire un chemin éclatant, 11
Montrez Héraclius au peuple qui l'attend. 12

HÉRACLIUS.

Il n'est plus temps, madame; un autre a pris ma place. 13
Sa prison a rendu le peuple tout de glace :
Déjà préoccupé d'un autre Héraclius,
Dans l'effroi qui le trouble, il ne me croira plus;
Et, ne me regardant que comme un fils perfide,
Il aura de l'horreur de suivre un parricide.
Mais quand même il voudroit seconder mes desseins,
Le tyran tient déjà Martian en ses mains.

a Mais renoncer en lâche à ce nom qu'on me vole,

b Souffrir qu'il s'abandonne aux rigueurs de mon sort!

S'il voit qu'en sa faveur je marche à force ouverte,
Piqué de ma révolte, il hâtera sa perte,
Et croira qu'en m'ôtant l'espoir de le sauver,
Il m'ôtera l'ardeur qui me fait soulever. 14
N'en parlons plus : en vain votre amour me retarde;
Le sort d'Héraclius tout entier me regarde :
Soit qu'il faille régner, soit qu'il faille périr,
Au tombeau comme au trône on me verra courir. 15
Mais voici le tyran, et son traître Exupère.

SCÈNE II.

PHOCAS, HÉRACLIUS, EXUPÈRE, EUDOXE.
TROUPE DE GARDES.

PHOCAS, *montrant Eudoxe à ses gardes.*

Qu'on la tienne en lieu sûr en attendant sa mère.

HÉRACLIUS.

A-t-elle quelque part....?

PHOCAS.

Nous verrons à loisir :
Il est bon cependant de la faire saisir.

EUDOXE, *s'en allant.*

Seigneur, ne croyez rien de ce qu'il vous va dire. 1

PHOCAS, *à Eudoxe.*

Je croirai ce qu'il faut pour le bien de l'empire.

SCÈNE III.

PHOCAS, HÉRACLIUS, EXUPÈRE, GARDES.

PHOCAS, à Héraclius.

Ses pleurs pour ce coupable imploroient ta pitié?

HÉRACLIUS.

Seigneur...

PHOCAS.

Je sais pour lui quelle est ton amitié;
Mais je veux que toi-même, ayant bien vu son crime,
Tiennes ton zèle injuste, et sa mort légitime.
 (Aux gardes.)
Qu'on le fasse venir. Pour en tirer l'aveu [1]
Il ne sera besoin ni du fer ni du feu.
Loin de s'en repentir, l'orgueilleux en fait gloire.
 Mais que me diras-tu qu'il ne me faut pas croire?
Eudoxe m'en conjure, et l'avis me surprend.
Aurois-tu découvert quelque crime plus grand?

HÉRACLIUS.

Oui; sa mère a plus fait contre votre service
Que ne sait Exupère, et que n'a vu Maurice.

PHOCAS.

La perfide! Ce jour lui sera le dernier. [2]
Parle.

HÉRACLIUS.

J'acheverai devant le prisonnier.
Trouvez bon qu'un secret d'une telle importance,
Puisque vous le mandez, s'explique en sa présence.

PHOCAS.

Le voici. Mais sur-tout ne me dis rien pour lui.

SCÈNE IV. [1]

PHOCAS, HÉRACLIUS, MARTIAN, EXUPÈRE,
GARDES.

HÉRACLIUS.

Je sais qu'en ma prière il auroit peu d'appui;
Et, loin de me donner une inutile peine,
Tout ce que je demande à votre juste haine, [2]
C'est que de tels forfaits ne soient pas impunis.
Perdez Héraclius, et sauvez votre fils:
Voilà tout mon souhait et toute ma prière. [3]
M'en refuserez-vous?

PHOCAS.

Tu l'obtiendras entière:
Ton salut en effet est douteux sans sa mort.

MARTIAN.

Ah! prince, j'y courois sans me plaindre du sort;
Son indigne rigueur n'est pas ce qui me touche:
Mais en ouïr l'arrêt sortir de votre bouche!
Je vous ai mal connu jusques à mon trépas.

HÉRACLIUS.

Et même en ce moment tu ne me connois pas.
Écoute, père aveugle, et toi, prince crédule,
Ce que l'honneur défend que plus je dissimule.
Phocas, connois ton sang, et tes vrais ennemis:
Je suis Héraclius, et Léonce est ton fils.

MARTIAN.

Seigneur, que dites-vous?

HÉRACLIUS.
Que je ne puis plus taire
Que deux fois Léontine osa tromper ton père,
Et, semant de nos noms un insensible abus, 4
Fit un faux Martian du jeune Héraclius.
PHOCAS.
Maurice te dément, lâche ! tu n'as qu'à lire :
Sous le nom de Léonce Héraclius respire.
Tu fais après cela des contes superflus. 5
HÉRACLIUS.
Si ce billet fut vrai, seigneur, il ne l'est plus. 6
J'étois Léonce alors, et j'ai cessé de l'être
Quand Maurice immolé n'en a pu rien connoître.
S'il laissa par écrit ce qu'il avoit pu voir,
Ce qui suivit sa mort fut hors de son pouvoir.
Vous portâtes soudain la guerre dans la Perse,
Où vous eûtes trois ans la fortune diverse :
Cependant Léontine étant, dans le château, 7
« Reine de nos destins et de notre berceau, [a]
Pour me rendre le rang qu'occupoit votre race, 8
Prit Martian pour elle, et me mit en sa place.
Ce zèle en ma faveur lui succéda si bien,
Que vous-même au retour vous n'en connûtes rien;
Et ces informes traits qu'à six mois a l'enfance
Ayant mis entre nous fort peu de différence,
Le foible souvenir en trois ans s'en perdit :
Vous prîtes aisément ce qu'elle vous rendit.
Nous vécûmes tous deux sous le nom l'un de l'autre :
Il passa pour son fils, je passai pour le vôtre,

[a] Maîtresse de nos jours et de notre berceau,

Et je ne jugeois pas ce chemin criminel
Pour remonter sans meurtre au trône paternel.
Mais voyant cette erreur fatale à cette vie,
Sans qui déjà la mienne auroit été ravie,
Je me croirois, seigneur, coupable infiniment
Si je souffrois encore un tel aveuglement.
Je viens reprendre un nom qui seul a fait son crime.
Conservez votre haine, et changez de victime.
Je ne demande rien que ce qui m'est promis :
Perdez Héraclius, et sauvez votre fils. 9

MARTIAN, à Phocas.

Admire de quel fils le ciel t'a fait le père,
Admire quel effort sa vertu vient de faire,
Tyran ; et ne prends pas pour une vérité
Ce qu'invente pour moi sa générosité.
  (A Héraclius.)
C'est trop, prince, c'est trop pour ce petit service
Dont honora mon bras ma fortune propice :
Je vous sauvai la vie, et ne la perdis pas ;
Et pour moi vous cherchez un assuré trépas !
Ah ! si vous m'en devez quelque reconnoissance,
Prince, ne m'ôtez pas l'honneur de ma naissance.
Avoir tant de pitié d'un sort si glorieux,
De crainte d'être ingrat, c'est m'être injurieux.

PHOCAS.

En quel trouble me jette une telle dispute !
A quels nouveaux malheurs m'expose-t-elle en butte !
Lequel croire, Exupère, et lequel démentir ?
Tombé-je dans l'erreur, ou si j'en vais sortir ? 10

Si ce billet est vrai, le reste est vraisemblable.

EXUPÈRE.

Mais qui sait si ce reste est faux ou véritable?

PHOCAS.

« Léontine deux fois a pu tromper Phocas.

EXUPÈRE.

« Elle a pu les changer, et ne les changer pas : 11
« Et plus que vous, seigneur, dedans l'inquiétude, 12
« Je ne vois que du trouble et de l'incertitude.

HÉRACLIUS.

Ce n'est pas d'aujourd'hui que je sais qui je suis :
Vous voyez quels effets en ont été produits. 13
Depuis plus de quatre ans vous voyez quelle adresse
J'apporte à rejeter l'hymen de la princesse,
Où sans doute aisément mon cœur eût consenti,
Si Léontine alors ne m'en eût averti.

MARTIAN.

Léontine?

HÉRACLIUS.

Elle-même.

MARTIAN.

Ah ciel! quelle est sa ruse! 14
Martian aime Eudoxe, et sa mère l'abuse.
Par l'horreur d'un hymen qu'il croit incestueux,
De ce prince à sa fille elle assure les vœux;
Et son ambition, adroite à le séduire,
Le plonge en une erreur dont elle attend l'empire.
Ce n'est que d'aujourd'hui que je sais qui je suis :
Mais de mon ignorance elle espéroit ces fruits;

ACTE IV, SCÈNE IV.

Et me tiendroit encor la vérité cachée,
Si tantôt ce billet ne l'en eût arrachée.

PHOCAS, à Exupère.

« La méchante l'abuse aussi bien que Phocas.

EXUPÈRE.

« Elle a pu l'abuser, et ne l'abuser pas. 15

PHOCAS.

« Tu vois comme la fille a part au stratagème. 16

EXUPÈRE.

« Et que la mère a pu l'abuser elle-même.

PHOCAS.

Que de pensers divers ! que de soucis flottants !

EXUPÈRE.

Je vous en tirerai, seigneur, dans peu de temps.

PHOCAS.

Dis-moi, tout est-il prêt pour ce juste supplice ?

EXUPÈRE.

Oui, si nous connoissions le vrai fils de Maurice.

HÉRACLIUS.

Pouvez-vous en douter après ce que j'ai dit ?

MARTIAN.

Donnez-vous à l'erreur encor quelque crédit ?

HÉRACLIUS, à Martian.

Ami, rends-moi mon nom : la faveur n'est pas grande ; 17
Ce n'est que pour mourir que je te le demande.
Reprends ce triste jour que tu m'as racheté,
Ou rends-moi cet honneur que tu m'as presque ôté.

MARTIAN.

Pourquoi, de mon tyran volontaire victime,
Précipiter vos jours pour me noircir d'un crime ?

Prince, qui que je sois, j'ai conspiré sa mort;
Et nos noms au dessein donnent un divers sort: [18]
Dedans Héraclius il a gloire solide, [19]
Et dedans Martian il devient parricide.
Puisqu'il faut que je meure illustre ou criminel, [20]
Couvert ou de louange, ou d'opprobre éternel, [21]
Ne souillez point ma mort, et ne veuillez pas faire
Du vengeur de l'empire un assassin d'un père.

HÉRACLIUS.

Mon nom seul est coupable; et, sans plus disputer, [22]
Pour te faire innocent tu n'as qu'à le quitter;
Il conspira lui seul, tu n'en es point complice. [23]
Ce n'est qu'Héraclius qu'on envoie au supplice.
Sois son fils, tu vivras.

MARTIAN.

Si je l'avois été,
Seigneur, ce traître en vain m'auroit sollicité;
Et, lorsque contre vous il m'a fait entreprendre, [24]
La nature en secret auroit su m'en défendre.

HÉRACLIUS.

Apprends donc qu'en secret mon cœur t'a prévenu.
J'ai voulu conspirer, mais on m'a retenu;
Et dedans mon péril Léontine timide.....

MARTIAN.

N'a pu voir Martian commettre un parricide.

HÉRACLIUS.

Toi, que de Pulchérie elle a fait amoureux,
Juge sous les deux noms ton dessein et tes feux. [25]
Elle a rendu pour toi l'un et l'autre funeste,
Martian parricide, Héraclius inceste,

Et n'eût pas eu pour moi d'horreur d'un grand forfait, [26]
Puisque dans ta personne elle en pressoit l'effet.
Mais elle m'empêchoit de hasarder ma tête,
Espérant par ton bras me livrer ma conquête.
Ce favorable aveu dont elle t'a séduit [27]
T'exposoit au péril pour m'en donner le fruit ;
Et c'étoit ton succès qu'attendoit sa prudence,
Pour découvrir au peuple ou cacher ma naissance.

PHOCAS.

Hélas ! je ne puis voir qui des deux est mon fils ; [28]
Et je vois que tous deux ils sont mes ennemis.
« En ce piteux état, quel conseil dois-je suivre ? [a]
J'ai craint un ennemi, mon bonheur me le livre ;
Je sais que de mes mains il ne se peut sauver,
Je sais que je le vois, et ne puis le trouver.
La nature tremblante, incertaine, étonnée,
D'un nuage confus couvre sa destinée :
L'assassin sous cette ombre échappe à ma rigueur,
Et, présent à mes yeux, il se cache à mon cœur.
Martian !.... A ce nom aucun ne veut répondre,
Et l'amour paternel ne sert qu'à me confondre.
Trop d'un Héraclius en mes mains est remis ;
Je tiens mon ennemi, mais je n'ai plus de fils.
Que veux-tu donc, nature, et que prétends-tu faire ?
Si je n'ai plus de fils, puis-je encore être père ?
De quoi parle à mon cœur ton murmure imparfait ? [29]
Ne me dis rien du tout, ou parle tout-à-fait.
Qui que ce soit des deux que mon sang ait fait naître,
Ou laisse-le-moi perdre, ou fais-le-moi connoître.

[a] En ce funeste état, quel conseil dois-je suivre ?

O toi, qui que tu sois, enfant dénaturé,
Et trop digne du sort que tu t'es procuré,
Mon trône est-il pour toi plus honteux qu'un supplice?
O malheureux Phocas! ô trop heureux Maurice!
Tu recouvres deux fils pour mourir après toi,
Et je n'en puis trouver pour régner après moi!
Qu'aux honneurs de ta mort je dois porter envie,
Puisque mon propre fils les préfère à sa vie!

SCÈNE V.

PHOCAS, HÉRACLIUS, MARTIAN, CRISPE, EXUPÈRE, LÉONTINE, GARDES.

CRISPE, à Phocas.

Seigneur, ma diligence enfin a réussi;
J'ai trouvé Léontine, et je l'amène ici.

PHOCAS, à Léontine.

Approche, malheureuse!

HÉRACLIUS, à Léontine.

　　　　　　　　Avouez tout, madame.
J'ai tout dit.

LÉONTINE, à Héraclius.

Quoi, seigneur?

PHOCAS.

　　　　　　　Tu l'ignores, infâme!
Qui des deux est mon fils?

LÉONTINE.

　　　　　　　Qui vous en fait douter?

HÉRACLIUS, à Léontine.

Le nom d'Héraclius que son fils veut porter:

Il en croit ce billet et votre témoignage ;
Mais ne le laissez pas dans l'erreur davantage.

PHOCAS.

N'attends pas les tourments ; ne me déguise rien.
M'as-tu livré ton fils ? as-tu changé le mien ?

LÉONTINE.

Je t'ai livré mon fils, et j'en aime la gloire.
Si je parle du reste, oseras-tu m'en croire ?
Et qui t'assurera que pour Héraclius,
Moi qui t'ai tant trompé, je ne te trompe plus ?

PHOCAS.

N'importe, fais-nous voir quelle haute prudence
En des temps si divers leur en fait confidence,
A l'un depuis quatre ans, à l'autre d'aujourd'hui.

LÉONTINE, *en montrant les deux princes.*

Le secret n'en est su ni de lui, ni de lui ;
Tu n'en sauras non plus les véritables causes :
Devine, si tu peux ; et choisis, si tu l'oses.
  L'un des deux est ton fils, l'autre est ton empereur.
Tremble dans ton amour, tremble dans ta fureur.
Je te veux toujours voir, quoi que ta rage fasse,
Craindre ton ennemi dedans ta propre race,
Toujours aimer ton fils dedans ton ennemi,
Sans être ni tyran ni père qu'à demi.
Tandis qu'autour des deux tu perdras ton étude,
Mon âme jouira de ton inquiétude ;
Je rirai de ta peine ; ou, si tu m'en punis,
Tu perdras avec moi le secret de ton fils.

PHOCAS.

Et si je les punis tous deux sans les connoître,
L'un comme Héraclius, l'autre pour vouloir l'être?

LÉONTINE.

Je m'en consolerai quand je verrai Phocas [2]
Croire affermir son sceptre en se coupant le bras,
Et de la même main son ordre tyrannique
Venger Héraclius dessus son fils unique.

PHOCAS.

Quelle reconnoissance, ingrate! tu me rends
Des bienfaits répandus sur toi, sur tes parents,
De t'avoir confié ce fils que tu me caches,
D'avoir mis en tes mains ce cœur que tu m'arraches,
D'avoir mis à tes pieds ma cour qui t'adoroit!
Rends-moi mon fils, ingrate.

LÉONTINE.

      Il m'en désavoûroit;
Et ce fils, quel qu'il soit, que tu ne peux connoître,
A le cœur assez bon pour ne vouloir pas l'être.
Admire sa vertu qui trouble ton repos.
C'est du fils d'un tyran que j'ai fait ce héros;
Tant ce qu'il a reçu d'heureuse nourriture [3]
Dompte ce mauvais sang qu'il eut de la nature!
C'est assez dignement répondre à tes bienfaits
Que d'avoir dégagé ton fils de tes forfaits.
Séduit par ton exemple et par sa complaisance,
Il t'auroit ressemblé, s'il eût su sa naissance;
Il seroit lâche, impie, inhumain comme toi. [4]
Et tu me dois ainsi plus que je ne te doi. [5]

EXUPÈRE.

« L'impudence et l'orgueil suivent les impostures.
« Ne vous exposez plus à ce torrent d'injures, [6]
« Qui, ne faisant qu'aigrir votre ressentiment,
« Vous donne peu de jour pour ce discernement.
Laissez-la-moi, seigneur, quelques moments en garde;
Puisque j'ai commencé, le reste me regarde :
Malgré l'obscurité de son illusion,
J'espère démêler cette confusion.
Vous savez à quel point l'affaire m'intéresse. [7]

PHOCAS.

Achève, si tu peux, par force ou par adresse,
Exupère; et sois sûr que je te devrai tout,
Si l'ardeur de ton zèle peut en venir à bout.
Je saurai cependant prendre à part l'un et l'autre; [8]
Et peut-être qu'enfin nous trouverons le nôtre.
Agis de ton côté; je la laisse avec toi :
Gêne, flatte, surprends. Vous autres, suivez-moi. [9]

SCÈNE VI.

EXUPÈRE, LÉONTINE.

EXUPÈRE.

On ne peut nous entendre. Il est juste, madame, [1]
Que je vous ouvre enfin jusqu'au fond de mon âme;
C'est passer trop long-temps pour traître auprès de vous.
Vous haïssez Phocas; nous le haïssons tous.....

LÉONTINE.

Oui, c'est bien lui montrer ta haine et ta colère,
Que lui vendre ton prince et le sang de ton père!

EXUPÈRE.

L'apparence vous trompe; et je suis en effet.... 2

LÉONTINE.

L'homme le plus méchant que la nature ait fait.

EXUPÈRE.

Ce qui passe à vos yeux pour une perfidie....

LÉONTINE.

Cache une intention fort noble et fort hardie!

EXUPÈRE.

Pouvez-vous en juger, puisque vous l'ignorez?
Considérez l'état de tous nos conjurés :
Il n'est aucun de nous à qui sa violence 3
N'ait donné trop de lieu d'une juste vengeance;
Et, nous en croyant tous dans notre âme indignés,
Le tyran du palais nous a tous éloignés.
Il y falloit rentrer par quelque grand service.

LÉONTINE.

Et tu crois m'éblouir avec cet artifice!

EXUPÈRE.

Madame, apprenez tout. Je n'ai rien hasardé.
Vous savez de quel nombre il est toujours gardé;
Pouvions-nous le surprendre, ou forcer les cohortes
Qui de jour et de nuit tiennent toutes ses portes?
Pouvions-nous mieux sans bruit nous approcher de lui?
« Vous voyez la posture où j'y suis aujourd'hui; 4 a
Il me parle, il m'écoute, il me croit; et lui-même
Se livre entre mes mains, aide à mon stratagème.
C'est par mes seuls conseils qu'il veut publiquement
Du prince Héraclius faire le châtiment,

---

a Mais vous voyez l'accès qu'il me donne aujourd'hui;

Que sa milice, éparse à chaque coin des rues,
A laissé du palais les portes presque nues :
Je puis en un moment m'y rendre le plus fort ;
Mes amis sont tous prêts ; c'en est fait, il est mort ;
Et j'userai si bien de l'accès qu'il me donne,
Qu'aux pieds d'Héraclius je mettrai sa couronne.
Mais après mes desseins pleinement découverts,
De grâce, faites-moi connoître qui je sers ;
Et ne le cachez plus à-ce cœur qui n'aspire
Qu'à le rendre aujourd'hui maître de tout l'empire.

LÉONTINE.

Esprit lâche et grossier, quelle brutalité 5
Te fait juger en moi tant de crédulité ?
Va, d'un piége si lourd l'appât est inutile,
Traître ; et si tu n'as point de ruse plus subtile....

EXUPÈRE.

Je vous dis vrai, madame, et vous dirai de plus....

LÉONTINE.

Ne me fais point ici de contes superflus : 6
L'effet à tes discours ôte toute croyance.

EXUPÈRE.

Eh bien, demeurez donc dans votre défiance.
Je ne demande plus et ne vous dis plus rien ;
Gardez votre secret, je garderai le mien.
Puisque je passe encor pour homme à vous séduire,
Venez dans la prison où je vais vous conduire :
Si vous ne me croyez, craignez ce que je puis.
Avant la fin du jour vous saurez qui je suis.

FIN DU QUATRIÈME ACTE.

ACTE CINQUIÈME.

SCÈNE I.ère

HÉRACLIUS.

« Quelle confusion étrange [1]
« De deux princes fait un mélange
« Qui met en discord deux amis !
« Un père ne sait où se prendre ;
« Et plus tous deux s'osent défendre
« Du titre infâme de son fils ;
« Plus eux-mêmes cessent d'entendre
« Les secrets qu'on leur a commis.

« Léontine avec tant de ruse
« Ou me favorise, ou m'abuse,
« Qu'elle brouille tout notre sort :
« Ce que j'en eus de connoissance
« Brave une orgueilleuse puissance
« Qui n'en croit pas mon vain effort ;
« Et je doute de ma naissance
« Quand on me refuse la mort.

« Ce fier tyran qui me caresse
« Montre pour moi tant de tendresse,
« Que mon cœur s'en laisse alarmer :
« Lorsqu'il me prie et me conjure,

ACTE V, SCÈNE I.

« Son amitié paroît si pure,
« Que je ne saurois présumer
« Si c'est par instinct de nature,
« Ou par coutume de m'aimer.

« Dans cette croyance incertaine,
« J'ai pour lui des transports de haine
« Que je ne conserve pas bien :
« Cette grâce qu'il veut me faire
« Étonne et trouble ma colère ;
« Et je n'ose résoudre rien,
« Quand je trouve un amour de père
« En celui qui m'ôta le mien.

« Retiens, grande ombre de Maurice,
« Mon âme au bord du précipice
« Que cette obscurité lui fait,
« Et m'aide à faire mieux connoître
« Qu'en ton fils Dieu n'a pas fait naître
« Un prince à ce point imparfait,
« Ou que je méritois de l'être
« Si je ne le suis en effet.

« Soutiens ma haine qui chancelle ;
« Et redoublant pour ta querelle
« Cette noble ardeur de mourir,
« Fais voir... Mais il m'exauce ; on vient me secourir.

SCÈNE II.

HÉRACLIUS, PULCHÉRIE.

HÉRACLIUS.

«O ciel! quel bon démon devers moi vous envoie,[1][a]
Madame?

PULCHÉRIE.

Le tyran qui veut que je vous voie
Et met tout en usage afin de s'éclaircir.

HÉRACLIUS.

Par vous-même en ce trouble il pense réussir?[2]

PULCHÉRIE.

« Il le pense, seigneur; et ce brutal espère [3][b]
Mieux qu'il ne trouve un fils que je découvre un frère:
Comme si j'étois fille à ne lui rien celer [4]
De tout ce que le sang pourroit me révéler! [5]

HÉRACLIUS.

Puisse-t-il, par un trait de lumière fidèle, [6]
Vous le mieux révéler qu'il ne me le révèle!
Aidez-moi cependant, madame, à repousser
Les indignes frayeurs dont je me sens presser...

PULCHÉRIE.

Ah! prince, il ne faut point d'assurance plus claire;[7]
Si vous craignez la mort, vous n'êtes point mon frère:
Ces indignes frayeurs vous ont trop découvert.

HÉRACLIUS.

Moi, la craindre, madame! ah! je m'y suis offert.

[a] Ah! quel heureux destin près de moi vous envoie,

[b] Il le pense, seigneur; et le barbare espère

Qu'il me traite en tyran, qu'il m'envoie au supplice,
Je suis Héraclius, je suis fils de Maurice;
Sous ces noms précieux je cours m'ensevelir,
Et m'étonne si peu, que je l'en fais pâlir.
Mais il me traite en père; il me flatte, il m'embrasse;
Je n'en puis arracher une seule menace :
J'ai beau faire et beau dire afin de l'irriter, 8
Il m'écoute si peu qu'il me force à douter.
Malgré moi, comme fils toujours il me regarde ; 9
Au lieu d'être en prison, je n'ai pas même un garde.
Je ne sais qui je suis, et crains de le savoir;
Je veux ce que je dois, et cherche mon devoir :
Je crains de le haïr, si j'en tiens la naissance;
Je le plains de m'aimer, si je m'en dois vengeance;
Et mon cœur indigné d'une telle amitié,
En frémit de colère, et tremble de pitié.
De tous ses mouvements mon esprit se défie;
Il condamne aussitôt tout ce qu'il justifie.
La colère, l'amour, la haine, et le respect,
Ne me présentent rien qui ne me soit suspect.
Je crains tout, je fuis tout; et, dans cette aventure,
Des deux côtés en vain j'écoute la nature.
Secourez donc un frère en ces perplexités.

PULCHÉRIE.

Ah! vous ne l'êtes point, puisque vous en doutez. 10
Celui qui, comme vous, prétend à cette gloire
D'un courage plus ferme en croit ce qu'il doit croire:
Comme vous on le flatte, il y sait résister :
Rien ne le touche assez pour le faire douter:

Et le sang, par un double et secret artifice,
Parle en vous pour Phocas, comme en lui pour Maurice.

HÉRACLIUS.

A ces marques en lui connoissez Martian :
Il a le cœur plus dur étant fils d'un tyran.
« La générosité suit la belle naissance : *a*
La pitié l'accompagne, et la reconnoissance.
Dans cette grandeur d'âme un vrai prince affermi
Est sensible aux malheurs même d'un ennemi;
La haine qu'il lui doit ne sauroit le défendre,
Quand il s'en voit aimé, de s'en laisser surprendre;
Et trouve assez souvent son devoir arrêté
Par l'effort naturel de sa propre bonté.
Cette digne vertu de l'âme la mieux née,
Madame, ne doit pas souiller ma destinée.
Je doute; et si ce doute a quelque crime en soi,
C'est assez m'en punir que douter comme moi;
Et mon cœur, qui sans cesse en sa faveur se flatte,
Cherche qui le soutienne, et non pas qui l'abatte;
Il demande secours pour mes sens étonnés,
Et non le coup mortel dont vous m'assassinez.

PULCHÉRIE.

« L'œil le mieux éclairé sur de telles matières [11]
« Peut prendre de faux jours pour de vives lumières;
« Et comme notre sexe ose assez promptement
« Suivre l'impression d'un premier mouvement,
« Peut-être qu'en faveur de ma première idée
« Ma haine pour Phocas m'a trop persuadée.

---

a La générosité suit la haute naissance :

« Son amour est pour vous un poison dangereux ;
« Et quoique la pitié montre un cœur généreux, 12
« Celle qu'on a pour lui de ce rang dégénère. 13
« Vous le devez haïr ; et, fût-il votre père, 14
« Si ce titre est douteux, son crime ne l'est pas.
« Qu'il vous offre sa grâce, ou vous livre au trépas,
« Il n'est pas moins tyran quand il vous favorise,
« Puisque c'est ce cœur même alors qu'il tyrannise,
« Et que votre devoir, par-là mieux combattu,
« Prince, met en péril jusqu'à votre vertu.
Doutez, mais haïssez ; et, quoi qu'il exécute,
Je douterai d'un nom qu'un autre vous dispute :
En douter lorsqu'en moi vous cherchez quelque appui,
Si c'est trop peu pour vous, c'est assez contre lui.
L'un de vous est mon frère, et l'autre y peut prétendre :
Entre tant de vertus mon choix se peut méprendre ;
Mais je ne puis faillir, dans votre sort douteux,
A chérir l'un et l'autre, et vous plaindre tous deux.
J'espère encor pourtant ; on murmure, on menace ;
Un tumulte, dit-on, s'élève dans la place :
Exupère est allé fondre sur ces mutins ;
Et peut-être de là dépendent nos destins.
« Mais Phocas entre. *a*

a Phocas paroit.

SCÈNE III.

PHOCAS, HÉRACLIUS, MARTIAN, PULCHÉRIE, GARDES.

PHOCAS.

Eh bien, se rendra-t-il, madame?

PULCHÉRIE.

Quelque effort que je fasse à lire dans son âme, [1]
Je n'en vois que l'effet que je m'étois promis :
Je trouve trop d'un frère, et vous trop peu d'un fils. [2]

PHOCAS.

Ainsi le ciel vous veut enrichir de ma perte.

PULCHÉRIE.

Il tient en ma faveur leur naissance couverte : [3]
Ce frère qu'il me rend seroit déjà perdu
Si dedans votre sang il ne l'eût confondu.

PHOCAS, à Pulchérie.

Cette confusion peut perdre l'un et l'autre.
En faveur de mon sang je ferai grâce au vôtre :
Mais je veux le connoître ; et ce n'est qu'à ce prix
Qu'en lui donnant la vie il me rendra mon fils.

(A Héraclius.)

Pour la dernière fois, ingrat, je t'en conjure ;
Car enfin c'est vers toi que penche la nature ;
Et je n'ai point pour lui ces doux empressements
Qui d'un cœur paternel font les vrais mouvements :
Ce cœur s'attache à toi par d'invincibles charmes ;
En crois-tu mes soupirs? en croiras-tu mes larmes? [4]

ACTE V, SCÈNE III.

Songe avec quel amour mes soins t'ont élevé,
Avec quelle valeur son bras t'a conservé;
Tu nous dois à tous deux...

HÉRACLIUS.

Et pour reconnoissance
Je vous rends votre fils, je lui rends sa naissance.

PHOCAS.

Tu me l'ôtes, cruel, et le laisses mourir.

HÉRACLIUS.

Je meurs pour vous le rendre, et pour le secourir.

PHOCAS.

« C'est me l'ôter assez que ne vouloir plus l'être. 5

HÉRACLIUS.

« C'est vous le rendre assez que le faire connoître.

PHOCAS.

« C'est me l'ôter assez que me le supposer.

HÉRACLIUS.

« C'est vous le rendre assez que vous désabuser.

PHOCAS.

Laisse-moi mon erreur, puisqu'elle m'est si chère.
Je t'adopte pour fils, accepte-moi pour père :
Fais vivre Héraclius sous l'un ou l'autre sort; 6
Pour moi, pour toi, pour lui, fais-toi ce peu d'effort.

HÉRACLIUS.

Ah! c'en est trop enfin, et ma gloire blessée 7
Dépouille un vieux respect où je l'avois forcée.
De quelle ignominie osez-vous me flatter?
Toutes les fois, tyran, qu'on se laisse adopter,
On veut une maison illustre autant qu'amie;
On cherche de la gloire, et non de l'infamie;

Et ce seroit un monstre horrible à vos états
Que le fils de Maurice adopté par Phocas.

PHOCAS.

Va, cesse d'espérer la mort que tu mérites ;
Ce n'est que contre lui, lâche, que tu m'irrites :
Tu te veux rendre en vain indigne de ce rang ;
Je m'en prends à la cause, et j'épargne mon sang.
Puisque ton amitié de ma foi se défie
Jusqu'à prendre son nom pour lui sauver la vie,
Soldats, sans plus tarder, qu'on l'immole à ses yeux;
Et sois après sa mort mon fils, si tu le veux.

HÉRACLIUS, aux soldats.

Perfides, arrêtez !

MARTIAN.

Ah ! que voulez-vous faire,
Prince ?

HÉRACLIUS.

Sauver le fils de la fureur du père.

MARTIAN.

Conservez-lui ce fils qu'il ne cherche qu'en vous;
Ne troublez point un sort qui lui semble si doux.
C'est avec assez d'heur qu'Héraclius expire,
Puisque c'est en vos mains que tombe son empire.
Le ciel daigne bénir votre sceptre et vos jours !

PHOCAS.

C'est trop perdre de temps à souffrir ces discours.
Dépêche, Octavian.

HÉRACLIUS, à Octavian.

N'attente rien, barbare ;
Je suis....

ACTE V, SCENE III.

PHOCAS.

Avoue enfin.

HÉRACLIUS.

Je tremble, je m'égare;
Et mon cœur....

PHOCAS, à Héraclius.

Tu pourras à loisir y penser.

(A Octavian.)
Frappe.

HÉRACLIUS.

Arrête; je suis... Puis-je le prononcer?

PHOCAS.

Achève, ou....

HÉRACLIUS.

Je suis donc, s'il faut que je le die,
Ce qu'il faut que je sois pour lui sauver la vie.
Oui, je lui dois assez, seigneur, quoi qu'il en soit,
Pour vous payer pour lui de l'amour qu'il vous doit;
Et je vous le promets entier, ferme, sincère,
Et tel qu'Héraclius l'auroit pour son vrai père.
J'accepte en sa faveur ses parents pour les miens :[8]
Mais sachez que vos jours me répondront des siens;
Vous me serez garant des hasards de la guerre,
Des ennemis secrets, de l'éclat du tonnerre;
Et, de quelque façon que le courroux des cieux
Me prive d'un ami qui m'est si précieux,
Je vengerai sur vous, et fussiez-vous mon père,
Ce qu'aura fait sur lui leur injuste colère.

PHOCAS.

Ne crains rien : de tous deux je ferai mon appui;
L'amour qu'il a pour toi m'assure trop de lui :
Mon cœur pâme de joie, et mon âme n'aspire
Qu'à vous associer l'un et l'autre à l'empire.
J'ai retrouvé mon fils ; mais sois-le tout-à-fait,
Et donne-m'en pour marque un véritable effet; 9
Ne laisse plus de place à la supercherie; 10
Pour achever ma joie, épouse Pulchérie.

HÉRACLIUS.

Seigneur, elle est ma sœur.

PHOCAS.

Tu n'es donc point mon fils,
Puisque si lâchement déjà tu t'en dédis?

PULCHÉRIE.

Qui te donne, tyran, une attente si vaine?
Quoi! son consentement étoufferoit ma haine!
Pour l'avoir étonné tu m'aurois fait changer!
J'aurois pour cette honte un cœur assez léger! 11
Je pourrois épouser ou ton fils, ou mon frère!

SCÈNE IV.

PHOCAS, HÉRACLIUS, PULCHÉRIE, MARTIAN, CRISPE, GARDES.

CRISPE.

SEIGNEUR, vous devez tout au grand cœur d'Exupère;
Il est l'unique auteur de nos meilleurs destins:
« Lui seul et ses amis ont dompté vos mutins; *a*

---

a Lui seul et ses amis ont dompté les mutins;

Il a fait prisonniers leurs chefs, qu'il vous amène.
PHOCAS.
Dis-lui qu'il me les garde en la salle prochaine ;
Je vais de leurs complots m'éclaircir avec eux.

SCÈNE V.

PHOCAS, PULCHÉRIE, HÉRACLIUS, MARTIAN, GARDES.

PHOCAS, à Héraclius.

Toi cependant, ingrat, sois mon fils si tu veux :
En l'état où je suis, je n'ai plus lieu de feindre ;
Les mutins sont domptés, et je cesse de craindre ;
Je vous laisse tous trois.
(A Pulchérie.)
Use bien du moment
Que je prends pour en faire un juste châtiment ;
Et, si tu n'aimes mieux que l'un et l'autre meure,
Trouve ou choisis mon fils, et l'épouse sur l'heure ; [1]
Autrement, si leur sort demeure encor douteux,
Je jure à mon retour qu'ils périront tous deux. [2]
« Je ne veux point d'un fils dont l'implacable haine [3]
« Prend ce nom pour affront, et mon amour pour gêne. [a]
Toi...

PULCHÉRIE.
Ne menace point ; je suis prête à mourir.
PHOCAS.
A mourir ! Jusque-là je pourrois te chérir ! [4]

[a] Je ne veux point d'un fils qui brave ma colère,
Qui méprise mon trône et méconnoît son père.

N'espère pas de moi cette faveur suprême;
Et pense....

PULCHÉRIE.

A quoi, tyran?

PHOCAS.

A m'épouser moi-même 5
Au milieu de leur sang à tes pieds répandu.

PULCHÉRIE.

Quel supplice!

PHOCAS.

Il est grand pour toi; mais il t'est dû : 6
Tes mépris de la mort bravoient trop ma colère.
Il est en toi de perdre ou de sauver ton frère;
Et du moins, quelque erreur qui puisse me troubler,
J'ai trouvé les moyens de te faire trembler.

SCÈNE VI.

HÉRACLIUS, MARTIAN, PULCHÉRIE.

PULCHÉRIE.

Le lâche! il vous flattoit lorsqu'il trembloit dans l'âme;
Mais tel est d'un tyran le naturel infâme :
Sa douceur n'a jamais qu'un mouvement contraint;
S'il ne craint, il opprime; et s'il n'opprime, il craint.
« L'une et l'autre fortune en montre la foiblesse ; 1
« L'une n'est qu'insolence, et l'autre que bassesse.
« A peine est-il sorti de ses lâches terreurs,
« Qu'il a trouvé pour moi le comble des horreurs.
Mes frères, puisqu'enfin vous voulez tous deux l'être,
Si vous m'aimez en sœur, faites-le-moi paroître.

ACTE V, SCÈNE VI.

HÉRACLIUS.

Que pouvons-nous tous deux, lorsqu'on tranche nos jours?

PULCHÉRIE.

Un généreux conseil est un puissant secours.

MARTIAN.

Il n'est point de conseil qui vous soit salutaire [2]
Que d'épouser le fils pour éviter le père ;
L'horreur d'un mal plus grand vous y doit disposer.

PULCHÉRIE.

Qui me le montrera, si je veux l'épouser?
Et, dans cet hymenée à ma gloire funeste,
Qui me garantira des périls de l'inceste?

MARTIAN.

Je le vois trop à craindre et pour vous et pour nous :
Mais, madame, on peut prendre un vain titre d'époux, [3]
Abuser du tyran la rage forcenée,
« Et vivre en frère et sœur sous un saint hyménée. [a]

PULCHÉRIE.

Feindre, et nous abaisser à cette lâcheté !

HÉRACLIUS.

Pour tromper un tyran, c'est générosité ;
Et c'est mettre, en faveur d'un frère qu'il vous donne,
Deux ennemis secrets auprès de sa personne,
Qui, dans leur juste haine animés et constants,
Sur l'ennemi commun sauront prendre leur temps,
Et terminer bientôt la feinte avec sa vie.

PULCHÉRIE.

Pour conserver vos jours et fuir mon infamie,

---

[a] Et tromper tous les yeux par un feint hyménée.

Feignons; vous le voulez, et j'y résiste en vain.
« Sus donc, qui de vous deux me prêtera la main? » [a]
Qui veut feindre avec moi? qui sera mon complice?

HÉRACLIUS.
Vous, prince, à qui le ciel inspire l'artifice.

MARTIAN.
Vous, que le tyran veut pour fils obstinément.

HÉRACLIUS.
Vous, qui depuis quatre ans la servez en amant.

MARTIAN.
Vous saurez mieux que moi surprendre sa tendresse.

HÉRACLIUS.
« Vous saurez mieux que moi la traiter de maîtresse. » [b]

MARTIAN.
Vous aviez commencé tantôt d'y consentir.

PULCHÉRIE.
Ah! princes, votre cœur ne peut se démentir;
« Et vous l'avez tous deux trop grand, trop magnanime, » [c]
Pour souffrir sans horreur l'ombre même d'un crime.
« Je vous connoissois trop pour juger autrement
« Et de votre conseil et de l'événement;
« Et je n'y déférois que pour vous voir dédire.
« Toute fourbe est honteuse aux cœurs nés pour l'empire.
Princes, attendons tout, sans consentir à rien.

HÉRACLIUS.
Admirez cependant quel malheur est le mien:

---

[a] Eh bien, qui de vous deux me prêtera la main?

[b] Vous saurez mieux que moi la traiter en maîtresse.

[c] Et vous avez tous deux l'âme trop magnanime,

L'obscure vérité que de mon sang je signe 6
Du grand nom qui me perd ne me peut rendre digne;
On n'en croit pas ma mort; et je perds mon trépas,
Puisque, mourant pour lui, je ne le sauve pas.

MARTIAN.

Voyez d'autre côté quelle est ma destinée,
Madame : dans le cours d'une seule journée
Je suis Héraclius, Léonce, et Martian;
Je sors d'un empereur, d'un tribun, d'un tyran.
De tous trois ce désordre en un jour me fait naître,
Pour me faire mourir enfin sans me connoître.

PULCHÉRIE.

Cédez, cédez tous deux aux rigueurs de mon sort : 7
Il a fait contre vous un violent effort.
« Votre malheur est grand; mais, quoi qu'il en succède, [a]
La mort qu'on me refuse en sera le remède;
Et moi.... Mais que nous veut ce perfide?

SCÈNE VII.

HÉRACLIUS, PULCHÉRIE, MARTIAN, AMINTAS.

AMINTAS.

Mon bras
Vient de laver ce nom dans le sang de Phocas.

HÉRACLIUS.

Que nous dis-tu?

---

[a] Votre malheur est grand; mais, quoi qu'il en procède,

AMINTAS.

Qu'à tort vous nous prenez pour traîtres; [2]
Qu'il n'est plus de tyran; que vous êtes les maîtres.

HÉRACLIUS.

De quoi?

AMINTAS.

De tout l'empire.

MARTIAN.

Et par toi?

AMINTAS.

Non, seigneur; [3]
Un autre en a la gloire, et j'ai part à l'honneur.

HÉRACLIUS.

Et quelle heureuse main finit notre misère?

AMINTAS.

Princes, l'auriez-vous cru? c'est la main d'Exupère.

MARTIAN.

Lui, qui me trahissoit?

AMINTAS.

C'est de quoi s'étonner:
Il ne vous trahissoit que pour vous couronner.

HÉRACLIUS.

N'a-t-il pas des mutins dissipé la furie?

AMINTAS.

Son ordre excitoit seul cette mutinerie. [4]

MARTIAN.

Il en a pris les chefs toutefois?

AMINTAS.

Admirez [5]
Que ces prisonniers même avec lui conjurés

Sous cette illusion couroient à leur vengeance : 6
Tous contre ce barbare étant d'intelligence,
Suivis d'un gros d'amis, nous passons librement
Au travers du palais à son appartement.
La garde y restoit foible et sans aucun ombrage :
Crispe même à Phocas porte notre message. 7
Il vient : à ses genoux on met les prisonniers,
Qui tirent pour signal leurs poignards les premiers.
Le reste, impatient dans sa noble colère,
Enferme la victime ; et soudain Exupère :
Qu'on arrête, dit-il ; *le premier coup m'est dû ;*
C'est lui qui me rendra l'honneur presque perdu. 8
Il frappe, et le tyran tombe aussitôt sans vie,
Tant de nos mains la sienne est promptement suivie.
Il s'élève un grand bruit, et mille cris confus
Ne laissent discerner que *Vive Héraclius !*
Nous saisissons la porte, et les gardes se rendent.
Mêmes cris aussitôt de tous côtés s'entendent ;
Et, de tant de soldats qui lui servoient d'appui,
Phocas, après sa mort, n'en a pas un pour lui.

PULCHÉRIE.

Quel chemin Exupère a pris pour sa ruine ! 9

AMINTAS.

Le voici qui s'avance avecque Léontine.

SCÈNE VIII.

HÉRACLIUS, MARTIAN, LÉONTINE, PULCHÉRIE, EUDOXE, EXUPÈRE, AMINTAS, GARDES.

HÉRACLIUS, à Léontine.

Est-il donc vrai, madame, et changeons-nous de sort?
Amintas nous fait-il un fidèle rapport?

LÉONTINE.

Seigneur, un tel succès à peine est concevable; [1]
Et d'un si grand dessein la conduite admirable....

HÉRACLIUS, à Exupère.

Perfide généreux, hâte-toi d'embrasser [2]
Deux princes impuissants à te récompenser.

EXUPÈRE, à Héraclius.

Seigneur, il me faut grâce ou de l'un, ou de l'autre:
J'ai répandu son sang, si j'ai vengé le vôtre.

MARTIAN.

Qui que ce soit des deux, il doit se consoler
De la mort d'un tyran qui vouloit l'immoler:
Je ne sais quoi pourtant dans mon cœur en murmure.

HÉRACLIUS.

Peut-être en vous par-là s'explique la nature :
Mais, prince, votre sort n'en sera pas moins doux;
Si l'empire est à moi, Pulchérie est à vous.
Puisque le père est mort, le fils est digne d'elle.
(A Léontine.)
Terminez donc, madame, enfin notre querelle.

ACTE V, SCÈNE VIII.

LÉONTINE.

Mon témoignage seul peut-il en décider ?

MARTIAN.

Quelle autre sûreté pourrions-nous demander ? 3

LÉONTINE.

Je vous puis être encor suspecte d'artifice.
Non, ne m'en croyez pas, croyez l'impératrice. 4
(A Pulchérie, en lui donnant un billet.)
Vous connoissez sa main, madame ; et c'est à vous
Que je remets le sort d'un frère et d'un époux.
Voyez ce qu'en mourant me laissa votre mère.

PULCHÉRIE.

J'en baise en soupirant le sacré caractère.

LÉONTINE.

Apprenez d'elle enfin quel sang vous a produits, 5
Princes.

HÉRACLIUS, à Eudoxe.

Qui que je sois, c'est à vous que je suis.

PULCHÉRIE, lisant.

Parmi tant de malheurs mon bonheur est étrange :
Après avoir donné son fils au lieu du mien, 6
Léontine à mes yeux, par un second échange,
Donne encore à Phocas mon fils au lieu du sien.

Vous qui pourrez douter d'un si rare service,
Sachez qu'elle a deux fois trompé notre tyran :
Celui qu'on croit Léonce est le vrai Martian,
Et le faux Martian est vrai fils de Maurice.

CONSTANTINE.

(A Héraclius.)
Ah ! vous êtes mon frère.

HÉRACLIUS, à Pulchérie.

Et c'est heureusement
Que le trouble éclairci vous rend à votre amant.

LÉONTINE, à Héraclius.

Vous en saviez assez pour éviter l'inceste,
Et non pas pour vous rendre un tel secret funeste.
(A Martian.)
Mais pardonnez, seigneur, à mon zèle parfait
Ce que j'ai voulu faire, et ce qu'un autre a fait.

MARTIAN.

Je ne m'oppose point à la commune joie :
Mais souffrez des soupirs que la nature envoie.
Quoique jamais Phocas n'ait mérité d'amour,
Un fils ne peut moins rendre à qui l'a mis au jour :
Ce n'est pas tout d'un coup qu'à ce titre on renonce.

HÉRACLIUS.

Donc, pour mieux l'oublier, soyez encor Léonce ; 7
Sous ce nom glorieux aimez ses ennemis ; 8
Et meure du tyran jusqu'au nom de son fils !
(A Eudoxe.)
Vous, madame, acceptez et ma main et l'empire 9
En échange d'un cœur pour qui le mien soupire.

EUDOXE, à Héraclius.

« Seigneur, vous agissez en prince généreux. 10 a

HÉRACLIUS, à Exupère et à Amintas.

Et vous, dont la vertu me rend ce trouble heureux, 11

---

a   HÉRACLIUS continue.
Ce n'est point m'acquitter ; c'est remplir tous mes vœux.
(A Exupère et à Amintas.)
Et vous, dont la vertu, etc.

Attendant les effets de ma reconnoissance,
Reconnoissons, amis, la céleste puissance;
Allons lui rendre hommage, et, d'un esprit content,
Montrer Héraclius au peuple qui l'attend.

FIN D'HÉRACLIUS.

EXAMEN D'HÉRACLIUS.

Cette tragédie a encore plus d'effort d'invention que celle de Rodogune, et je puis dire que c'est un heureux original, dont il s'est fait beaucoup de belles copies sitôt qu'il a paru. Sa conduite diffère de celle-là, en ce que les narrations qui lui donnent jour sont pratiquées par occasion, en divers lieux, avec adresse, et toujours dites et écoutées avec intérêt, sans qu'il y en ait pas une de sang-froid, comme celle de Laonice. Elles sont éparses ici dans tout le poëme, et ne font connoître à la fois que ce qu'il est besoin qu'on sache pour l'intelligence de la scène qui suit. Ainsi, dès la première, Phocas, alarmé du bruit qui court qu'Héraclius est vivant, récite les particularités de sa mort, pour montrer la fausseté de ce bruit; et Crispe, son gendre, en lui proposant un remède aux troubles qu'il appréhende, fait connoître comme, en perdant toute la famille de Maurice, il a réservé Pulchérie pour la faire épouser à son fils Martian, et le pousse d'autant plus à presser ce mariage, que ce prince court chaque jour de grands périls à la guerre, et que sans Léonce il fût demeuré au dernier combat. C'est par-là qu'il instruit les auditeurs de l'obligation qu'a le vrai Héraclius, qui passe pour Martian, au vrai Martian qui passe pour Léonce; et cela sert de fondement à l'offre volontaire qu'il fait de sa vie au quatrième acte, pour le sauver du péril où l'expose cette erreur des noms. Sur cette proposition, Phocas, se plaignant de l'aversion que les deux parties témoignent à ce mariage, impute celle de Pulchérie à l'instruction qu'elle a reçue de sa mère, et apprend ainsi aux spectateurs, comme en passant, qu'il l'a laissée trop vivre après la mort de l'empereur Maurice, son mari. Il falloit tout cela pour faire entendre la scène qui suit, entre Pulchérie et lui ; mais je n'ai pu avoir assez d'adresse pour faire entendre les équivoques ingénieux dont est rempli tout ce que dit Héraclius à la fin de ce premier acte ; et on ne les peut comprendre que par une réflexion, après que la pièce est finie, et qu'il est entièrement reconnu, ou dans une seconde représentation.

Sur-tout la manière dont Eudoxe fait connoître au second acte le double échange que sa mère a fait des deux princes, est une des choses les plus spirituelles qui soient sorties de ma plume. Léontine l'accuse d'avoir révélé le secret d'Héraclius, et d'être cause du bruit qui court, qui le met en péril de sa vie ; pour s'en justifier, elle explique tout ce qu'elle en sait, et conclut que puisqu'on n'en publie pas tant, il faut que ce bruit ait pour auteur quelqu'un qui n'en sache pas tant qu'elle. Il est vrai que cette narration est si courte, qu'elle laisseroit beaucoup d'obscurité, si Héraclius ne l'expliquoit plus au long au quatrième acte, quand il est besoin que cette vérité fasse son plein effet; mais elle n'en pouvoit pas dire davantage à une personne qui savoit cette histoire mieux qu'elle; et ce peu qu'elle en dit suffit à jeter une lumière imparfaite de ces échanges, qu'il n'est pas besoin alors d'éclaircir plus entièrement.

L'artifice de la dernière scène de ce quatrième acte passe encore celui-ci. Exupère y fait connoître tout son dessein à Léontine, mais d'une façon qui n'empêche point cette femme avisée de le soupçonner de fourberie, et de n'avoir autre dessein que de tirer d'elle le secret d'Héraclius pour le perdre. L'auditeur lui-même en demeure dans la défiance, et ne sait qu'en juger. Mais après que la conspiration a eu son effet par la mort de Phocas, cette confidence anticipée exempte Exupère de se purger de tous les justes soupçons qu'on avoit eus de lui, et délivre l'auditeur d'un récit qui lui auroit été fort ennuyeux après le dénoûment de la pièce, où toute la patience que peut avoir sa curiosité se borne à savoir qui est le vrai Héraclius, des deux qui prétendent l'être.

Le stratagème d'Exupère, avec toute son industrie, a quelque chose d'un peu délicat, et d'une nature à ne se faire qu'au théâtre, où l'auteur est maître des événements qu'il tient dans sa main, et non pas dans la vie civile, où les hommes en disposent selon leurs intérêts et leur pouvoir. Quand il découvre Héraclius à Phocas, et le fait arrêter prisonnier, son intention est fort bonne, et lui réussit; mais il n'y avoit que moi qui lui pusse répondre du succès. Il acquiert la confiance du tyran par-là, et se fait remettre entre les mains la garde d'Héraclius, et sa conduite au supplice ; mais le contraire pouvoit arriver ; et Phocas, au lieu de déférer à ses avis, qui le résolvent à faire couper la tête à ce prince en place publique, pouvoit s'en défaire sur l'heure, et se défier de lui et de ses amis, comme de gens qu'il avoit offensés, et dont il ne devoit jamais espérer un zèle bien sincère à le servir. La mutinerie qu'il excite, dont il lui amène les chefs comme prisonniers pour le poignarder, est imaginée avec justesse ; mais jusque-là toute sa conduite est de ces choses qu'il faut souffrir au théâtre, parce qu'elles ont un éclat dont la surprise éblouit, et qu'il ne feroit pas bon tirer en exemple pour conduire une action véritable sur leur plan.

Je ne sais si on voudra me pardonner d'avoir fait une pièce d'invention sous des noms véritables ; mais je ne crois pas qu'Aristote le défende, et j'en trouve assez d'exemples chez les anciens. Les deux Électres de Sophocle et d'Euripide aboutissent à la même action par des moyens si divers, qu'il faut de nécessité que l'une des deux soit entièrement inventée. L'Iphigénie *in Tauris* a la mine d'être de même nature ; et l'Hélène, où Euripide suppose qu'elle n'a jamais été à Troie, et que Pâris n'y a enlevé qu'un fantôme qui lui ressembloit, ne peut avoir aucune action épisodique, ni principale, qui ne parte de la seule imagination de son auteur.

Je n'ai conservé ici pour toute vérité historique que l'ordre de la succession des empereurs Tibère, Maurice, Phocas et Héraclius. J'ai falsifié la naissance de ce dernier, pour lui en donner une plus illustre, en le faisant fils de Maurice, bien qu'il ne le fût que d'un préteur d'Afrique, qui portoit même nom que lui. J'ai prolongé de douze ans la durée de l'empire de Phocas, et lui ai donné Martian pour fils, quoique l'histoire ne parle que d'une fille nommée *Domitia*, qu'il maria à Crispe, dont je fais un de mes personnages. Ce fils et Héraclius, qui sont confondus l'un avec l'autre par les échanges de Léontine, n'auroient pas été en état d'agir, si je ne l'eusse fait régner que les huit ans qu'il régna; puisque, pour faire ces échanges, il falloit qu'ils fussent tous deux au berceau quand il commença de régner. C'est par cette même raison que j'ai prolongé la vie de l'impératrice Constantine, que je n'ai fait mourir qu'en la quinzième année de sa tyrannie, bien qu'il l'eût immolée à sa sûreté dès la cinquième; et je l'ai fait, afin qu'elle pût avoir une fille capable de recevoir ses instructions en mourant, et d'un âge proportionné à celui du prince qu'on vouloit lui faire épouser.

La supposition que fait Léontine d'un de ses fils pour mourir au lieu d'Héraclius n'est point vraisemblable, mais elle est historique, et n'a point besoin de vraisemblance, puisqu'elle a l'appui de la vérité qui la rend croyable, quelque répugnance qu'y veuillent apporter les difficiles. Baronius attribue cette action à une nourrice, et je l'ai trouvée assez généreuse pour la faire produire à une personne plus illustre, et qui soutînt mieux la dignité du théâtre. L'empereur Maurice reconnut cette supposition, et l'empêcha d'avoir son effet, pour ne s'opposer pas au juste jugement de Dieu, qui vouloit exterminer toute sa famille; mais quant à ce qui est de la mère, elle avoit surmonté l'affection maternelle en faveur de son prince; et comme on pouvoit dire que son fils étoit mort pour son regard, je me suis cru assez autorisé, par ce qu'elle avoit voulu faire, à rendre cet échange effectif, à le faire servir de fondement aux nouveautés surprenantes de ce sujet.

Il lui faut la même indulgence pour l'unité de lieu, qu'à Rodogune. Tous les poëmes qui suivent en ont besoin, et je me dispenserai de le répéter en les examinant. L'unité de jour n'a rien de violenté, et l'action se pourroit passer en cinq ou six heures; mais le poëme est si embarrassé, qu'il demande une merveilleuse attention. J'ai vu de fort bons esprits, et des personnes des plus qualifiées de la cour, se plaindre de ce que sa représentation fatiguoit autant l'esprit qu'une étude sérieuse. Elle n'a pas laissé de plaire; mais je crois qu'il l'a fallu voir plus d'une fois pour en remporter une entière intelligence.

REMARQUES
DE VOLTAIRE
SUR
HÉRACLIUS.

REMARQUES SUR HÉRACLIUS.

ACTE PREMIER.

SCÈNE I.ère

[1] Crispe, il n'est que trop vrai ; la plus belle couronne
N'a que de faux brillants dont l'éclat l'environne, etc.

On trouve souvent dans Corneille de ces maximes vagues et de ces lieux communs où le poëte se met à la place du personnage. S'il y a dans Racine quelque passage qui ressemble au début de Phocas, c'est celui d'Agamemnon dans Iphigénie :

Heureux qui, satisfait de son humble fortune,
Libre du joug superbe où je suis attaché,
Vit dans l'état obscur où les dieux l'ont caché !

Mais que cette réflexion est pleine de sentiment ! qu'elle est belle ! qu'elle est éloignée de la déclamation !

Au contraire, les premiers vers de Phocas paraissent une amplification ; les vers en sont négligés. Ce sont *les faux brillants qui environnent une couronne ; c'est celui dont le ciel a fait choix pour un sceptre, et qui en ignore le poids ; ce sont mille et mille douceurs* qui sont *un amas d'amertumes cachées.*

J'ajouterai encore que cette déclamation conviendrait peut-être mieux à un bon roi qu'à un tyran et à un meurtrier qui règne depuis longtemps, et qui doit être très-accoutumé aux dangers d'une grandeur acquise par les crimes, et à ces amertumes cachées sous mille douceurs. *a*

☞ *a* Et celui dont le ciel pour un sceptre a fait choix,
Jusqu'à ce qu'il le porte, en ignore le poids.

Jusqu'à ce qu'il le porte : on doit, autant qu'on le peut, éviter ces cacophonies; elles sont si désagréables à l'oreille, qu'on doit même y avoir une grande attention dans la prose. Que sera-ce donc dans la poésie? tout y doit être coulant et harmonieux.

a Voltaire nous semble confondre, dans cette remarque, comme dans beaucoup d'autres, les sentences et les instructions morales, qui, lorsqu'elles tiennent au sujet, font un des plus beaux ornements et une partie essentielle de la tragédie, avec des déclamations vagues et des lieux communs, qui ralentissent l'action et finissent par ennuyer l'auditeur. Corneille, dans son premier discours sur le poëme dramatique, donne à cet égard d'excellents préceptes. *Il faut*, dit-il, *user sobrement des sentences, les mettre rarement en discours généraux, et ne les pas pousser trop loin sans les appliquer au particulier.* Dans cette première scène, les maximes que débite Phocas ne sont que l'expression de ce qu'il éprouve, lorsqu'en l'absence des passions il est rendu à lui-même, et qu'il sonde son propre cœur. Elles sont puisées dans le sujet; elles en sortent naturellement, et deviennent des leçons d'autant plus utiles, qu'elles sont introduites dans l'esprit au milieu du plaisir qu'il éprouve à la représentation de l'ouvrage.

ACTE I, SCÈNE I. 349

3 Mille et mille douceurs y semblent attachées,
  Qui ne sont qu'un amas d'amertumes cachées :
  Qui croit les posséder les sent s'évanouir.

Si ces douceurs sont des amertumes, comment se plaint-on de les sentir s'évanouir? Quand on veut examiner les vers français avec des yeux attentifs et sévères, on est étonné des fautes qu'on y trouve. *a*

4 Sur-tout qui, comme moi, d'une obscure naissance
  Monte par la révolte à la toute-puissance ;
  Qui de simple soldat à l'empire élevé,
  Ne l'a que par le crime acquis et conservé :
  Autant que sa fureur s'est immolé de têtes,
  Autant dessus la sienne il croit voir de tempêtes.

Cette phrase n'est pas correcte, *qui, comme moi, s'est élevé au trône, il croit voir des tempêtes ;* cet *il* est une faute, sur-tout quand ce *qui comme* est si éloigné.

5 Autant que sa fureur s'est immolé de têtes, etc.

Cela est en même temps négligé et forcé ; négligé, parce que ce mot vague de *tempêtes* n'est là que pour la rime ; forcé, parce qu'il est difficile de voir autant de tempêtes qu'on a fait de crimes.

6 Et comme il n'a semé qu'épouvante et qu'horreur,
  Il n'en recueille enfin que trouble et que terreur.

C'est le fond de la même pensée exprimé par une

---

a Il n'y a point de fautes dans ces vers ; mais le commentateur paroît n'en pas donner la véritable interprétation. Leur sens est : Dans le moment que l'on croit posséder les douceurs qui semblent attachées au sceptre, on les sent s'évanouir ; parce qu'alors on reconnoît que ce ne sont qu'un amas d'amertumes cachées.

autre figure. On doit éviter toutes ces amplifications. Ce tour de phrase, *comme il n'a semé, comme il voit en nous*, etc., est très-souvent employé par Corneille : il ne faut pas le prodiguer, parce qu'il est prosaïque.

7 Mon trône n'est fondé que sur des morts illustres ;
 Et j'ai mis au tombeau, pour régner sans effroi,
 Tout ce que j'en ai vu de plus digne que moi.

Ce dernier vers est beau : je ne sais cependant si un empereur, qui a eu assez de mérite et de courage pour parvenir à l'empire du rang de simple soldat, avoue si aisément qu'il a immolé tant de personnes plus dignes que lui de la couronne; il doit les avoir crues dangereuses, mais non plus dignes que lui de la pourpre. En général il n'est pas dans la nature qu'un souverain s'avilisse ainsi soi-même : c'est à quoi tous les jeunes gens qui travaillent pour le théâtre doivent prendre garde : les mœurs doivent toujours être vraies. *a*

a Sans doute les mœurs doivent toujours être vraies; mais pourquoi Voltaire n'a-t-il pas voulu reconnoître de la vérité dans un roi qui, examinant sa conduite passée et les moyens qu'il a employés pour acquérir et conserver sa couronne, se rend justice, et s'adresse lui-même les reproches qu'il a mérités ? N'est-il donc pas de moments dans lesquels nous nous jugeons sévèrement, et où nous sommes disposés à reconnoître nous-mêmes nos torts, beaucoup plus aisément que si d'autres vouloient nous les faire apercevoir ? Il n'y a point là d'avilissement : pourquoi vouloir étouffer chez l'homme le remords, qui a tant d'efficacité pour le ramener à la vertu ?

Certes, quand Phocas a immolé tant de personnes, il ne les a pas, au moment même, jugées plus dignes que lui de la couronne;

ACTE I, SCÈNE I. 351

8 Byzance ouvre, dis-tu, l'oreille à ces menées.

On ouvre l'oreille à un bruit, et non à des menées ; on les découvre.

9 Impatient déjà de se laisser séduire
Au premier imposteur armé pour me détruire.

Se laisser séduire à quelqu'un n'est plus d'usage ; et au fond c'est une faute : *je me suis laissé aimer, persuader, avertir par vous*, et non pas *aimer, persuader, avertir à vous*.

10 Qui, s'osant revêtir de ce fantôme aimé....

Peut-on se vêtir d'un fantôme ? l'image est-elle assez juste ? comment pourrait-on se mettre un fantôme sur le corps ? Toute métaphore doit être une image qu'on puisse peindre. *a*

☞ 11 Voudra servir d'idole à son zèle charmé.

Quelles expressions forcées ! Pour sentir à quel point tout cela est mal écrit, mettez en prose ces vers :

Le peuple est impatient de se laisser séduire au premier imposteur armé pour me détrôner, qui, s'osant revêtir d'un fantôme aimé, voudra servir d'idole à son zèle charmé.

Entendra-t-on un tel langage ? ne sera-t-on pas

il n'a vu que le danger de les laisser vivre ; mais quand il n'a plus de rival à craindre, il devient meilleur juge, et ne se dissimule plus rien.

a Voir les observations générales, titre *Des Métaphores*.

révolté de cette foule d'impropriétés et de barbarismes? Le sévère Boileau a dit :

> Sans la langue, en un mot, l'auteur le plus divin
> Est toujours, quoi qu'il fasse, un méchant écrivain.

Mais souvenons-nous aussi que lorsque Corneille faisait les beaux morceaux du Cid, des Horaces, de Cinna, de Pompée, il était un admirable écrivain.

12 Mais sais-tu sous quel nom ce fâcheux bruit s'excite?

Un bruit ne s'excite point sous un nom. Qu'il est difficile de parler en vers avec justesse! mais que cela est nécessaire!

☞ 13 Sa mort est trop certaine, et fut trop remarquable....
Il n'avoit que six mois, et lui perçant le flanc,
On en fit dégoutter plus de lait que de sang.

Expressions trop familières, trop prosaïques : *et lui perçant le flanc* est un solécisme; il faut *en lui perçant*.

14 Et ce prodige affreux, dont je tremblai dans l'âme,
Fut aussitôt suivi de la mort de ma femme.

Ce prodige n'est point affreux; c'est seulement une croyance puérile, assez commune autrefois, que les enfants au berceau avaient du lait dans les veines. Phocas même l'insinue assez, en disant, *Il n'avait que six mois, et on en fit dégoutter plus de lait que de sang*. Cette conjonction *et* signifie évidemment que ce lait était une suite, une preuve de son enfance, et par-là même exclut le prodige: mais si c'en était un, que signifierait-il? à quoi servirait-il?

ACTE I, SCÈNE I.

15 Il fut livré par elle, à qui, pour récompense,
Je donnai de mon fils à gouverner l'enfance, etc.

*Je donnai à Léontine son enfance à gouverner.
— Juge par-là combien ce conte est ridicule. —*
Tout est jusqu'ici de la prose un peu commune et négligée. Le milieu entre l'ampoulé et le familier est difficile à tenir.

16 Mais avant qu'à ce conte il se laisse emporter,
Il vous est trop aisé de le faire avorter.

On ne se laisse point *emporter à un conte;* on fait avorter des desseins, et non pas des contes.

17 Quand vous fîtes périr Maurice et sa famille,
Il vous en plut, seigneur, réserver une fille....

Cela est du style d'affaires; *Il plut à votre majesté donner tel ordre :* il n'y a pas là de faute contre la langue, mais il y en a contre le tragique.

18 Et résoudre dès-lors qu'elle auroit pour époux
Ce prince destiné pour régner après vous.
Le peuple en sa personne aime encore et révère, etc.

Cette *personne* se rapporte à ce *prince;* et c'est de cette fille que Phocas a réservée, c'est de Pulchérie, que Crispe veut parler. *a*

19 Et n'eût été Léonce, en la dernière guerre....

Ces expressions sont bannies aujourd'hui même du style familier. *b*

---

a En sa personne se rapporte parfaitement à la fille de Maurice.

b Voir l'observation sur la sixième remarque de la scène troisième du premier acte de *Pompée*, où, pour justifier une expression semblable, nous avons cité l'exemple de Racine et de Voltaire lui-même.

20 Ce dessein avec lui seroit tombé par terre.

On a déjà repris ailleurs ces façons de parler vicieuses. Toute métaphore qui ne forme point une image vraie et sensible est mauvaise; c'est une règle qui ne souffre point d'exception : or, quel peintre pourrait représenter une idée qui tombe par terre?[a]

21 Martian demeuroit ou mort ou prisonnier.

On ne peut dire qu'un homme serait *demeuré mort* si on ne l'avait secouru. Ces mots, *demeurer mort,* signifient qu'il était mort en effet. On peut bien dire qu'on demeurerait estropié, parce qu'un estropié peut guérir; qu'on demeurerait prisonnier, parce qu'un prisonnier peut être délivré; mais non pas qu'on demeurerait mort, parce qu'un mort ne ressuscite pas.

22 Et qui, réunissant l'une et l'autre maison,
Tire chez vous l'amour qu'on garde pour son nom.

On a déjà repris ailleurs cette expression, *tirer l'amour;* on ne tire l'amour chez personne.

☞ 23 Si pour en voir l'effet tout me devient contraire.

Tout me devient contraire pour en voir l'effet n'est pas français; c'est un solécisme.

☞ 24 Et les aversions entre eux deux mutuelles
Les font d'intelligence à se montrer rebelles,

n'est pas français. *Des aversions qui font d'intelligence!* que de barbarismes!

☞ 25 Le souvenir des siens, l'orgueil de sa naissance,
L'emporte à tous moments à braver ma puissance.

L'emporte à braver, autre barbarisme.

[a] Voir les observations générales, titre *Des Métaphores.*

26 . . . . Ce que je vois suivre
　Me punit bien du trop que je la laissai vivre,

est d'une prose familière et trop incorrecte.

27 Il faut agir de force avec de tels esprits.

On dit *entrer de force, user de force;* je doute qu'on dise *agir de force* : le style de la conversation permet *agir de tête, agir de loin;* et s'il permet *agir de force,* la poésie ne le souffre pas.

28 Je l'ai mandée exprès, non plus pour la flatter,
　Mais pour prendre mon ordre et pour l'exécuter.

C'est une faute de construction; il faut, *mais pour lui donner des ordres,* car le *je* doit gouverner toute la phrase. Ne nous rebutons point de ces remarques grammaticales; la langue ne doit jamais être violée. Phocas parle très-bien et très-convenablement; je ne sais si on en peut dire autant de Pulchérie.

SCÈNE II.

☞ 1 Ce n'est pas exiger grande reconnoissance
　Des soins que mes bontés ont pris de votre enfance,
　De vouloir qu'aujourd'hui, pour prix de mes bienfaits,
　Vous daigniez accepter les dons que je vous fais.
　Ils ne font point de honte au rang le plus sublime;
　Ma couronne et mon fils valent bien quelque estime.

Le rang le plus sublime! et une couronne et un fils qui valent de l'estime! Est-ce là l'auteur des beaux morceaux de Cinna?

☞ 2 .. De force ou de gré je veux me satisfaire.

Se satisfaire n'est pas le mot propre; on ne dit *je veux me satisfaire* que dans le discours familier;

je veux contenter mes goûts, mes inclinations, mes caprices. *Mais enfin dans la vie il faut se satisfaire.* (Molière.) Je veux me satisfaire *de gré* est un pléonasme; et je veux me satisfaire *de force* est un contre-sens : on se fait obéir de gré ou de force; mais on ne se satisfait pas de force. Phocas entend qu'il réduira de gré ou de force Pulchérie; mais il ne le dit pas.

3 J'ai rendu jusqu'ici cette reconnoissance
　A ces soins tant vantés d'élever mon enfance....

Cela n'est pas français; on ne rend point une reconnaissance à des soins; on a de la reconnaissance, on la témoigne, on la conserve : *j'ai rendu cette reconnaissance !*

4 Que, tant qu'on m'a laissée en quelque liberté,
　J'ai voulu me défendre avec civilité.

Que.... j'ai voulu, etc. C'est encore une faute contre le langue. *Avec civilité* est du bon ton de la comédie.

5 .... Il faut que je m'explique,
　Que je me montre entière à l'injuste fureur,
　Et parle à mon tyran en fille d'empereur.

Il faudrait, *à la fureur de*, etc. on ne pourrait dire *à la fureur* généralement que dans un cas tel que celui-ci, *la fermeté brave la fureur*. L'épithète d'*injuste* est faible et oiseuse avec le mot *fureur*. Enfin la *fureur* ne convient pas ici; ce n'est point une fureur de marier Pulchérie à l'héritier de l'empire.

ACTE I, SCÈNE II.

⁶ Il falloit me cacher avec quelque artifice
Que j'étois Pulchérie, et fille de Maurice....

Sans examiner ici le style, je demande si une jeune personne élevée par un empereur peut lui parler avec cette arrogance : on ne traite point ainsi son maître dans sa propre maison. Voyez comme Josabet parle à Athalie; elle lui fait sentir tout ce qu'elle pense : cette retenue habile et touchante fait beaucoup plus d'impression que des injures. Électre aux fers, n'ayant rien à ménager, peut éclater en reproches; mais Pulchérie, bien traitée, doit-elle s'emporter tout d'un coup? peut-elle parler en souveraine? Un sentiment de douleur et de fierté qui échappe dans ces occasions, ne fait-il pas plus d'effet que des violences inutiles? Ce n'est pas que j'ose condamner ici Pulchérie; mais, en général, ces tyrans qu'on traite avec tant de mépris dans leurs palais, au milieu de leurs courtisans et de leurs gardes, sont des personnages dont le modèle n'est pas dans la nature. *a*

a Pulchérie n'a jamais dû regarder Phocas comme son maître, et sa situation ne peut aucunement être comparée à celle de Josabet. Celle-ci n'a, du moins pour le moment, aucun sujet de se plaindre d'Athalie. Les malheurs que Pulchérie a éprouvés, la servitude où elle vit dans le palais du bourreau de sa famille, la violence qu'on veut lui faire, aigrissent son esprit. Josabet vit heureuse dans le temple du seigneur, à l'ombre de l'autel, sous la dépendance et la protection d'un époux ferme, courageux et puissant. Quelle comparaison peut-on faire entre l'épouse de Joad et la fille de l'empereur Maurice? Si Phocas a bien traité Pulchérie, elle n'en a jamais été dupe. Elle le lui fait connoître, quand elle dit: *Cette feinte douceur,* etc.

7 Si tu faisois dessein de m'éblouir les yeux....

Cela n'est pas français : on ne *fait* pas dessein ; on *a* dessein.

8 Jusqu'à prendre tes dons pour des dons précieux.

Il semble que ce soit Phocas qui prenne ces dons pour des dons précieux : il fallait, pour l'exactitude, *jusqu'à me faire prendre tes dons pour des dons précieux.*

9 Tu me donnes, dis-tu, ton fils et ta couronne ;
Mais que me donnes-tu, puisque l'une est à moi ?

Non, assurément, jamais femme n'a été héritière de l'empire romain. Pulchérie a moins de droits au trône que le dernier officier de l'armée ; il ne lui sied point du tout de dire, *Il est à moi ce trône ; c'est à moi d'y voir tout le monde à mes pieds.* Elle lui propose de *laver ce trône avec son sang :* j'observerai que si un trône est teint de sang, il n'est point lavé de sang. Si elle prétend qu'on lave un trône teint du sang d'un empereur avec le sang d'un autre empereur, elle doit dire, *lavé par le tien,* et non *du tien.* Elle répète ce mot encore, *le bourreau de mon sang.* Elle dit qu'elle a le cœur *franc et haut :* on doit bien rarement le dire ; il faut que cette hauteur se fasse sentir par le discours même. On a déjà remarqué que l'art consiste à déployer le caractère d'un personnage et tous ses sentiments par la manière dont on le fait parler, et non par la manière dont ce personnage parle de lui-même.

¹⁰ Ton intérêt dès-lors fit seul cette réserve.

Faire une réserve, pour dire *épargner les jours d'une princesse,* cela n'est pas noble : *faire une réserve* est du style d'affaires.

¹¹ Mais connois Pulchérie, et cesse de prétendre.

Ce verbe *prétendre* exige absolument un régime : ce n'est point un verbe neutre ; ainsi la phrase n'est point achevée : on pourrait dire, *cesser d'aimer et de haïr,* quoique ce soient des verbes actifs, parce qu'en ce cas cela veut dire, *cessez d'avoir des sentiments d'amour et de haine;* mais on ne peut dire, *cessez de prétendre, de satisfaire, de secourir.*

¹² J'ai forcé ma colère à te prêter silence.

Cette réponse ne fait-elle pas voir que Phocas ne devait pas se laisser braver ainsi ? Le moyen de parler encore à quelqu'un qui vient de vous dire qu'il ne veut que votre mort ? Comment Phocas peut-il encore raisonner amiablement avec Pulchérie après une telle déclaration ? Est-il possible qu'il lui propose encore son fils ?

☞ ¹³ Le trône où je me sieds n'est pas un bien de race :
   L'armée a ses raisons pour remplir cette place ;
   Son choix en est le titre, etc.

Un *bien de race,* une *armée qui a ses raisons,* un choix *qui est le titre d'une place,* toutes expressions plates ou obscures. Phocas, d'ailleurs, a très-grande raison de dire à cette Pulchérie que le trône de l'empire romain ne passe point aux filles ; mais il devait le dire auparavant, et mieux. *ᵃ*

ᵃ Où donc Voltaire a-t-il trouvé que Phocas ait dit à Pulchérie

14 Un chétif centenier des troupes de Mysie,
   Qu'un gros de mutinés élut par fantaisie, etc.

Encore une fois, on ne parle point ainsi à un empereur romain reconnu et sacré depuis long-temps: il peut avoir passé par tous les grades militaires, comme tant d'autres empereurs, et comme Théodose lui-même, sans que personne soit en droit de le lui reprocher. Mais ce qui paraît plus répréhensible, c'est que tant d'injures et tant de mépris doivent absolument ôter à Phocas l'envie de donner son fils à Pulchérie, puisqu'il ne croit pas qu'Héraclius soit en vie, et qu'il n'a pas un intérêt pressant à marier son fils avec une fille qui n'aime point son fils, et qui outrage le père. Il ne sera peut-être pas inutile de remarquer ici que S. Grégoire le grand écrivait à ce même Phocas, *Benignitatem pietatis vestræ ad imperiale fastigium pervenisse gaudemus.* Nous ne prétendons pas que Pulchérie dût imiter la lâche flatterie de ce pape; ce n'est qu'une note purement historique.

15 Lui qui n'a pour l'empire autre droit que ses crimes.

Il fallait, *lui qui n'eut à l'empire autre droit que ses crimes;* on n'a point des droits *pour,* mais des droits *à* : c'est un solécisme.

que le trône de l'empire romain ne passoit point aux filles? C'est le commentateur qui a avancé ce fait dans sa neuvième remarque. Phocas, au contraire, lorsque Pulchérie dit au tyran :

   L'empire étoit chez nous un bien héréditaire;
   Maurice ne l'obtint qu'en gendre de Tibère.

Phocas répond :
   Eh bien, si tu le veux, *je te le restitue.*

¹⁶ Et l'on voit depuis lui remonter mon destin
Jusqu'au grand Théodose, et jusqu'à Constantin.

La race, le sang, la maison, la famille, remonte à une tige, à Constantin ; mais le destin ne remonte pas.

¹⁷ Eh bien, si tu le veux, je te le restitue
Cet empire, et consens encor que ta fierté
Impute à mes remords l'effet de ma bonté.

Un homme doux et faible pourrait parler ainsi ; mais *notandi sunt tibi mores*. Est-il vraisemblable qu'un guerrier dur et impitoyable, tel que Phocas, s'excuse doucement envers une personne qui vient de l'outrager si violemment, et qu'il lui offre toujours son fils ? S'il y était forcé par la nation, si, en mariant son fils à Pulchérie, il excluait Héraclius du trône, il aurait raison ; mais Héraclius n'en aura pas moins de droits, supposé qu'en effet on ait des droits à un empire électif, et supposé sur-tout qu'Héraclius soit en vie, ce que Phocas ne croit point. *a*

☞ ¹⁸ Pour un dernier effort je veux souffrir la rage
Qu'allume dans ton cœur cette sanglante image.

Une rage qu'une sanglante image allume ! il n'est point d'ailleurs de sanglante image dans ce couplet.

¹⁹ Va, je ne confonds point ses vertus et ton crime....
J'en vois assez en lui pour les plus grands états.

Cette phrase n'est pas française : on est digne de

---

a C'est justement parce que Phocas ne croit pas qu'Héraclius existe, qu'il veut marier son fils à Pulchérie, dans la certitude qu'il a de gagner le peuple par cette alliance.

gouverner de grands états, on a assez de mérite pour être élu empereur; mais *je vois assez de mérite en lui pour un royaume, pour une armée,* etc., ne peut se dire, parce que le sens n'est pas complet. Le mot *pour*, sans verbe, signifie tout autre chose; cet ouvrage était excellent *pour* son temps : Phocas est bien patient *pour* un homme violent. De plus, on ne doit point dire que le fils d'un empereur est digne de gouverner les plus grands états; car quel plus grand état que l'empire romain?

20 Je penche d'autant plus à lui vouloir du bien, etc.

Expression de comédie.

21 Que ces longues froideurs témoignent qu'il s'irrite
De ce qu'on veut de moi par-delà son mérite,
Et que de tes projets son cœur triste et confus,
Pour m'en faire justice, approuve mes refus.

Cela n'est pas d'un style élégant.

22 Ce fils si vertueux d'un père si coupable,
S'il ne devoit régner, me pourroit être aimable.

On ne peut dire, *il m'est aimable, haïssable*; et pourtant on dit, *il m'est agréable, désagréable, odieux, insupportable, indifférent.* On en a dit la raison.

23 Et cette grandeur même où tu le veux porter
Est l'unique motif qui m'y fait résister.

Porter à une grandeur, cela n'est ni élégant, ni correct. Et *un motif qui fait y résister!* à quoi? à cette grandeur où l'on veut porter Martian?

24 Avise; et si tu crains qu'il te fût trop infâme
De remettre l'empire en la main d'une femme....

Corneille emploie souvent ce mot *avise*; il était

très-bien reçu de son temps. *Qu'il te fût infâme* n'est pas français : la langue permet qu'on dise, *Cela m'est honteux*, mais non pas, *cela m'est infâme*; et cependant on dit, *il est infâme à lui d'avoir fait cette action*. Toutes les langues ont leurs bizarreries et leurs inconséquences.

25 Tyran, descends du trône, et fais place à ton maître,

est un vers admirable ; il le serait encore plus si l'on pouvait parler ainsi à un empereur dans une simple conversation. Il n'y a qu'une situation violente qui permette les discours violents. Il est toujours étrange que *Phocas* persiste à vouloir offrir son fils à une princesse que tout autre ferait enfermer pour l'empêcher de conspirer et pour avoir un otage.

N. B. En général toutes les scènes de bravade doivent être ménagées par gradation. Un empereur et une fille d'empereur ne se disent point d'abord les dernières duretés ; et, quand une fois on a laissé échapper de ces reproches et de ces menaces qui ne laissent plus lieu à la conversation, tout doit être dit. La scène aurait fini très-heureusement par ce beau vers, *Tyran, descends du trône, et fais place à ton maître;* mais quand on entend ensuite, *à ce compte, arrogante*, etc., les injures multipliées révoltent le lecteur, et font languir le dialogue. *a*

a Certes, Pulchérie est dans une situation violente. Phocas n'a pas besoin de la faire enfermer pour qu'elle lui serve d'otage, puisqu'elle est depuis si long-temps en son pouvoir ; mais il a intérêt de la ménager, pour la déterminer à épouser son fils.

26 A ce compte, arrogante, un fantôme nouveau,
Qu'un murmure confus fait sortir du tombeau,
Te donne cette audace et cette confiance!

A ce compte est du style négligé et du ton familier, qu'on se permettait alors mal à propos. Ce mot *arrogante* conviendrait à Pulchérie, s'il était possible qu'un empereur et une fille d'empereur se dissent des injures grossières.

27 Ce bruit s'est déjà fait digne de ta croyance.

Un bruit ne peut se faire digne ni indigne; cela n'est pas français, parce qu'on ne peut s'exprimer ainsi en aucune langue.

28 Et cette ressemblance où son courage aspire
Mérite mieux que toi de gouverner l'empire.

C'est une faute en toute langue, parce qu'une ressemblance ne peut ni gouverner ni mériter.

29 Sors du trône, et te laisse abuser comme moi.

Elle fait deux fois cette proposition, et la seconde est bien moins forte que la première : mais peut-elle sérieusement lui parler ainsi? Je sais que ces bravades réussissent auprès du parterre; mais je doute qu'un lecteur instruit les approuve quand elles ne sont pas nécessaires, et quand elles sont si fortes qu'elles doivent rompre tout commerce entre les deux interlocuteurs.

30 Ma patience a fait par-delà son pouvoir.

Comment une patience fait-elle par-delà son pouvoir? jamais on ne peut faire que ce qu'on peut.

31 Mais choisis pour demain la mort ou l'hyménée.

Phocas enfin la menace; mais quelle raison a-t-il

de persister à lui faire épouser son fils, qui ne veut pas d'elle, et dont elle ne veut pas? Il n'en a d'autre raison que celle qui lui a été suggérée par son confident Crispe à la première scène. Crispe lui remontre que ce mariage attirerait à la maison de Phocas l'affection du peuple, qu'on suppose attaché à la maison de Maurice; mais la haine implacable et juste de Pulchérie détruit cette raison. N'aurait-il pas fallu que les grands et le peuple eussent demandé le mariage de Pulchérie et de Martian? *a*

☞ 32 Dis, si tu veux encor, que ton cœur la souhaite.

Il me semble que cette scène serait bien plus vraisemblable, bien plus tragique, si l'auteur y avait mis plus de décence et plus de gradation. Un mot échappé à une princesse qui est dans la situation de Pulchérie fait cent fois plus d'effet qu'une déclamation continuelle et un torrent d'injures répétées.

SCÈNE III. 1

(*Héraclius, cru Martian*, etc.)

J'ai cru qu'il serait utile pour le lecteur d'ajouter dans cette scène et dans les suivantes, au nom des personnages, les noms sous lesquels ils paraissent, et d'indiquer encore s'ils se connaissent eux-mêmes,

---

a Cette remarque contient deux assertions fausses. D'abord, Crispe n'est pas simple confident de Phocas, il est son gendre; ce titre l'attache davantage aux intérêts de l'empereur. Ensuite, il ne lui suggère pas de marier Pulchérie à Martian; il lui rappelle une résolution qu'il avoit prise après avoir fait périr Maurice.

ou s'ils ne se connaissent pas, pour lever toute équivoque, et pour mettre le lecteur plus aisément au fait. C'est une triste nécessité. *a*

2 Approche, Martian, que je te le répète.

On doit répéter le moins qu'on peut. Mais si Pulchérie, que Phocas nomme *ingrate furie*, conspire la perte du père et du fils, il est bien étrange que le père s'opiniâtre à vouloir que son fils épouse cette furie.

3 Étant ce que je suis, je me dois quelque effort
Pour vous dire, seigneur....

Le sens de la phrase est, *je dois vous dire, quoi qu'il m'en coûte;* mais il ne doit pas faire *effort* pour *dire;* ce n'est pas sur cet effort qu'il se fait que son devoir tombe : d'ailleurs il ne fait point d'effort, puisqu'il n'aime point Pulchérie, puisqu'il croit même être son frère ; et puis comment se doit-on un effort ? *b*

a On est fondé à croire que le commentateur n'a eu d'autre motif pour faire cette remarque, que de se ménager l'occasion de la terminer par cette phrase : *C'est une triste nécessité;* car la note mise par Corneille avant cette scène, suffisoit pour éviter toute équivoque.

b Le commentateur se trompe, quand il dit qu'Héraclius *croit* être frère de Pulchérie; il le sait positivement; et certes, le fils de Maurice ne doit pas dire à l'assassin de son père, à l'usurpateur de son trône : C'est vous faire tort, c'est montrer trop de défiance, que de ne pouvoir régner que par l'alliance de Pulchérie. C'est donc à tort que Voltaire prétend que *le sens de la phrase est,* JE DOIS VOUS DIRE, QUOI QU'IL M'EN COUTE, etc. C'est au contraire parce qu'*il ne doit pas le dire,* sachant être Héraclius, qu'il lui en coûte beaucoup de le faire.

ACTE I, SCÈNE III.

4 . . . . Que c'est vous faire tort. . . .

est du style de la comédie.

5 Eh bien, elle mourra; tu n'en as pas besoin.

Ce mot semble condamner toute la scène précédente. Phocas avoue qu'il n'avait nul besoin de marier Pulchérie à son fils ; il semble, au contraire, qu'il devait avoir un besoin très-pressant de ce mariage pour former un nœud intéressant. *a*

☞ 6 Vous verriez par sa mort le désordre achevé.

On n'achève point un désordre comme on achève un projet, une affaire, un ouvrage. Ce n'est pas là le mot propre.

7 Et d'un parti plus bas punissant son orgueil. . . .

On peut être puni de son orgueil par un hymen disproportionné; mais on ne peut pas dire, *être puni d'un hymen,* comme on dit, *être puni du dernier supplice. Parti plus bas* est déplacé; il semble que Martian soit un parti bas, et qu'on menace Pulchérie d'un parti plus bas encore.

☞ 8 Seigneur, j'ai des amis chez qui cette moitié. . . .

L'usage a permis qu'en quelques occasions on puisse appeler sa femme *sa moitié*.

Mânes du grand Pompée, écoutez sa moitié.

Ce mot fait là un effet admirable; c'est la moitié du grand Pompée qui parle : mais il est ridicule de dire, d'une fille à marier, *cette moitié*.

a Ce mot dit par Phocas, dans un moment de colère, n'empêche pas qu'il ne croie l'union de Pulchérie et de Martian très-nécessaire, et conséquemment ne condamne pas la scène précédente.

9 A l'épreuve d'un sceptre il n'est point d'amitié,
Point qui ne s'éblouisse à l'éclat de sa pompe,
Point qu'après son hymen sa haine ne corrompe.

Ces trois *point* font un mauvais effet dans la poésie; et *point qu'après* est encore plus dur et plus mal construit; et *point qui ne s'éblouisse à l'éclat de la pompe d'un sceptre* est du galimatias. Ce n'est point écrire comme l'auteur des beaux vers répandus dans Cinna; c'est écrire comme Chapelain.

10 La vapeur de mon sang ira grossir la foudre
Que Dieu tient déjà prête à le réduire en poudre.

Cette figure n'est-elle pas un peu outrée et recherchée? Ce qui est hors de la nature ne peut guère toucher. On reproche à notre siècle de courir après l'esprit, d'affecter des pensées ingénieuses; c'était bien plutôt le goût du temps de Corneille que du nôtre. Racine et Boileau corrigèrent la France, qui depuis est retombée quelquefois dans ce défaut séduisant. La vapeur d'un peu de sang ne peut guère servir à former le tonnerre. Une fille va-t-elle chercher de pareilles figures de rhétorique?

11 Résous-la de t'aimer, si tu veux qu'elle vive....

Je crois qu'on pourrait dire en vers, *résoudre de*, aussi bien que *résoudre à*, quoique ce soit un solécisme en prose; mais il est plus essentiel de remarquer qu'il est bien étrange qu'un monarque dise à son fils, Résous cette princesse à t'aimer, ou je la ferai mourir. Il n'y a aucun exemple dans le monde d'une pareille proposition: elle paraît d'autant plus extraordinaire, que Phocas a dit qu'on n'a nul besoin de Pulchérie. ☞ En un mot, cela n'est pas dans la nature.

☞ 12 Sinon, j'en jure encore, et ne t'écoute plus,
Son trépas dès demain punira ses refus.

Il en jure encore; il n'a pourtant point juré, et il répète, pour la sixième fois, qu'il tuera cette Pulchérie, ou qu'il la mariera.

SCÈNE IV.

☞ 1 En vain il se promet que sous cette menace
J'espère en votre cœur surprendre quelque place.

Que d'incongruités! quel galimatias! quel style!

2 Vous aurez en Léonce un digne possesseur.

Le lecteur doit savoir que Léonce, dont on n'a point encore parlé, passe pour le fils de Léontine, ancienne gouvernante du prince Héraclius, fils de Maurice, et du prince Martian, fils de Phocas. On ne sait point encore que ce prétendu Léonce a été changé en nourrice, et qu'il est le vrai Martian. Il eût été à souhaiter peut-être que dès la première scène ces aventures eussent été éclaircies; mais avec un peu d'attention il sera aisé de suivre l'intrigue : il est triste qu'on ait besoin de cette attention, qui *d'un divertissement nous fait une fatigue,* comme dit Boileau. *a*

a Voltaire avance dans cette remarque qu'on n'a point encore parlé de Léonce ; et non-seulement il en a été question dans la première scène, mais il a fourni matière à la dix-neuvième remarque du commentateur.

3 *Je suis aimé d'Eudoxe autant comme je l'aime.*

Cette Eudoxe est une fille de Léontine, que par conséquent Martian croit sa sœur. On n'a point encore parlé d'elle ; et le véritable Héraclius, cru Martian, s'occupe ici de l'arrangement d'un double mariage.

On ne s'arrêtera point à la faute grammaticale, *aimé autant comme je l'aime*, ni à ces *beaux nœuds*, ni à cet *amour parfait*, ni à *ces chaînes si belles*, à *ces captivités éternelles*. Quinault a passé pour avoir le premier employé ces expressions, dont Corneille s'était servi avant lui dans presque toutes ses pièces. Il paraît étrange que le public se soit trompé à ce point : mais c'est que ces expressions firent une grande impression dans Quinault, qui ne parle jamais que d'amour, et qui en parle avec élégance ; elles en firent très-peu dans les ouvrages de Corneille, dont les beautés mâles couvrent toutes ces petitesses trop fréquentes. ☞ Tous ces vers, d'ailleurs, sont du style de la comédie, et d'un style dur, rampant, incorrect.

4 *Il n'est plus temps d'aimer alors qu'il faut mourir.*

Ce beau vers paraît la condamnation de tout ce que vient de dire Héraclius, qui n'a parlé que de mariage : on s'attendait qu'il parlerait d'abord à Pulchérie du péril affreux où elle est, *et dicat jam nunc debentia dici*. Aussi tous ces personnages ont beau parler d'amour, et de tyrans, et de mort, aucun d'eux ne touche, aucun n'inspire de terreur

ACTE I, SCÈNE IV.

jusqu'ici : mais l'intrigue commence à attacher, et c'est beaucoup. Le principal mérite de cette pièce est dans l'embarras de cette intrigue, qui pique toujours la curiosité.

5 Et quand à ce départ une âme se prépare....

Ce mot *départ* est faible, et *une âme* aussi. Tâchez de ne jamais faire suivre un vers fort et bien frappé par un vers languissant qui l'énerve.

6 J'ai peine à reconnoître encore un père en lui.

Le lecteur doit ici se souvenir qu'Héraclius sait bien que Phocas n'est point son père, mais qu'il n'a point dit son secret à Pulchérie : cela cause peut-être un peu d'embarras, et c'est au lecteur à voir s'il aimerait mieux que Pulchérie fût instruite ou non. ☞ Mais il y a aujourd'hui beaucoup de lecteurs si rebutés des mauvais vers, qu'ils ne se soucient point du tout de savoir qui est Martian et qui est Héraclius, et qu'ils s'intéressent fort peu à Pulchérie.

7 Ah! mon prince, ah! madame, il vaut mieux vous résoudre,
Par un heureux hymen, à dissiper ce foudre.

Comment dissipe-t-on un foudre par un hymen ? Toute métaphore, encore une fois, doit être juste. *Dissiper ce foudre* n'est là que pour rimer à *résoudre*. Ce style est trop négligé.

8 Que la vertu du fils, si pleine et si sincère....

Une vertu *pleine* et *sincère* n'est pas le mot propre : une vertu n'est ni pleine ni vide.

9 Vainque la juste horreur que vous avez du père.

Vainque est trop rude à l'oreille ; *horreur de* est permis en vers.

10 Et pour mon intérêt, n'exposez pas tous deux....

Martian, cru Léonce, amoureux de Pulchérie, veut ici que Pulchérie épouse Héraclius, cru Martian, amoureux d'Eudoxe. Je remarquerai, à cette occasion, que toutes les fois qu'on cède ce qu'on aime, ce sacrifice ne peut faire aucun effet, à moins qu'il ne coûte beaucoup : ce sont ces combats du cœur qui forment les grands intérêts ; de simples arrangements de mariage ne sont jamais tragiques, à moins que, dans ces arrangements mêmes, il n'y ait un péril évident et quelque chose de funeste. *N'exposez pas tous deux* n'est pas français ; il faut, *ne les exposez pas tous deux*.

11 C'est Martian en lui que vous favorisez.

Cela veut dire, pour le spectateur, qu'Héraclius, cru Martian, voit dans Léonce un autre lui-même ; et cela veut dire aussi, dans l'esprit de l'auteur, que Léonce est le vrai Martian : c'est ce qui se débrouillera par la suite, et ce qui est ici un peu embrouillé ; mais un spectateur bien attentif peut aimer à deviner cette énigme.

12 Opposons la constance aux périls opposés.

Cet *opposés* est de trop ; c'est une figure de mots inutile ; de plus ce n'est pas le mot propre : les périls *menacent*, les obstacles s'opposent.

13 Et si je n'en obtiens la grâce tout entière....
Je deviens le plus grand de tous ses ennemis.

Ce premier vers est obscur. Il va trouver Phocas, *et s'il n'en obtient la grâce;* il semble que ce soit la grâce de Phocas. Il eût fallu dire aussi ce que c'est que cette grâce tout entière, puisqu'on n'a pas encore parlé de grâce.

☞ 14 Et puisse, si le ciel m'y voit rien épargner,
Un faux Héraclius en ma place régner !

Il n'a point été question dans cette scène d'*un faux Héraclius*. Cette imprécation forcée, à laquelle on ne s'attend point, n'est là que pour rappeler le titre de la pièce, et pour faire souvenir qu'Héraclius est le sujet de la tragédie. *a*

SCÈNE V.

1 Qu'il ne venge sur vous ce qu'il craindra de moi.

On ne venge point ce qu'on craint; on le prévient, on l'écarte, on le détourne, on s'y oppose : point de bons vers sans le mot propre; il faut l'exactitude de la prose avec la beauté des images, l'harmonie des syllabes, la hardiesse des tours, et l'énergie de l'expression; c'est ce qu'on trouve dans plusieurs morceaux de Corneille.

2 Il ne faut craindre rien quand on a tout à craindre.

Cette sentence paraît quelque chose de contra-

---

a Qu'importe qu'il ait été question, dans cette scène, d'un faux Héraclius? N'a-t-il pas été dit dans la première qu'on faisoit revivre un fils de l'empereur Maurice, sous le nom d'Héraclius? La remarque de Voltaire est donc déplacée à tous égards.

dictoire; elle est cependant, au fond, d'une très-grande vérité; elle signifie qu'il faut tout hasarder, quand tous les partis sont également dangereux. Il eût fallu, je crois, éviter le jeu de mots et l'antithèse, qui reviennent trop souvent.

3 Allons examiner pour ce coup généreux
  Les moyens les plus prompts et les moins dangereux.

Pulchérie va donc conspirer de son côté : on a donc lieu d'être surpris qu'elle ne soit pas dans le secret, puisque la fille de Maurice doit avoir du pouvoir sur le peuple, et mettre un grand poids dans la balance : mais il faut se livrer à l'intrigue et aux ressorts que l'auteur a choisis.

ACTE SECOND.

SCÈNE I.ère

1 Voilà ce que j'ai craint de son âme enflammée.

Le spectateur ne peut savoir d'abord que c'est Léontine qui parle, et que c'est cette même Léontine autrefois gouvernante d'Héraclius et de Martian; il serait peut-être mieux qu'on en fût informé d'abord. Il faut que tous ceux qui assistent à une pièce de théâtre connaissent tout d'un coup les personnages qui se présentent, excepté ceux dont l'intérêt est de cacher leur nom. [a]

[a] Cette remarque seroit fondée, s'il s'agissoit d'un personnage dont on n'eût point encore parlé; mais il a été question de Léontine dès le commencement de la première scène. Phocas l'a nommée

² S'il m'eût caché son sort, il m'auroit mal aimée.

Qui? de qui parle-t-elle? c'est une énigme. *Mal aimée*, expression trop triviale.

³ Vous êtes fille, Eudoxe, et vous avez parlé.

On voit assez que cela est trop comique. Corneille a-t-il voulu faire parler cette gouvernante comme une bourgeoise qui a conservé le ton bourgeois à la cour? Cela est absolument indigne de la tragédie.

⁴ Vous n'avez pu savoir cette grande nouvelle,
Sans la dire à l'oreille à quelque âme infidèle.

Voilà la même faute, et *dire à l'oreille à une âme!* on ne peut s'exprimer plus mal.

☞ ⁵ C'est par-là qu'un tyran, plus instruit que troublé
De l'ennemi secret qui l'auroit accablé....

Cela n'est pas français. *Instruit d'un ennemi, troublé d'un ennemi*; ce sont deux barbarismes et deux solécismes à la fois dans un seul vers.

⁶ Ajoutera bientôt sa mort à tant de crimes.

Par la construction, c'est la mort de Phocas; par le sens, c'est celle de Maurice. Il faut que la syntaxe et le sens soient toujours d'accord. *a*

et annoncée pour la gouvernante de Martian. On doit donc s'attendre à la voir paroître ; à moins de porter sur son front un écriteau avec ces mots : JE SUIS LÉONTINE, DONT ON VOUS A PARLÉ, il semble que cette *gouvernante* ne peut pas se faire connoître plus tôt que par ce vers :

Voilà ce que j'ai craint de son âme enflammée.

a En adoptant le système de construction de Voltaire, il seroit presque impossible de lier quatre vers ensemble. Il est évident

7 Voyez combien de maux pour n'avoir su vous taire.

Ce vers est encore bourgeois ; mais les précédents sont nobles, exacts, bien tournés, forts, précis, et dignes de Corneille.

8 Madame, mon respect souffre tout d'une mère,
Qui, pour peu qu'elle veuille écouter la raison,
Ne m'accusera plus de cette trahison.

Cela ne donne pas d'abord une haute opinion de Léontine. Cette femme, qui conduit toute l'intrigue, commence par se tromper, par accuser sa fille mal à propos : cette accusation même est absolument inutile pour l'intelligence et pour l'intérêt de la pièce. Léontine commence son rôle par une méprise et par des expressions indignes même de la comédie.*a*

9 Car c'en est une enfin bien digne de supplice....

Le mot de *supplice* paraît trop fort ; et *digne de supplice* n'est pas français ; c'est un barbarisme.

10 Qu'avoir d'un tel secret donné le moindre indice.

Il faut absolument *que d'avoir* ; c'est une trahison *que d'avoir donné un indice. Trahison qu'avoir donné* est un solécisme.

qu'il s'est trompé de nom ici : c'est Héraclius qu'il a voulu dire, au lieu de *Maurice*, dont il n'a pas été question dans cette scène. Le nombre d'erreurs de cette espèce qu'il a commises dans le cours de ses commentaires, prouve la négligence ou la mauvaise foi avec laquelle il les a faits.

a Voltaire prétend que *l'accusation d'Eudoxe est absolument inutile pour l'intelligence de la pièce ;* et Corneille, dans son examen, fait observer que *c'est une des choses les plus spirituelles*

ACTE II, SCÈNE I.

☞ 11 On ne dit point comment vous trompâtes Phocas,
Livrant un de vos fils pour ce prince au trépas,
Ni comme, auprès du sien étant la gouvernante,
Par une tromperie encor plus importante....

Ces mots, *étant la gouvernante auprès du sien*, et *tromperie*, sont comiques et bas, et ne donnent pas de Léontine une assez haute idée. Voyez comme dans Athalie le rôle de Josabet est ennobli, comme il est touchant, quoiqu'il ne soit pas, à beaucoup près, aussi nécessaire que celui de Léontine.

12 Vous en fîtes l'échange, et, prenant Martian,
Vous laissâtes pour fils ce prince à ce tyran;
En sorte que le sien passe ici pour mon frère....

Tout ce discours est un détail d'anecdotes. *Comme étant la gouvernante auprès du sien* n'est pas français; *en sorte que* est trop style d'affaires. Mais Eudoxe, en voulant éclaircir cette histoire, semble l'embrouiller. *Et prenant Martian vous laissâtes pour fils ce prince à Phocas son tyran*, ne peut avoir de sens que celui-ci, *vous laissâtes Martian pour fils à Phocas*. Laisser quelqu'un pour fils n'est pas d'un style élégant : mais il ne s'agit pas ici d'élégance, il s'agit de clarté. Eudoxe fait croire au spectateur que Martian a passé et passe pour fils de Phocas. L'équivoque vient de ce mot *prince : vous laissâtes ce prince à Phocas*. Elle entend, par ce prince, Héraclius; mais elle ne dit pas ce qu'elle veut dire : elle devrait expliquer que Léontine a

qui soient sorties de sa plume. En lisant cet examen, qui est à la suite de la tragédie, on est à même de juger qui a raison de l'auteur ou du critique.

fait passer Martian pour son propre fils Léonce, et à donné Héraclius, fils de Maurice, pour Martian, fils de Phocas. *a*

13 Cependant que de l'autre il croit être le père.

Cet *il croit être* se rapporte, par la phrase, à Martian, et cependant c'est Phocas dont on parle. Dans un sujet si obscur, il est absolument nécessaire que les phrases soient toujours claires, et Eudoxe ne s'explique pas assez nettement.

14 On diroit tout cela si, par quelque imprudence,
Il m'étoit échappé d'en faire confidence :
Mais pour toute nouvelle on dit qu'il est vivant.

Toutes ces manières de parler sont d'une familiarité qui n'est nullement convenable à la tragédie.

☞ 15 Aucun n'ose pousser l'histoire plus avant.
Comme ce sont pour tous des routes inconnues....

Expressions de comédie. Un tel style est trop rebutant.

16 Il semble à quelques-uns qu'il doit tomber des nues ;
Et j'en sais tel qui croit dans sa simplicité
Que pour punir Phocas Dieu l'a ressuscité.

Ces trois derniers vers sont trop comiques : ce qui précède est une explication de l'avant-scène.

---

a On ne peut entendre, comme le prétend Voltaire, que Léontine laissa Martian pour fils à Phocas, puisque le titre de prince n'appartient et n'a été donné qu'à Héraclius, et qu'il a été dit, *Prenant Martian, vous laissâtes pour fils ce prince à Phocas*. D'ailleurs, Léontine a-t-elle pu tout à-la-fois *prendre* et *laisser* Martian ? Ces détails ne sont pas fort clairs, à la vérité, mais le commentateur, qui devoit chercher à les éclaircir, s'est au contraire efforcé de les embrouiller davantage.

Cette explication devait appartenir naturellement au premier acte ; on n'aime point à être si long-temps en suspens : cette incertitude du spectateur nuit même toujours à l'intérêt. On ne peut être ému des choses qu'on n'a pas bien conçues ; et si l'esprit se plaît à deviner l'intrigue, le cœur n'est pas touché. *Que pour punir Phocas Dieu l'a ressuscité :* voilà où il fallait une métaphore, un tour noble qui sauvât ce ridicule.

SCÈNE II.

1 . . . . Madame, il n'est plus temps de taire
  D'un si profond secret le dangereux mystère, etc.

Héraclius ne dit ici rien de nouveau à Léontine. Il ne s'est rien passé de nouveau depuis la première scène du premier acte ; mais l'embarras commence à croître dès qu'Héraclius veut se déclarer. Il ne dit rien à la vérité de tragique ; il explique seulement l'embarras où est Phocas.

2 . . . . . . Il prend tout pour grossière imposture,
  Et me connoît si peu, que, pour la renverser,
  A l'hymen qu'il souhaite il prétend me forcer.

On ne *renverse* point une imposture ; on la *confond*.

3 Je suis fils de Maurice ; il m'en veut faire gendre,
  Et s'acquérir les droits d'un prince si chéri
  En me donnant moi-même à ma sœur pour mari.

Ce *moi-même* est de trop ; sans doute si on le marie, on le marie lui-même. Il fallait des expressions qui donnassent horreur de l'inceste.

☞ 4 Je rends grâces, seigneur, à la bonté céleste
De ce qu'en ce grand bruit le sort nous est si doux....

Un sort qui est doux en un grand bruit: ces façons de parler obscures, impropres, gauches, triviales, incorrectes, indignent un lecteur qui a de l'oreille et du goût. Le parterre ne s'en aperçoit pas; il se livre uniquement à la curiosité de savoir comment tout se démêlera.

5 J'aurai trop de moyens d'arrêter sa furie, etc.

Ce discours de Léontine inspire une grande curiosité; je ne sais s'il ne dégrade pas un peu Héraclius, et même Pulchérie. Bien des gens n'aiment pas à voir les fils d'un empereur dépendre entièrement d'une gouvernante qui les traite comme des enfants, et qui ne leur permet pas de se mêler de leurs propres affaires : c'est au lecteur à juger de la valeur de cette critique. Le mal est encore que cette Léontine, qui dit avoir tant de moyens, n'a effectivement aucun moyen dans le cours de la pièce; hors un billet dont l'empereur peut très-bien se saisir.

6 Il semble que de Dieu la main appesantie,
Se faisant du tyran l'effroyable partie,
Veuille avancer par-là son juste châtiment.

Les termes les plus bas deviennent quelquefois les plus nobles, soit par la place où ils sont mis, soit par le secours d'une épithète heureuse. La *partie* est un terme de chicane ; *la main de Dieu appesantie devient l'effroyable partie du tyran* est une idée terrible. On pourrait incidenter sur une main qui se fait partie ; mais c'est ici que la critique des mots doit, à mon avis, se faire devant la noblesse des choses.

☞ Tout ce que dit ici Héraclius est plein de force et de raison, mais la diction dépare trop les pensées. *Évitons le hasard qu'un imposteur l'abuse* est un barbarisme. *Un trône arraché sous un titre ; un empereur qui se prévaudra d'un nom pris :* tout cela est impropre, confus, mal exprimé. *a*

Plusieurs personnes de goût sont choquées de voir une femme qui veut toujours prendre tout sur elle, et qui ne veut pas seulement qu'Héraclius sache autre chose que son nom. Ce caractère n'est pas ordinaire ; il excite une grande curiosité ; mais, encore une fois, il rend le prince petit. On est secrètement blessé que le héros de la pièce soit inutile, et qu'une gouvernante, qui n'est ici qu'une intrigante, veuille tout faire par vanité.

☞ 7 Il dispose les cœurs à prendre un nouveau maître,
Et presse Héraclius de se faire connoître.
C'est à nous de répondre à ce qu'il en prétend.

Cet *en prétend* tombe sur Héraclius : mais *ce que Dieu prétend* n'est pas supportable. Ce n'est pas ainsi qu'on parle de Dieu ; ce n'est pas ainsi que Racine s'exprime dans Athalie.

a Ce dernier alinéa est un peu différent dans l'édition de 1764, soumise à l'examen de l'Académie. On y lit : *Tout ce que dit Héraclius est plein de force, de raison et d'éloquence. Cette même éloquence se déploie dans Léontine. Ce sont de ces traits qui n'appartiennent qu'à Corneille.*

☞ 8 Seigneur, si votre amour peut écouter mes pleurs....

On écoute des soupirs, on n'écoute point des pleurs, on les voit.

☞ 9 Ne vous exposez point au dernier des malheurs.
La mort de ce tyran, quoique trop légitime,
Aura dedans vos mains l'image d'un grand crime.

Dernier des malheurs est faible. *Trop légitime;* ce *trop* est de trop. *Dedans vos mains;* il faut *dans.*

10. Vous en êtes aussi, madame; et je me rends.

Vous en êtes aussi; c'est une de ces expressions de comédie qu'on est obligé de relever si souvent, mais en ajoutant toujours que c'était un défaut du temps. Si cette expression n'est pas relevée, le fond du discours d'Héraclius ne l'est pas davantage; il ne prend aucune mesure, et ne dit rien de grand; il se borne à ne pas faire *éclat d'un secret* sans le *congé* de sa gouvernante. Son compliment aux yeux *tout divins d'Eudoxe*, la protestation qu'il n'aspire au trône que par *la seule soif* d'en faire part à Eudoxe, sont une froide galanterie, telle que celle de César avec Cléopâtre. Ce n'est pas là une passion tragique; c'est parler d'amour comme on en parlait dans la simple comédie, et d'une manière moins élégante, moins fine qu'aujourd'hui. Corneille a mis de l'amour dans toutes ses pièces; mais on a déjà remarqué que cet amour n'a jamais été intéressant que dans le Cid, et attachant que dans Polyeucte : c'est de tous les sentiments le plus froid et le plus petit, quand il n'est pas le plus violent.

Je ne sais si on peut citer l'opinion de Rousseau comme une autorité ; il a fait de si mauvaises comédies, que son sentiment, en fait de tragédies, peut n'avoir point de poids : mais, quoiqu'il n'ait rien fait de bon pour le théâtre, et qu'il soit inégal dans ses autres ouvrages, il avait un goût très-cultivé. Voici ce qu'il dit dans sa lettre au comédien Riccoboni :

« Que les effets de l'amour soient tragiques comme
« dans Hermione et dans Phèdre ; qu'on le repré-
« sente accompagné du trouble, des inquiétudes,
« et des violentes agitations qui en font le carac-
« tère ; en un mot, que les héros soient amoureux,
« et non pas des discoureurs d'amour, comme dans
« les pièces du grand Corneille et dans celles de
« son frère. »

[11] C'est le prix de son sang, c'est pour y satisfaire
Que je rends à la sœur ce que je tiens du frère.

On ne satisfait point au prix d'un sang.

[12] Non que pour m'acquitter par cette élection
Mon devoir ait forcé mon inclination.

Le mot d'*élection* n'est nullement le mot propre ; et Héraclius ne peut mettre en doute qu'il n'ait eu de l'inclination pour Eudoxe, puisqu'il l'aime depuis long-temps.

[13] Et ces yeux tout divins, par un soudain pouvoir,
Achevèrent sur moi l'effet de ce devoir.

Des yeux divins qui achèvent l'effet d'un devoir sur quelqu'un, sont une étrange façon de parler.

14 Je ne me suis voulu jeter dans le hasard....

On se jette dans le péril, et non dans le hasard.

☞ 15 Que par la seule soif de vous en faire part.

Tout cela est trop mal écrit.

☞ 16 Mais si je me dérobe au sang qui vous est dû,
  Ce sera par moi seul que vous l'aurez perdu.

Que veut dire ce vers obscur, *si je me dérobe au sang qui vous est dû?* est-ce son sang? est-ce celui de Phocas? comment aura-t-elle perdu ce sang? Quelles expressions louches, fausses, inintelligibles! Il semble que Corneille ait, après ses succès, méprisé assez le public pour ne jamais soigner son style, et pour croire que la postérité lui passerait ses fautes innombrables. *a*

17 Seul je vous ôterai ce que je vous dois rendre.
  Disposez des moyens et du temps de le prendre.

Il lui parle de prendre ce qu'il lui doit rendre.

18 Quand vous voudrez régner, faites-m'en possesseur.

Faites-moi possesseur de ce que je dois vous rendre quand vous pourrez le prendre. Tout cela est bien loin de la noblesse et de l'élégance que le style tragique demande.

19 Reposez-vous sur moi, seigneur, de tout son sort,
  Et n'en appréhendez ni l'hymen ni la mort.

N'appréhendez ni l'hymen ni la mort de tout son sort : on ne peut écrire plus barbarement.

---

a Cette remarque n'est point indiquée dans le texte, parce qu'elle a pour objet une faute qui ne s'y trouve point. On peut, à ce sujet, voir la préface, où nous renvoyons, pour ne pas nous répéter sur une des remarques les plus condamnables du commentateur.

SCÈNE III.

¹ Vous saurez les desseins de tout ce que j'ai fait.

Cela n'est pas français; il faut *les raisons*, ou *apprenez mes desseins et tout ce que j'ai fait.*

² Faisons que son amour nous venge de Phocas.

Il paraît que Léontine n'a pris aucune mesure : elle a une espérance vague qu'un jour Martian, se croyant Héraclius, pourra tuer son propre père Phocas; mais elle n'est sûre de rien : elle se repaît de l'idée d'un parricide, à quoi Eudoxe s'oppose très-raisonnablement.

D'ailleurs Léontine n'a qu'un intérêt éloigné à toute cette intrigue. Il n'est guère dans la nature qu'elle ait élevé Martian pour tuer un jour son père; on ne médite pas un parricide de si loin. Aujourd'hui qu'il s'agit de faire régner Héraclius, il n'importe par quelles mains Phocas périsse. Un parricide n'est ici qu'une horreur inutile : à peine est-il question de ce parricide dans la pièce.

La fable a imaginé de telles atrocités dans la famille d'Atrée; mais ce sont les personnages de cette famille qui les commettent eux-mêmes, emportés par la fureur de leur vengeance. Quand ils commettent ces parricides, quand Atrée fait manger à Thyeste ses propres enfants, c'est dans l'excès de l'emportement qu'inspire un outrage récent. Atrée ne médite pas sa vengeance vingt ans; cela serait froid et ridicule. Ici, c'est une gouvernante d'enfants qui, sans aucun intérêt personnel, a livré son propre fils à la mort, il y a vingt ans, dans l'espérance que Martian, substitué à ce fils, tuerait dans vingt ans son père Phocas; cela n'est guère dans l'ordre des possibles.

Remarquons sur-tout que les atrocités font effet au théâtre, quand la passion les excuse, quand celui qui va tuer quelqu'un a des remords, quand cette situation produit de grands mouvements. C'est ici tout le contraire. Il n'y a point de lecteur qui ne fasse aisément toutes ces réflexions; mais au théâtre, le spectateur, occupé de l'intrigue, s'attache peu à démêler ces défauts, qui sont sensibles à la lecture.

3 Je sais qu'un parricide est digne d'un tel père;
Mais faut-il qu'un tel fils soit en péril d'en faire?

Il semble qu'il soit en péril de faire des fils; cela se rapporte à parricide : mais *faire un parricide* ne se dit pas, on dit *commettre un parricide, faire un crime.*

4 Dans le fils d'un tyran l'odieuse naissance
Mérite que l'erreur arrache l'innocence....

La pensée n'est pas exprimée. La naissance ne mérite ni ne démérite. Il veut dire, le fils d'un tyran ne mérite pas d'être vertueux; et encore cela n'est pas vrai. Toutes ces pensées subtiles, obscurément exprimées, choquent les premières lois de l'art d'écrire, qui sont le naturel et la clarté.

5 Et que, de quelque éclat qu'il se soit revêtu,
Un crime qu'il ignore en souille la vertu.

La vertu de l'innocence ! Ces derniers vers sont

vicieux; on dit bien la vertu de la tempérance, de la modération, parce que ce sont des espèces de vertu : l'innocence est l'exclusion de tous les vices, et non une vertu particulière.

SCÈNE IV.

¹ Exupère, madame, est là qui vous demande.

On sent assez que cet *est là* est un terme de domestique qui doit être banni de la tragédie. Ce page ne paraît plus aujourd'hui. On ne connaissait point alors les pages.

² Qu'il entre. A quel dessein vient-il parler à moi....

Parler à moi ne se dit point; il faut *me parler*. On peut dire en reproche, *parler à moi, oubliez-vous que vous parlez à moi ?*

³ Lui que je ne vois point, qu'à peine je connoi ?

On prononce *je connais*; et, du temps même de Corneille, cette diphthongue *oi* était toujours prononcée *ai* dans tous les imparfaits, *j'aurais, je ferais* : auparavant on la prononçait comme *toi, soi, loi. Connoi* pour *connais* est une liberté qu'ont toujours eue les poëtes, et qu'ils ont conservée : il leur est permis d'ôter ou de conserver cette *s* à la fin du verbe, à la première personne du présent; ainsi on met, *je di,* pour *je dis; je fai,* pour *je fais; j'averti,* pour *j'avertis; je vai,* pour *je vais.*

. . . . Je vous en *averti*,
Et, sans compter sur moi, prenez votre parti.
RACINE.

4 Je vous l'ai déjà dit, votre langue nous perd.

Il est intolérable que cette Léontine reproche toujours à sa fille, en termes si bas et si comiques, une indiscrétion qu'Eudoxe n'a point commise : ces reproches sont d'autant plus mal placés, que les discours et les actions de Léontine ne produisent rien.

SCÈNE V.

1. Madame, Héraclius vient d'être découvert. — Eh bien ! — Si…. — Taisez-vous. Depuis quand ? — Tout à l'heure.

C'est encore un dialogue de comédie ; mais le coup de théâtre est frappant.

SCÈNE VI.

1 Léontine a trompé Phocas, etc.

C'est ici que l'intrigue se noue plus que jamais ; c'est une énigme à deviner. Ce Martian, cru Léonce, est-il fils de Maurice, ou de Phocas, ou de Léontine ? Le spectateur cherche la vérité ; il est très-occupé sans être ému. Ces incertitudes n'ont pu encore produire ces grands mouvements, cette terreur, ce pathétique, qui sont l'âme de la vraie tragédie. Mais nous ne sommes encore qu'au second acte. Il semble que l'on aurait pu tirer un bien plus grand parti de l'invention de Caldéron ; rien n'était peut-être plus tragique et plus singulier que de voir deux héros, élevés dans les forêts, dans la pauvreté, dans l'ignorance d'eux-mêmes, qui déploient à la première occasion leur caractère de grandeur. Ce sujet, traité

ACTE II, SCÈNE VI.

avec la vraisemblance qu'exige notre théâtre, aurait reçu de la main de Corneille les beautés les plus frappantes : mais un billet de Maurice dans les mains de Léontine ne peut faire ce grand effet; cela exige des vers de discussion qui énervent le tragique et refroidissent le cœur : aussi la pièce est jusqu'à présent plutôt une affaire difficile à démêler, qu'une tragédie.

☞ 2 . . . . Vous étiez en mes mains
Quand on ouvrit Byzance au pire des humains.

On sent bien qu'il fallait une expression plus noble que *pire des humains*.

3 Ce zèle sur mon sang détourna votre perte.

Ce vers est trop obscur. Comment détourne-t-on la perte d'un autre sur son sang?

4 Mais j'offris votre nom, et ne vous donnai pas.

Cette subtilité affaiblit le pathétique de l'image.

(LÉONTINE, *faisant un soupir.*)
5 Ah! pardonnez, de grâce; il m'échappe sans crime.

Cela ne serait pas souffert à présent. Il était aisé de mettre, *pardonnez ce soupir, il m'échappe sans crime*. Le mal est que ce soupir d'une mère est accompagné d'une dissimulation qui affaiblit tout sentiment tendre. Léontine ne se montre jusqu'ici qu'une intrigante qui a voulu jouer un rôle à quelque prix que ce fût. *a*

a Voltaire appelle souvent Léontine une intrigante. On voit cependant que toute sa conduite et le sacrifice de son propre fils, ont eu pour but de sauver le fils de son empereur.

6 J'ai pris pour vous sa vie, etc.

n'est pas français; il faut, *j'ai donné sa vie pour vous*, et non pas *j'ai pris*.

7 Et nous fit de sa main cette haute fortune.

De sa main est de trop.

8 Voilà ce que mes soins vous laissoient ignorer;
Et j'attendois, seigneur, à vous le déclarer,
Que par vos grands exploits, votre rare vaillance
Pût faire à l'univers croire votre naissance,
Et qu'une occasion pareille à ce grand bruit
Nous pût de son aveu promettre quelque fruit.

Rien n'est plus obscur que ces derniers vers. Qu'est-ce qu'une occasion pareille à un bruit qui peut promettre quelque fruit d'un aveu? l'aveu de qui? l'aveu de quoi? Ne cessons de dire, pour l'instruction des jeunes gens, que la première loi est d'être clair.

☞ 9 Car, comme j'ignorois que....

Il n'est pas permis d'écrire avec cette négligence en prose; à plus forte raison en vers.

10 . . . . Notre grand monarque
En eût pu rien savoir, ou laisser quelque marque....

Quel style! Il veut dire, J'ignorais que Maurice avait pu laisser quelque marque à laquelle on pût reconnaître son fils.

11 Comme sa cruauté, pour mieux gêner Maurice,
Le forçoit de ses fils à voir le sacrifice,
Ce prince vit l'échange, et l'alloit empêcher;
Mais l'acier des bourreaux fut plus prompt à trancher.

Forcer un père à voir égorger ses enfants, est-ce

là simplement le gêner? n'est-ce pas lui faire souffrir un supplice affreux? Que le mot propre est rare! mais qu'il est nécessaire!

Martian, qui s'est toujours cru fils de cette femme, et qui se voit en un instant fils de l'empereur Maurice, demeure muet dans une telle conjoncture; ce qui n'est ni vraisemblable, ni théâtral. Jusqu'ici ni Héraclius ni Martian n'ont été que deux instruments dont on ne sait pas encore comme on se servira. Martian laisse parler Exupère. Mais comment cet Exupère ne lui a-t-il pas parlé plus tôt? est-il possible qu'ayant ce billet *naguère de son cher parent,* il ne l'ait pas porté sur-le-champ à Martian ou à Léonce? Il a conspiré, dit-il, sans en avertir celui pour lequel il conspire! Il a agi précisément comme Léontine; il a voulu tout faire par lui-même. Léontine et Exupère, sans se donner le mot, ont traité les deux princes comme des écoliers : mais cet Exupère est l'ami de Léonce, c'est-à-dire de Martian, cru Léonce; comment Léontine a-t-elle pu dire qu'elle ne le connaît pas? Il y a bien plus; cet Exupère possède ce billet important par lequel une partie du secret de Léontine est révélée, et il s'est mis à la tête d'une conspiration sans en parler à cette Léontine, qui s'est chargée de tout, qui se vante toujours d'être maîtresse de tout! Aucune de ces circonstances n'est croyable; tout paraît amené de la manière la plus forcée. Comment Maurice allait-il empêcher l'échange? Ajoutez que *fut plus prompt à trancher* n'est pas français : il faut un régime à *trancher*; ce n'est pas un verbe neutre.*a*

12 La mort de votre fils arrêta cette envie,
Et prévint d'un moment le refus de sa vie.

Que veut dire *le refus de sa vie?* à quoi se rapporte *sa vie?* qu'est-ce que la mort qui arrête une *envie?* cela n'est ni élégant, ni français, ni clair.

☞ 13 Maurice, à quelque espoir se laissant lors flatter....

Se laissant lors flatter à un espoir n'est pas français; mais si cette faute se trouvait dans une belle tirade, elle serait à peine une faute : c'est la quantité de ces expressions vicieuses qui révolte.

14 S'en ouvrit à Félix, qui vint le visiter.

Quel était ce Félix? comment peut-il visiter Maurice, que Phocas tenait au milieu des bourreaux,

---

a Le silence de Martian paroît assez naturel. Il le justifie d'ailleurs, en disant :

Surpris des nouveautés d'un tel événement,
Je demeure à vos yeux muet d'étonnement.

Exupère n'a pas eu le billet de son parent, mais d'un parent de Félix. Cette inexactitude de la part du commentateur est peu de chose; mais où a-t-il vu qu'Exupère fût l'ami de Martian? Rien ne motive cette assertion. Pourquoi fait-il dire à Léontine qu'elle ne connoît pas Exupère ? Elle a dit seulement : *Lui que je ne vois point, qu'à peine je connois.* Ce fut toujours l'habitude de Voltaire de dénaturer les faits, d'altérer les textes, pour tout arranger à sa convenance. Exupère n'avoit donc aucune raison qui l'engageât à porter sur-le-champ, à Martian, le billet de Maurice. Il en avoit au contraire pour ne pas le lui remettre. *J'ai voulu voir*, dit-il, *combien ce secret auroit de pouvoir parmi le peuple; j'ai fait semer ce bruit sans vous faire connoître.*

et qui fut tué sur le corps de ses enfants? *Venir visiter*, expression de comédie.

15 Armé d'un tel secret, seigneur, j'ai voulu voir
  Combien parmi le peuple il auroit de pouvoir.

Quoi! cet Exupère a agi de son chef, sans consulter personne? son premier devoir n'était-il pas d'avertir celui qu'il croit Héraclius, et de parler à Léontine? Va-t-on soulever ainsi le peuple sans que celui en faveur duquel on le soulève en ait la moindre connaissance? y a-t-il un seul exemple, dans l'histoire, d'une conduite pareille? tout cela n'est-il pas forcé? On permet un peu d'invraisemblance, quand il en résulte de beaux coups de théâtre et des morceaux pathétiques; mais la conduite d'Exupère ne produit que de l'embarras. Ce n'est pas assez qu'une pièce soit intriguée, elle doit l'être tragiquement. Ici Léontine ne fait qu'embrouiller une énigme qu'elle donne à deviner. *a*

16 Sans qu'autres que les deux qui vous parloient là-bas,
  De tout ce qu'elle a fait sachent plus que Phocas.

On ne sait point qui sont ces deux qui parlaient là-bas, et qui n'en savaient pas plus que Phocas. *Sans qu'autres que les deux*, mots durs à l'oreille,

---

a Voltaire revient encore, dans cette remarque, à blâmer Exupère de n'avoir point averti Martian et Léontine. Les raisons qu'Exupère lui-même en a données sont très-plausibles, et rien dans sa conduite ne paroît forcé. Les jeunes gens qui travaillent pour le théâtre doivent faire attention à l'art avec lequel Corneille a préparé tous les ressorts qu'il emploie. On ne peut rien trouver dans ses ouvrages qui ne soit justifié d'avance.

cacophonie inadmissible dans le style le plus commun.

17 Surpris des nouveautés d'un tel événement....

Des nouveautés : ce n'est pas le mot propre; il fallait *de la nouveauté*; et cette expression eût encore été trop faible.

18 Je demeure à vos yeux muet d'étonnement.

Il faut éviter cette petite méprise, et ne pas dire qu'on est muet quand on parle; il pouvait dire, *j'ai resté jusqu'ici muet d'étonnement.* *a*

19 Je sais ce que je dois, madame, au grand service
  Dont vous avez sauvé l'héritier de Maurice.

Cela n'est pas français; c'est un barbarisme. *b*

20 J'aimois, vous le savez; et mon cœur enflammé
  Trouve enfin une sœur dedans l'objet aimé.

On a déjà vu qu'il n'aimait guère. Tous les mouvements du cœur sont étouffés jusqu'ici dans cette pièce sous le fardeau d'une intrigue difficile à débrouiller. Il n'était guère possible qu'au seul Corneille de soutenir l'attention du spectateur, et d'exciter un grand intérêt dans la discussion embrouillée d'un sujet si compliqué et si obscur; ☞ mais malheureusement ce Martian s'explique d'une manière si froide, si sèche et en si mauvais vers, qu'il ne peut faire aucune impression.

a Quelle misérable chicane!

b Voltaire n'a jamais voulu entendre que *dont* s'emploie au lieu de *par lequel*. Nos grammaires actuelles ne laissent aucun doute à cet égard.

ACTE II, SCÈNE VII.

21 Il faut donner un chef à votre illustre bande.

Une bande ne se dit que des voleurs.

22 Il n'eut rien du tyran qu'un peu de mauvais sang.

L'erreur où l'on a été long-temps qu'on se fait tirer son mauvais sang par une saignée, a produit cette fausse allégorie. Elle se trouve employée dans la tragédie d'Andronic : *Quand j'ai du mauvais sang je me le fais tirer.* Et on prétend qu'en effet Philippe II avait fait cette réponse à ceux qui demandaient la grâce de don Carlos. Dans presque toutes les anciennes tragédies il est toujours question de se défaire *d'un peu de mauvais sang.* ☞ Mais le grand défaut de cette scène est qu'elle ne produit aucun des mouvements tragiques qu'elle semblait promettre. *a*

SCÈNE VII.

1 Madame, pour laisser toute sa dignité
  A ce dernier effort de générosité,
  Je crois que les raisons que vous m'avez données
  M'en ont seules caché le secret tant d'années, etc.

Ce discours de Martian est encore trop obscur par l'expression. *La dignité d'un effort,* et les raisons qui ont caché tant d'années *le secret d'un ef-*

---

a N'est-ce que dans les anciennes tragédies qu'il est question de se défaire *d'un peu de mauvais sang?* J'en puis citer une, représentée bien près de cent ans après Héraclius, où l'on trouve ces deux vers :

Je n'ai plus rien du sang qui m'a donné la vie;
Ce sang s'est épuisé, versé pour la patrie.

Cette tragédie moderne est de Voltaire. Voyez le rôle de Polyphonte, dans *Mérope*, scène 3.ᵉ *fort*, sont bien loin de faire une phrase nette. L'esprit est tendu continuellement, non-seulement pour comprendre l'intrigue, mais souvent pour comprendre le sens des vers.

☞ 2 Mais je tiendrois à crime une telle pensée.

Tenir à crime n'est pas français. *a*

3 Quel dessein faisiez-vous sur cet aveugle inceste ?

Cela n'est pas français; il veut dire, qu'attendiez-vous du péril où vous me mettiez de commettre un inceste? quel projet formiez-vous sur cet inceste? Mais on ne peut dire *faire un dessein* : on dit bien *concevoir, former un dessein; mon dessein est d'aller, j'ai le dessein d'aller*, etc., mais non pas *je fais un dessein sur vous*. Racine a dit :

Les grands desseins de Dieu sur son peuple et sur vous,

mais non pas,

Les desseins que Dieu fit sur son peuple et sur vous.

De plus, on a des desseins *sur* quelqu'un, mais on n'a point de desseins *sur* quelque chose; on ne fait point des desseins, on fait des projets. Ces règles paraissent étranges au premier coup d'œil, et ne le sont point. Il y a de la différence entre *dessein* et *projet* : un projet est médité et arrêté; ainsi on fait un projet : *dessein* donne une idée plus vague : voilà pourquoi on dit qu'un général fait un projet de campagne, et non pas un dessein de campagne.

---

a L'académie, dans son Dictionnaire que nous avons déjà cité, a décidé qu'on doit dire *tenir à honneur*, parce que *tenir* signifie *réputer, estimer. Tenir à crime* est donc français.

Ce même embarras, cette même énigme continue toujours. Martian fait des objections à Léontine ; il ne parle de son inceste que pour demander à cette femme *quel dessein elle faisait sur cet inceste*.

4 .... Je le craignois peu, trop sûre que Phocas,
 Ayant d'autres desseins, ne le souffriroit pas.

Pouvait-elle être sûre que Phocas s'opposerait à cet amour ? Elle ne donne ici qu'une défaite ; et tout cela n'a rien de tragique, rien de naturel. *a*

5 Je voulois donc, seigneur, qu'une flamme si belle
 Portât votre courage aux vertus dignes d'elle, etc.

La réponse de Léontine ne peut inspirer que beaucoup de défiance à Martian, qui se croit Héraclius : Je voulais vous rendre amoureux de votre sœur, afin de vous inspirer l'ardeur de venger votre père. Ce discours subtil doit indigner Martian ; il doit répondre : N'aviez-vous pas d'autres moyens ? n'êtes-vous pas une très-méchante et très-imprudente femme, d'avoir pris le parti de m'exposer à être incestueux ? ne valait-il pas mieux m'apprendre ma naissance ? Sur quoi pensez-vous que le motif de venger mon père ne m'eût pas suffi ? fallait-il que je fusse amoureux de ma sœur pour faire mon devoir ? comment voulez-vous que je croie la mauvaise raison que vous m'alléguez ?

a Phocas vouloit marier Pulchérie à son propre fils ; conséquemment Léontine pouvoit être sûre que le tyran s'opposeroit à l'amour du prétendu Léonce.

6 Et j'ose dire encor qu'un bras si renommé
Peut-être auroit moins fait si le cœur n'eût aimé.

Un bras renommé!

7 Achevez donc, seigneur; et puisque Pulchérie
Doit craindre l'attentat d'une aveugle furie....

Elle veut parler du mariage proposé par Phocas; mais ce n'est pas là une aveugle furie. *a*

8 Peut-être il vaudroit mieux moi-même la porter
A ce que le tyran témoigne en souhaiter.

Cela est trop prosaïque: ce sont là des discussions et non pas des mouvements tragiques.

9 Et quand même l'issue en pourroit être bonne,
Peut-être il m'est honteux de reprendre l'état
Par l'infâme succès d'un lâche assassinat.

On reprend la couronne, l'empire, mais non pas l'état; et l'*issue bonne* est trop prosaïque.

10 Peut-être il vaudroit mieux en tête d'une armée
Faire parler pour moi toute ma renommée.....

Voyez comme ce mot *toute* gâte le vers, parce qu'il est superflu.

11 Et trouver à l'empire un chemin glorieux
Pour venger mes parents d'un bras victorieux.

Il semble, par la phrase, que c'est d'un bras ennemi victorieux, du bras de Phocas, qu'il vengera ses parents, et l'auteur entend que le bras victorieux de Martian, cru Héraclius, les vengera. *b*

a Elle ne veut pas parler du mariage proposé par Phocas, mais de la mort dont ce tyran a menacé le refus de Pulchérie.

b Cette remarque n'a d'autre objet que d'étourdir le lecteur, qui certainement comprend que Martian veut dire qu'il vaudroit mieux pour lui ne devoir le trône qu'à son courage.

ACTE II, SCÈNE VIII. 399

¹² C'est dont je vais résoudre avec cette princesse,
　Pour qui non plus l'amour, mais le sang m'intéresse.

Cela n'est pas français; et d'ailleurs les grands mouvements nécessaires au théâtre manquent à cette scène.

☞ ¹³ Adieu.

Martian n'a joué dans cette scène qu'un rôle froid et avilissant. Léontine se moque de lui. Il n'agit point, il ne fait rien, il n'aime point, il n'a aucun dessein, aucun mouvement tragique; il n'est là que pour être trompé.

SCÈNE VIII.

¹ Il semble qu'un démon funeste à sa conduite
　Des beaux commencements empoisonne la suite.

Léontine n'est pas plus claire dans la construction de ses phrases que dans ses intrigues; *funeste à sa conduite*, c'est *la conduite du dessein*, et cela n'est pas français.

² Ce billet, dont je vois Martian abusé,
　Fait plus en ma faveur que je n'aurois osé;
　Il arme puissamment le fils contre le père :
　Mais comme il a levé le bras en qui j'espère....

Suivant l'ordre du discours, c'est ce billet qui a levé ce bras en qui elle espère. On ne peut trop prendre garde à écrire clairement; tout ce qui met dans l'esprit la moindre confusion doit être proscrit.

³ Madame, pour le moins vous avez connoissance
　De l'auteur de ce bruit, et de mon innocence.

Eudoxe ne songe qu'à faire voir à sa mère qu'elle n'a point parlé; elle a été inutile dans toutes ces scènes.

Elle fait aussi des raisonnements, au lieu d'être effrayée, comme elle doit l'être, du sort qui menace le véritable Héraclius qu'elle aime.

4 Vous êtes curieuse, et voulez trop savoir.

Ce vers est intolérable. Léontine parle toujours à sa fille comme une nourrice de comédie : tout cela fait que, dans ces premiers actes, il n'y a ni pitié ni terreur.

5 N'ai-je pas déjà dit que j'y saurois pourvoir?

Le malheur est qu'en effet elle ne pourvoit à rien : on s'attend qu'elle fera la révolution, et la révolution se fera sans elle. Le lecteur impartial, et surtout les étrangers, demandent comment la pièce a pu réussir avec des défauts si visibles et si révoltants. Ce n'est pas seulement le nom de l'auteur qui a fait ce succès, car, malgré son nom, plusieurs de ses pièces sont tombées; c'est que l'intrigue est attachante, c'est que l'intérêt de curiosité est grand, c'est qu'il y a dans cette tragédie de très-beaux morceaux qui enlèvent le suffrage des spectateurs. L'instruction de la jeunesse exige que les beautés et les défauts soient remarqués.

ACTE TROISIÈME.

SCÈNE I.ère 1

La première scène de ce troisième acte a la même obscurité que tout ce qui précède; et par conséquent le jeu des passions, les mouvements du cœur, ne peuvent encore se déployer : rien de terrible, rien de tragique, rien de tendre ; tout se passe en éclaircissements, en réflexions, en subtilités, en énigmes : mais l'intérêt de curiosité soutient la pièce.

² J'approchois de quinze ans, alors qu'empoisonnée, etc.

Voilà encore une nouvelle préparation, une nouvelle avant-scène. On n'apprend qu'au troisième acte que la mère de Pulchérie a été empoisonnée ; on apprend encore qu'elle a dit que Léontine gardait un *trésor* pour la princesse. Tous ces échafauds doivent être posés au premier acte, autant qu'on le peut, afin que l'esprit n'ait plus à s'occuper que de l'action.

3 J'opposois de la sorte à ma fière naissance
Les favorables lois de mon obéissance.

Tous ces raisonnements subtils sur l'amour et sur la force du sang, auxquels Martian répond aussi par des réflexions, sont d'ordinaire l'opposé du tragique. Les subtilités ingénieuses amusent l'esprit dans un livre, et encore très-rarement ; mais tout ce qui n'est point sentiment, passion, pitié, terreur, est froideur au théâtre. Qu'est-ce que c'est qu'une *fière naissance* et les *lois d'une obéissance ?*

☞ 4 C'est un penchant si doux, qu'on y tombe sans peine.

On ne tombe point dans un penchant. Toujours des expressions impropres.

☞ 5 Je sais quelle amertume aigrit de tels divorces.

On aigrit des douleurs, des ressentiments, des

soupçons même. Racine a dit, avec son élégance ordinaire :

> La douleur est injuste, et toutes les raisons
> Qui ne la flattent point aigrissent ses soupçons.

Mais on n'a jamais aigri une séparation ; et une sœur qui ne peut épouser son frère ne fait point un divorce.

> 6 Et la haine à mon gré les fait plus doucement
> Que quand il faut aimer, mais aimer autrement.

Les maximes, les sentences au moins, doivent être claires ; celle-ci n'est ni claire, ni convenable, ni vraie. Il est faux qu'il soit plus agréable d'être obligé de passer de l'amour à la haine que de l'amour à l'amitié. Corneille est tombé si souvent dans ce défaut, qu'il est utile d'en examiner la source.

Cette habitude de faire raisonner ses personnages avec subtilité n'est pas le fruit du génie. Le génie peint à grands traits, invente toujours des situations frappantes, porte la terreur dans l'âme, excite les grandes passions, et dédaigne tous les petits moyens ; tel est Corneille dans le cinquième acte de Rodogune, dans des scènes des Horaces, de Cinna, de Pompée. Le génie n'est point subtil et raisonneur : c'est ce qu'on appelle *esprit,* qui court après les pensées, les sentences, les antithèses, les réflexions, les contestations ingénieuses. Toutes les pièces de Corneille, et sur-tout les dernières, sont infectées de ce grand défaut qui refroidit tout. L'*esprit* dans Corneille, comme dans le grand nombre de nos écrivains modernes, est ce qui perd la littérature :

ce sont les traits du génie de ce grand homme qui seuls ont fait sa gloire et montré l'art. Je ne sais pourquoi on s'est plu à répéter que Corneille avait plus de génie et Racine plus d'esprit; il fallait dire que Racine avait beaucoup plus de goût et autant de génie. Un homme avec du talent et un goût sûr ne fera jamais de lourdes chutes en aucun genre.

☞ 7 J'ai senti comme vous une douleur bien vive
En brisant les beaux fers qui me tenoient captive.

De *beaux fers!* et on reproche à Racine d'avoir parlé d'amour! mais on ne trouve chez lui ni beaux fers, ni beaux feux : ce n'est que dans sa faible tragédie d'Alexandre, où il voulait imiter Corneille, où il fait dire à Éphestion :

Fidèle confident du beau feu de mon maître.

8 Régnez sur votre cœur avant que sur Byzance;
Et, domptant, comme moi, ce dangereux mutin,
Commencez à répondre à ce noble destin.

Ce *dangereux mutin* est une expression qui ne convient que dans une épigramme.

9 Et ce grand nom sans peine a pu vous enseigner
Comment dessus vous-même il vous falloit régner.

Un grand nom qui enseigne comment il faut régner dessus soi-même! Martian caché *sous une aventure,* et qui a pris *la teinture* d'une âme commune! Que d'incorrection! que de négligence! quel mauvais style!

10 Il n'est pas merveilleux si ce que je me crus
Mêle un peu de Léonce au cœur d'Héraclius....
C'est Léonce qui parle, et non pas votre frère.

Ce trait prouve encore la vérité de ce qu'on a

dit, qu'on courait alors après les tours ingénieux et recherchés.

11 Mais si l'un parle mal, l'autre va bien agir.

Cela confirme encore la preuve que le mauvais goût était dominant, et que Corneille, malgré la solidité de son esprit, était trop asservi à ce malheureux usage : il y a même du comique dans ces oppositions de Léonce avec Martian ; et ce jeu de Léonce qui parle, avec Martian qui agit, ressemble à l'Amphitryon qui rejette sur l'époux d'Alcmène les torts reprochés à l'amant d'Alcmène. Ces artifices réussissent beaucoup plus dans le comique, et sont puérils dans la tragédie.

12 Je vais des conjurés embrasser l'entreprise,
Puisqu'une âme si haute à frapper m'autorise,
Et tient que, pour répandre un si coupable sang,
L'assassinat est noble et digne de mon rang.

Pulchérie n'a point dit cela. On peut hasarder que l'assassinat est peut-être pardonnable contre un assassin ; mais que l'assassinat soit digne du rang suprême, c'est une de ces idées monstrueuses qui révolteraient, si leur extrême ridicule ne les rendait sans conséquence.

☞ 13 Puisqu'un amant si cher ne peut plus être à vous,
Ni vous, mettre l'empire en la main d'un époux....

Ce *vous* se rapporte à *peut*, et est un solécisme : mais, encore une fois, cette froide dissertation sur l'inceste est pire que des solécismes.

14 Épousez Martian comme un autre moi-même.

Remarquez toujours que cette combinaison ingénieuse d'incestes, cette ignorance où chacun est de son état, peuvent exciter l'attention, mais jamais aucun trouble, aucune terreur.

15 Ne pouvant être à vous, je pourrois justement
Vouloir n'être à personne, et fuir tout autre amant;
Mais on pourroit nommer cette fermeté d'âme
Un reste mal éteint d'incestueuse flamme.

Toute cette scène est une discussion qui n'a rien de la vraie tragédie. Pulchérie craint qu'on ne nomme *sa fermeté d'âme reste d'inceste!*

16 Outre que le succès est encore à douter.

Outre que ne doit jamais entrer dans un vers héroïque, et *le succès est à douter* est un solécisme. On ne doute pas une chose, elle n'est pas doutée; le verbe *douter* exige toujours le génitif, c'est-à-dire la préposition *de*.

17 Ah! combien ces moments de quoi vous me flattez
Alors pour mon supplice auroient d'éternités!

On n'a jamais dû, dans aucune langue, mettre le mot d'*éternité* au pluriel, excepté dans le dogmatique, quand on distingue mal à propos l'éternité passée et l'éternité à venir, comme lorsque Platon dit que notre vie est un point entre deux éternités; pensée que Pascal a répétée, pensée sublime, quoique, dans la rigueur métaphysique, elle soit fausse.

Remarquez encore qu'on ne peut dire, *ces moments de quoi vous me flattez;* cela n'est pas français : il faut, *ces moments dont vous me flattez.* Remarquez qu'une haine ne voit point l'erreur de sa tendresse; car comment une haine aurait-elle une tendresse? Pulchérie dit encore que sa haine a les yeux mieux ouverts que celle de Martian. Quel langage! et qu'est-ce encore qu'une *mort propice à former de beaux nœuds,* et qui purifie un objet? Il n'est pas permis d'écrire ainsi.

SCÈNE II.

1 Quel est votre entretien avec cette princesse?
  Des noces que je veux?

Ce mot *noces* est de la comédie, à moins qu'il ne soit relevé par quelque épithète terrible : le reste est très-tragique, et c'est ici que le grand intérêt commence. Le tyran a raison de croire que Martian son fils est Héraclius. Voilà Martian dans le plus grand danger, et l'erreur du père est théâtrale.

2 Si vous aimez mon fils, faites-le-moi connoître. —
  Vous le connoissez trop, puisque je vois ce traître.

On pourrait dire que Martian se hâte trop d'accuser Exupère. Il peut, ce semble, penser qu'Exupère, qui est de son côté à la tête de la conspiration, trompe toujours le tyran, autant que soupçonner qu'Exupère trahit son propre parti : dans ce doute, pourquoi accuse-t-il Exupère? *a*

a Exupère, qui n'est pas ordinairement à la suite de Phocas, et qui s'y trouve, ne peut y être que par une trahison; et c'est en effet ce qui l'y introduit. Martian est donc fondé à le croire traître. Nous rappelons à nos lecteurs que, dans ces dernières pièces, nous nous attachons à répondre seulement aux remarques qui attaquent la contexture des ouvrages.

☞ 3 La mort n'a rien d'affreux pour une âme bien née :
A mes côtés pour toi je l'ai cent fois traînée.

On voit la mort, on l'affronte, on la brave, on ne la traîne pas.

☞ 4 Tu prends pour me toucher un mauvais artifice.

On ne prend point un artifice; c'est un barbarisme.

5 Et, se désavouant d'un aveugle secours,
Sitôt qu'il se connoît il en veut à mes jours.

Cela n'est pas français : on désavoue un secours qu'on a donné, on dément sa conduite, on se rétracte, etc.; mais on ne se désavoue pas : *désavouer* n'est point un verbe réciproque, et n'admet point le *de*.

☞ 6 Que ferois-tu pour moi de me laisser la vie ?

C'est un solécisme; il faut, *en me laissant la vie.*

☞ 7 Pour ton propre intérêt sois juge incorruptible.

Incorruptible n'est pas le mot propre; c'est *inexorable*.

8 Je me tiens plus heureux de périr en monarque,
Que de vivre en éclat sans en porter la marque.

Toujours *monarque* et *marque*. On ne dit pas, *vivre en éclat*, encore moins *porter la marque*.

9 Faites-le retirer en la chambre prochaine,
Crispe; et qu'on me l'y garde, attendant que mon choix,
Pour punir son forfait, vous donne d'autres lois.

Attendant que mon choix, ce n'est pas là le mot propre; il veut dire en attendant que j'en dispose, en attendant que tout soit éclairci : du reste on sent assez que cette scène est grande et pathétique. Il est vrai que Pulchérie y joue un rôle désagréable; elle n'a pas un mot à placer. Il faut, autant qu'on le peut, qu'un personnage principal ne devienne pas inutile dans la scène la plus intéressante pour lui.

SCÈNE III.

1 Laisse aller tes soupirs, laisse couler tes larmes.

Expression qui n'est ni noble ni juste. Des soupirs ne vont point. Ce qui est moins noble encore, c'est l'insulte ironique faite inutilement à une femme par un empereur. Un tyran peut être représenté perfide, cruel, sanguinaire, mais jamais bas; il y a toujours de la lâcheté à insulter une femme, surtout quand on est son maître absolu.

2 Il n'a point pris le ciel ni le sort à partie,
Point querellé le bras qui fait ces lâches coups....

On ne fait point des coups; on dit, dans le style familier, faire un mauvais coup, mais jamais faire des coups : on ne querelle point un bras; et il n'y a ici nul bras qui ait fait un coup. Tout le reste du discours de Pulchérie serait d'une grande beauté, s'il était mieux écrit.

☞ 3 Point daigné contre lui perdre un juste courroux.

Point daigné perdre un juste courroux contre un bras !

4 Pour apaiser le père, offre le cœur au fils.

Quelle raison peut avoir Phocas de vouloir que Pulchérie épouse son prétendu fils, quand il se croit sûr de tenir Héraclius en sa puissance? Il sait que

ACTE III, SCÈNE III.

Pulchérie et Héraclius, cru Martian, ne s'aiment point. Offre-t-on ainsi *le cœur*, quand on est menacée de mort ? *a*

5 Crois-tu que sur la foi de tes fausses promesses
Mon âme ose descendre à de telles bassesses ?

Ose est ici contradictoire ; on n'ose pas être bas.

☞ 6 Eh bien, il va périr ; ta haine en est complice.

Autre impropriété ; on est complice d'un criminel, complice d'un crime, mais non pas de ce que quelqu'un va périr.

☞ 7 Et je verrai du ciel bientôt choir ton supplice.

Choir n'est plus d'usage. Cette idée est grande, mais n'est pas exprimée.

☞ 8 Ils trompoient d'un barbare aisément la fureur
Qui n'avoit jamais vu la cour ni l'empereur.

Par la phrase, c'est la fureur de Phocas qui n'avait point vu Maurice : il faut éviter les plus petites amphibologies. Mais peut-on dire d'un homme qui commandait les armées qu'il n'avait jamais seulement vu l'empereur ?

☞ 9 L'un après l'autre enfin se vont faire paroître.

C'est un barbarisme ; on se fait voir, on ne se fait point paraître : la raison en est évidente ; c'est qu'on paraît soi-même, et que ce sont les autres qui vous voient.

a La raison qui feroit désirer à Phocas que son fils épousât Pulchérie, est toujours la même qu'il avoit avant de tenir Héraclius en sa puissance ; l'espoir de gagner le peuple, qui révère en cette princesse et son père Maurice, et son aïeul Tibère.

☞ 10 L'esclave le plus vil qu'on puisse imaginer
Sera digne de moi, s'il peut t'assassiner.

Cet hémistiche, *qu'on puisse imaginer*, est superflu, et sert uniquement à la rime. Quelle idée a Pulchérie d'épouser le dernier homme de la lie du peuple? la noblesse de sa vengeance peut-elle descendre à cette bassesse?

11. Et, sans m'importuner de répondre à tes vœux,
Si tu prétends régner, défais-toi de tous deux.

Le premier vers n'est pas français; il fallait, *et, sans plus me presser de répondre à tes vœux*. Remarquez encore que ce mot *vœux* est trop faible pour exprimer les ordres d'un tyran.

SCÈNE IV.

1 J'écoute avec plaisir ces menaces frivoles.

Cette scène est adroite. L'auteur a voulu tromper jusqu'au spectateur, qui ne sait si Exupère trahit Phocas ou non; cependant un peu de réflexion fait bien voir que Phocas est dupe de cet officier.

Les trois principaux personnages de cette pièce, Phocas, Héraclius et Martian, sont trompés jusqu'au bout : ce serait un exemple très-dangereux à imiter. Corneille ne se soutient pas seulement ici par l'intrigue, mais par de très-beaux détails. Toutes les pièces que d'autres auteurs ont faites dans ce goût sont tombées à la longue. On veut de la vraisemblance dans l'intrigue, de la clarté, de grandes passions, une élégance continue.

² Vous, dont je vois l'amour quand j'en craignois la haine....

Pourquoi craignait-il la haine d'Amintas? et s'il a craint la haine d'Exupère, dont il a fait tuer le père, pourquoi se fie-t-il à cet Exupère? *J'en craignais* n'est pas bien; il fallait, *quand j'ai craint votre haine*. Malgré l'artifice de cette scène, peut-être Phocas est-il un peu trop un tyran de comédie à qui on en fait aisément accroire; il a des troupes, il peut mettre Léontine, Pulchérie et le prétendu Héraclius en prison; il n'a point pris ce parti; il attend qu'Exupère lui donne des conseils; il se rend à tout ce qu'on lui dit.

3 Le seul bruit de ce prince au palais arrêté
Dispersera soudain chacun de son côté.

Le bruit d'un *prince arrêté* qui *disperse* chacun de son côté! Qui ne voit que ces expressions sont à-la-fois familières, prosaïques, et inexactes? *Le bruit d'un prince arrêté!* quelle expression! *Chacun de son côté* est oiseux et prosaïque.

☞ 4 Envoyez des soldats à chaque coin des rues.

Ce n'est pas ainsi qu'on exprime noblement les plus petites choses, et qu'un poète, comme dit Boileau,

Fait des plus secs chardons des lauriers et des roses.

5 Nous aurons trop d'amis pour en venir à bout.

Il doit dire précisément le contraire; nous avons trop d'amis pour n'en pas venir à bout.

6 J'en réponds sur ma tête, et j'aurai l'œil à tout.

J'aurai l'œil à tout, expression de comédie.

☞ 7 C'en est trop, Exupère : allez, je m'abandonne
Aux fidèles conseils que votre ardeur me donne.

L'ardeur d'Exupère qui donne des conseils !

8 Je vais, sans différer, pour cette grande affaire
Donner à tous mes chefs un ordre nécessaire.

Il n'est pas permis dans le tragique d'employer ces phrases, qui ne conviennent qu'au genre familier. Ce n'est pas là cette noble simplicité tant recommandée.

9 Vous, pour répondre aux soins que vous m'avez promis....

Cela n'est pas français ; on répond à la confiance, on exécute ce qu'on a promis.

10 Allez de votre part assembler vos amis....

Il semble par ce mot qu'Exupère soit un homme aussi important que l'empereur, et que Phocas ait besoin de ses amis pour l'aider. Les choses ne se passent ainsi dans aucune cour. Justinien n'aurait pas dit, même à un Bélisaire, assemblez vos amis ; on donne des ordres en pareil cas. *De votre part* est encore une faute ; on peut ordonner de sa part, mais on n'exécute point de sa part : il fallait, *vous, de votre côté, rassemblez vos amis.*

11 Et croyez qu'après moi, jusqu'à ce que j'expire,
Ils seront, eux et vous, les maîtres de l'empire.

Ces mots *après moi*, et *jusqu'à ce que j'expire*, semblent dire *jusqu'à ce que je sois mort, après ma mort. Jusqu'à ce que*, mot rude, raboteux, désagréable à l'oreille, et dont il ne faut jamais se servir.

☞ Plus on réfléchit sur cette scène, et plus on

voit que Phocas y joue le rôle d'un imbécile à qui cet Exupère fait accroire tout ce qu'il veut. *a*

SCÈNE V.[1]

Cette scène entre Exupère et Amintas est faite exprès pour jeter le public dans l'incertitude. Il s'agit du destin de l'empire, de celui d'Héraclius, de Pulchérie et de Martian. La situation est violente; cependant ceux qui sont chargés d'une entreprise si périlleuse n'en parlent pas; ils disent *qu'ils sont en faveur, et qu'ils feront des jaloux;* ils parlent d'une manière équivoque, et uniquement de ce qui les regarde : ces personnages subalternes n'intéressent jamais, et affaiblissent l'intérêt qu'on prend aux principaux. Je crois que c'est la raison pourquoi Narcisse est si mal reçu dans Britannicus, quand il dit :

La fortune t'appelle une seconde fois.

On ne se soucie point de la fortune de Narcisse; son crime excite l'horreur et le mépris : si c'était un criminel auguste, il imposerait. Cependant combien est-il au-dessus de cet Exupère ! que la scène où il détermine Néron est adroite ! et sur-tout qu'elle est supérieurement écrite ! comme il échauffe Néron par degrés ! quel art et quel style !

a Il est assez remarquable que Voltaire ait commencé par faire observer que cette scène est adroite, et qu'il finisse par dire que Phocas y joue le rôle d'un imbécile.

² Nous sommes en faveur, ami; tout est à nous:
L'heur de notre destin va faire des jaloux.

Ces deux vers d'Exupère sont d'un valet de comédie qui a trompé son maître, et qui trompe un autre valet.

ACTE QUATRIÈME.

SCÈNE I.ère ¹

L'EMBARRAS croît, le nœud se redouble. Héraclius se croit trahi par Léontine et par Exupère; mais il n'est point encore en péril; il est avec sa maîtresse, il raisonne avec elle sur l'aventure du billet. Les passions de l'âme n'ont encore aucune influence sur la pièce; aussi les vers de cette scène sont tous de raisonnement. C'est, à mon avis, l'opposé de la véritable tragédie. Des discussions en vers froids et durs peuvent occuper l'esprit d'un spectateur qui s'obstine à vouloir comprendre cette énigme; mais ils ne peuvent aller au cœur; ils ne peuvent exciter ni crainte, ni pitié, ni admiration.

² Vous pour qui son amour a forcé la nature?

Il eût été mieux, je crois, de dire, *a dompté la nature;* car *forcer la nature* signifie *pousser la nature trop loin.*

³ Comment voulez-vous donc?... et par un faux rapport,
Confondre en Martian et mon nom et mon sort....

L'expression n'est ni juste ni claire; il veut dire, *donner à Martian mon nom et mes droits.*

4 Et le mettre en état, dessous sa bonne foi,
Dc régner en ma place, ou de périr pour moi....

On ne dit ni *sous,* ni *dessous la bonne foi;* cela n'est pas français.

5 Sûre en soi des moyens de vous rendre l'empire....

On n'est point *sûr en soi.* Mais comment Léontine est-elle sûre du succès? elle a toujours parlé comme une femme qui veut tout faire, et qui ne doute de rien; mais elle n'a point agi, elle n'a fait aucune démarche pour s'éclaircir avec Exupère : il était pourtant bien naturel qu'elle s'informât de tout, et encore plus naturel qu'Exupère la mît au fait. Il semble qu'Exupère et Léontine aient songé à rendre l'énigme difficile, plutôt qu'à servir véritablement.

6 Qu'à vous même jamais elle n'a voulu dire....

Par la construction, elle *n'a pas voulu dire l'empire;* elle veut parler des moyens. Il faut soigneusement éviter ces phrases louches, ces amphibologies de construction.

7 Elle a sur Martian tourné le coup fatal
De l'épreuve d'un cœur qu'elle connoissoit mal.

Tourner le coup de l'épreuve d'un cœur n'est pas intelligible; et tout ce raisonnement d'Eudoxe est un peu obscur.

8 .. L'un et l'autre enfin ne sont que même chose,
Sinon qu'étant trahi je mourrois malheureux,
Et que, m'offrant pour toi, je mourrai généreux.

Ici tous les sentiments sont en raisonnement, et exprimés d'un ton didactique, dans un style qui est celui de la prose négligée. *Ne sont que même chose, sinon*, n'est pas français.

9 Quoi! pour désabuser une aveugle furie,
Rompre votre destin, et donner votre vie!

Rompre un destin, désabuser une furie aveugle! on ne désabuse point une furie, on ne rompt point un destin; ce ne sont pas les mots propres.

10 Souffrir qu'il se trahisse aux rigueurs de mon sort!

Cette expression n'est grammaticale en aucune langue, et n'est pas intelligible; il veut dire qu'il subisse la mort qui m'était destinée : mais le fond de ces sentiments est héroïque; c'est dommage qu'ils soient si mal exprimés.

☞ 11 Et, prenant à l'empire un chemin éclatant....

Prendre un chemin éclatant à l'empire!

12 Montrez Héraclius au peuple qui l'attend.

Ce vers est souvent répété, et forme une espèce de refrain; c'est le sujet de la pièce : il y a un peu d'affectation à cette répétition. Cette scène d'ailleurs est intéressante par le fond; il y a de très-beaux vers qui élèvent l'âme quand les raisonnements l'occupent.

☞ 13 Il n'est plus temps, madame; un autre a pris ma place.

Vers de comédie.

14 Il m'ôtera l'ardeur qui me fait soulever.

Cela n'est pas français, et l'expression est aussi obscure que vicieuse : veut-il dire l'horreur qui soulève mon cœur, ou l'horreur qui me force à soulever le peuple, ou l'horreur qui me porte à me soulever contre le tyran ?

¹⁵ Au tombeau comme au trône on me verra courir,

est fort beau.

SCÈNE II.

¹ Seigneur, ne croyez rien de ce qu'il vous va dire.

Ce vers serait également convenable à la comédie et à la tragédie ; c'est la situation qui en fait le mérite ; il échappe à la passion, il part du cœur ; et si Eudoxe avait eu un amour plus violent, ce vers ferait encore plus d'effet.

SCÈNE III.

¹ Qu'on le fasse venir. Pour en tirer l'aveu
Il ne sera besoin ni du fer ni du feu.

Pour en tirer l'aveu est une faute ; cet *en* ne peut se rapporter qu'à Martian dont on parle ; mais *en tirer l'aveu* signifie *tirer l'aveu de quelque chose* : il fallait donc dire quel est cet aveu qu'on veut tirer.

² La perfide ! ce jour lui sera le dernier.

Cela n'est pas français : *ce jour est mon dernier jour*, et non pas *m'est le dernier jour*.

SCÈNE IV. ¹

Jusqu'ici le spectateur n'a été qu'embarrassé et inquiet ; à présent il est ému par l'attente d'un grand événement.

² Tout ce que je demande à votre juste haine,
C'est que de tels forfaits ne soient pas impunis.

Cela est dit ironiquement et à double entente, car ni Héraclius ni Martian n'ont commis de forfaits. La figure de l'ironie doit être employée bien sobrement dans le tragique.

³ Voilà tout mon souhait et toute ma prière.
M'en refuserez-vous?

Cet *en* était alors en usage dans les discours familiers; témoin ce vers du Cid, *Le roi, quand il en fait, le mesure au courage.*

⁴ Et, semant de nos noms un insensible abus,
Fit un faux Martian du jeune Héraclius.

Semer un abus des noms ne peut se dire. Ces expressions, aussi obscures que forcées, se rencontrent souvent; mais la situation empêche qu'on ne remarque ces petites fautes au théâtre. Tous les esprits sont en suspens. Qui des deux est Héraclius? qui des deux va périr? Rien n'est plus intéressant ni plus terrible.

⁵ Tu fais après cela des contes superflus.

Quoique les expressions les plus simples deviennent quelquefois les plus tragiques par la place où elles sont, ce n'est pas en cet endroit; c'est quand elles expriment un grand sentiment. *Des contes* est ignoble.

⁶ Si ce billet fut vrai, seigneur, il ne l'est plus.

C'est encore une énigme, ou plutôt un procès par écrit. Il faut au quatrième acte essuyer encore une avant-scène, informer le spectateur de tout ce qui s'est passé autrefois; mais cette explication même jette tant de trouble dans l'âme de Phocas, et rend le sort de Martian si douteux, qu'elle devient un coup de théâtre pour les esprits extrêmement attentifs.

7 Cependant Léontine, étant dans le château,
Reine de nos destins et de notre berceau....

On n'est point reine d'un destin, encore moins d'un berceau.

8 Pour me rendre le rang qu'occupoit votre race,
Prit Martian pour elle, et me mit en sa place.

On ne peut se servir de *race* pour signifier *fils*. On désirerait dans toute cette tirade un style plus tragique et plus noble.

9 Perdez Héraclius, et sauvez votre fils.

C'est encore un refrain : on y voit peut-être encore trop d'apprêt. L'auteur se complaît à dire par ce refrain le mot de l'énigme. Je crois cependant que cette répétition est ici mieux placée que celle-ci, *montrez Héraclius au peuple,* laquelle revient trop souvent. La situation est très-intéressante.

10 Tombé-je dans l'erreur, ou si j'en vais sortir?

Il faut, *ou bien vais-je en sortir?* Ce *si* s'employait autrefois par abus en sous-entendant, je demande, ou dis-moi *si j'en vais sortir;* mais c'est une faute contre la langue : il n'y a qu'un cas où ce *si* est admis, c'est en interrogation; *si* je parle? *si* j'obéis? *si* je commets ce crime? on sous-entend, qu'arrivera-t-il? qu'en penserez-vous? etc.; mais alors il ne faut pas faire précéder ce *si* par une autre figure; il ne faut pas dire, *parlé-je à un sage*, ou *si je parle à un courtisan?*

11 Elle a pu les changer, et ne les changer pas;

Et plus bas,

Elle a pu l'abuser, et ne l'abuser pas,

sont des vers de comédie; mais la force de la situation les rend tragiques. La contestation d'Héraclius et de Martian me paraît sublime. Si Phocas joue un rôle faible et très-embarrassant pour l'acteur pendant cette noble dispute, il devient tout d'un coup noble et intéressant dès qu'il parle.

12 Et plus que vous, seigneur, dedans l'inquiétude,
Je ne vois que du trouble et de l'incertitude.

Le premier vers est mal fait, indépendamment de cette faute, *dedans;* mais Exupère dit ce qu'il doit dire.

13 Vous voyez quels effets en ont été produits.

Cet *en* est vicieux, et le vers est trop faible.

14 . . . . Ah ciel! quelle est sa ruse!

Ce mot *ruse* ne doit point entrer dans le tragique, à moins qu'il ne soit relevé par une épithète noble.

15 Elle a pu l'abuser, et ne l'abuser pas.

Cette ressemblance affectée avec ce vers, *elle a pu les changer et ne les changer pas,* est un peu trop du style de la comédie.

☞ 16 Tu vois comme la fille a part au stratagème.

Vers de comédie : ôtez les noms d'empereur et de prince, l'intrigue en effet et la diction ne sont pas tragiques jusqu'ici ; mais elles sont ennoblies par l'intérêt d'un trône, et par le danger des personnages.

17 Ami, rends-moi mon nom ; la faveur n'est pas grande ;
Ce n'est que pour mourir que je te le demande, etc.

Ici le dialogue se relève et s'échauffe : voilà du tragique.

18 Et nos noms au dessein donnent un divers sort,

est obscur, parce que *sort* n'est pas le mot propre : il veut dire, *nos noms mettent une grande différence dans notre action;* mais cette différence n'est pas le *sort*.

19 Dedans Héraclius il a gloire solide,
Et dedans Martian il devient parricide.

Il a gloire n'est pas permis dans le style noble ; il devait dire, *c'est dans Héraclius une gloire solide.*

20 Puisqu'il faut que je meure, illustre ou criminel....

Illustre n'est pas opposé à *criminel,* parce qu'on peut être un criminel illustre.

21 Couvert ou de louange, ou d'opprobre éternel,

n'est pas français ; il faut, *d'un opprobre éternel. D'opprobre* est ici absolu, et ne souffre point d'épithète ; et on ne peut dire *couvert de louange,* comme on dit *couvert de gloire, de lauriers, d'opprobre, de honte.* Pourquoi ? c'est qu'en effet la honte, la gloire, les lauriers semblent environner un homme, le couvrir : la gloire couvre de ses rayons; les lauriers couvrent la tête; la honte, la rougeur, couvrent le visage; mais la louange ne couvre pas.

22 Mon nom seul est coupable....

C'est là, ce me semble, une très-noble hardiesse d'expression.

23 Il conspira tout seul, tu n'en es point complice.

On ne peut pas dire qu'un nom a conspiré. *Tu n'en es point complice* est une petite faute.

24 Et, lorsque contre vous il m'a fait entreprendre,
La nature en secret auroit su m'en défendre.

Ce verbe *entreprendre* est actif, et veut ici absolument un régime. On ne dit point *entreprendre* pour *conspirer*.

N. B. C'est parler très-bien que de dire, *je sais méditer, entreprendre, et agir*, parce qu'alors *entreprendre, méditer* ont un sens indéfini. Il en est de même de plusieurs verbes actifs qu'on laisse alors sans régime : il avait une tête capable d'imaginer, un cœur fait pour sentir, un bras pour exécuter; mais *j'exécute contre vous, j'entreprends contre vous, j'imagine contre vous*, n'est pas français. Pourquoi? parce que ce défini *contre vous* fait attendre la chose *qu'on imagine, qu'on exécute, et qu'on entreprend;* vous ne vous êtes pas expliqué. Voyez comme tout ce qui est règle est fondé sur la nature.

25 Juge sous les deux noms ton dessein et tes feux,

n'est pas français ; il faut un *de*. *Juger*, avec un accusatif, ne se dit que quand on juge un coupable, un procès ; on juge une action bonne ou mauvaise. De plus, ce vers est obscur ; *juge ton dessein et tes feux sous les deux noms.*

26 Et n'eût pas eu pour moi d'horreur d'un grand forfait.

Pour moi n'est pas français ainsi placé ; il veut dire, *n'eût pas eu horreur de me rendre parricide.*

27 Ce favorable aveu dont elle t'a séduit
T'exposoit aux périls pour m'en donner le fruit.

On ne peut pas dire, *elle t'a séduit d'un aveu ;* il faut *par un aveu* ; et *aveu* n'est pas ici le mot propre, puisque Héraclius regarde cette confidence comme une feinte.

Avertissons toujours que ces fautes contre la langue sont pardonnables à Corneille.

Boileau a dit, et répétons encore après lui :

Sans la langue, en un mot, l'auteur le plus divin,
Est toujours, quoi qu'il fasse, un méchant écrivain.

Cela est vrai pour quiconque est venu après Corneille, mais non pas pour lui, non-seulement à cause du temps où il est venu, mais à cause de son génie.

28 Hélas ! je ne puis voir qui des deux est mon fils, etc.

Ce que Phocas dit ici est bien plus intéressant que dans Caldéron ; et les quatre derniers beaux vers, *O malheureux Phocas !* font, je crois, une impression bien plus touchante, parce qu'ils sont mieux amenés. Phocas, dans l'espagnol, dit aux deux princes, *Es-tu mon fils?* tous deux répondent à la fois, *non*; et c'est à ce mot que Phocas s'écrie, *O malheureux Phocas! ô trop heureux Maurice!* etc.

Cette manière est fort belle, j'en conviens; mais n'y a-t-il rien de trop brusque? Ces quatre beaux vers de Caldéron ne sont-ils pas un jeu d'esprit? Il trouve d'abord que Maurice a deux fils, et que lui n'en a plus : cette idée ne demande-t-elle pas un peu de préparation? Quand les deux enfans ont répondu *non*, la première chose qui doit échapper à Phocas n'est-ce pas une expression de douleur, de colère, de reproche? J'avoue que le *non* des deux princes est fort beau, et qu'il convient très-bien à deux sauvages comme eux.

On peut dire encore que *pour vivre après toi, pour régner après moi*, n'a pas l'énergie de l'espagnol; ces deux fins de vers, *après toi, après moi*, font languir le discours. Caldéron est bien plus précis :

>   Ah! venturoso Mauricio!
>   Ah! infeliz Phocas, quien vio
>   Che para reynar no quiera
>   Ser hijo de mi valor
>   Uno, y che quieran del tuyo
>   Ser lo para morir dos!

29 De quoi parle à mon cœur ton murmure imparfait?
Ne me dis rien du tout, ou parle tout-à-fait.

Ces deux beaux vers de cette admirable tirade ont été imités par Pascal, et c'est la meilleur de ses pensées. Cela fait bien voir que le génie de Corucille, malgré ses négligences fréquentes, a tout créé en France. Avant lui, presque personne ne pensait avec force et ne s'exprimait avec noblesse.

3º Qu'aux honneurs de ta mort je dois porter envie,
Puisque mon propre fils les préfère à sa vie!

Ces deux derniers vers, faibles et languissants, gâtent la tirade ; il fallait, comme Caldéron, finir à *para morir dos*. D'ailleurs, *les honneurs de la mort* n'est pas juste ; *mon fils préfère les honneurs de la mort à la vie*. Y a-t-il eu dans Maurice de l'honneur à mourir? quels honneurs a-t-il eus? Il n'y a de beau que le vrai exprimé clairement.

SCÈNE V.[1]

Toute cette scène de Léontine est très-belle en son genre, car Léontine dit tout ce qu'elle doit dire, et le dit de la manière la plus imposante. La seule chose qui puisse faire de la peine, c'est que cette Léontine, qui semblait, dès le second acte, conduire l'action, qui voulait qu'on se reposât de tout sur elle, n'agit point dans la pièce ; et c'est ce que nous examinerons sur-tout au cinquième acte.

[2] Je m'en consolerai quand je verrai Phocas
Croire affermir son sceptre en se coupant le bras,
Et de la même main son ordre tyrannique
Venger Héraclius dessus son fils unique.

Un ordre n'a point de main, et la phrase est trop incorrecte : *Je verrai Phocas se couper le bras, et son ordre venger Héraclius de la même main!*

3 Tant ce qu'il a reçu d'heureuse nourriture
Dompte ce mauvais sang qu'il eut de la nature !

Ce terme, *nourriture*, mérite d'être en usage ; il est très-supérieur à *éducation*, qui, étant trop long, et composé de syllabes sourdes, ne doit pas entrer dans un vers.

4 Il seroit lâche, impie, inhumain comme toi.

Remarquez que, dans le cours de la pièce, Phocas n'a été ni lâche, ni impie, ni inhumain ; ces injures vagues sentent trop la déclamation ; et, encore une fois, une domestique ne parle point ainsi à un empereur dans son propre palais. Qu'il serait beau de faire sous-entendre toutes les injures que disent Léontine et Pulchérie, au lieu de les dire ! que ce ménagement serait touchant et plein de force ! Mais que ce vers est beau, *C'est du fils d'un tyran que j'ai fait un héros !* Il est un peu gâté par les deux vers faibles qui le suivent. *a*

5 Et tu me dois ainsi plus que je ne te doi.

On dit indifféremment *dois* et *doi, vois* et *voi*,

---

a Quoi ! Phocas qui a usurpé le trône, qui a fait périr Maurice et ses trois fils, qui menace Pulchérie de la mort, et qui veut faire mourir les deux princes parce qu'il sait que l'un d'eux est Héraclius, Phocas ne mérite pas qu'on l'appelle lâche, impie, inhumain ! Léontine ne peut-elle lui adresser ce reproche, parce qu'elle a élevé un de ses fils ? La connoissance qu'elle seule a de ce dernier, la perplexité dans laquelle elle tient, à cet égard, le tyran, qui a tant de raisons de l'épargner, ne donnent-elles pas à cette femme, qui a sauvé le dernier fils de l'empereur légitime, une élévation, une importance qui la mettent en droit de tout dire, quand elle a le pouvoir de tout taire ?

crois et *croi*, *fais* et *fai*, *prens* et *pren*, *rends* et *ren*, *dis* et *di*, *avertis* et *averti*, mais il n'est pas d'usage d'y comprendre, *je suis, je puis,* ou *je peux*; on ne peut dire, *je pui, je peu, je sui*: et toutes les fois que la terminaison est sans *s* on ne peut y en ajouter une; il n'est pas permis de dire, *je donnes, je soupires, je trembles.*

☞ 6 Ne vous exposez plus à ce torrent d'injures,
Qui, ne faisant qu'aigrir votre ressentiment,
Vous donne peu de jour pour ce discernement.
Laissez-la-moi, seigneur, quelques moments en garde.

Peu de jour pour un discernement, quelques moments en garde, sont de petits défauts; le plus grand, si je ne me trompe, c'est que Léontine et cet Exupère traitent toujours un empereur éclairé et redoutable comme on traite un vieillard de comédie, qu'on fait donner dans tous les panneaux.

7 Vous savez à quel point l'affaire m'intéresse.

Comment ce subalterne peut-il faire entendre que l'affaire l'intéresse particulièrement? Quel autre intérêt peut-il être supposé y prendre devant Phocas, que l'intérêt d'obéir à son maître? Mais il répond à sa pensée; il entend qu'il y va de sa vie s'il vient à bout de trahir Phocas.

8 Je saurai cependant prendre à part l'un et l'autre;
Et peut-être qu'enfin nous trouverons le nôtre.

Le nôtre est incorrect et comique; il est incorrect parce que ce *nôtre* ne se rapporte à rien; il est comique parce que *le nôtre* est familier, et qu'un prince qui veut dire *peut-être qu'enfin je décou-*

vrirai mon fils, ne dit point, en changeant tout d'un coup le singulier en pluriel, *nous trouverons le nôtre.*

2 . . . . Vous autres, suivez-moi.

Vous autres ne se dit point dans le style noble.

SCÈNE VI.

1 On ne peut nous entendre. . . .

Quoi ! ils sont dans la chambre même de l'empereur, et on ne peut les entendre !

2 L'apparence vous trompe, et je suis en effet.... —
L'homme le plus méchant que la nature ait fait.

Ce n'est pas là, je crois, ce que Léontine devrait dire; ce n'est pas là cette femme si adroite, si supérieure, qui se vantait de venir à bout de tout : il me semble qu'elle aurait dû, dans le cours de la pièce, faire l'impossible pour s'entendre avec Exupère. Elle a traité les deux princes comme des enfants ; et Exupère, qui n'est qu'un subalterne, l'a traitée comme une petite fille : elle n'a point confié son secret qu'elle devait confier, et Exupère ne lui a point dit le sien; c'est une conspiration dans laquelle personne n'est d'intelligence; et par cela seul toute l'intrigue est peut-être hors de la vraisemblance.

Ce vers, *L'homme le plus méchant que la nature ait fait,* est du ton de la comédie.

3 Il n'est aucun de nous à qui sa violence
N'ait donné trop de lieu d'une juste vengeance.

C'est un solécisme; *on donne lieu à quelque*

chose, et non *de quelque chose* ; il donne lieu *à mes soupçons*, et non *de mes soupçons*. Quand on met un *de*, il faut un verbe : *il m'a donné lieu de le haïr* ; *lieu* est prosaïque.

4 Vous voyez la posture où j'y suis aujourd'hui.

Le mot de *posture* n'est pas assez noble.

5 Esprit lâche et grossier, quelle brutalité
Te fait juger en moi tant de crédulité ?

Il me semble qu'au contraire elle doit dire, Est-il bien vrai ? ne me trompez-vous point ? quelle preuve pouvez-vous me donner ? faites-moi parler à quelques conjurés ; je devrais les connaître tous, puisque je me suis vantée de tout faire, mais je n'en connais pas un ; je devrais être d'intelligence avec vous ; nous détestons tous deux le tyran ; il a immolé votre père ; il m'en coûte mon fils ; le même intérêt nous joint : il est ridicule que je ne sache rien ; mettez-moi au fait de tout, et je verrai ce que je dois croire, et ce que je dois faire. Au lieu de dire ce qu'elle doit dire, elle appelle Exupère lâche, grossier, et brutal.

6 Ne me fais point ici de contes superflus.

Elle doit au moins attendre qu'Exupère lui ait fait ces contes.

Je ne sais si je ne me trompe, mais la fin de cette scène entre deux subalternes, approche un peu trop d'une scène de comédie, dans laquelle personne ne s'entend : d'ailleurs elle paraît inutile à la pièce ; elle ne conclut rien. Aime-t-on à voir deux subalternes qui ne s'entendent point, et qui devraient s'entendre? Que font pendant ce temps-là les deux héros de la pièce? rien du tout : il paraît qu'il serait mieux de les faire agir.

ACTE CINQUIÈME.

SCÈNE I.ère

1   Quelle confusion étrange
      De deux princes fait un mélange
      Qui met en discord deux amis! etc.

On a presque toujours retranché aux représentations ces stances; elles ne valent ni celles de Polyeucte, ni celles du Cid : ce n'est qu'une ode du poëte sur l'incertitude où les héros de la pièce sont de leur destinée; ce n'est qu'une répétition de tous les sentiments tant de fois étalés dans la pièce; et, puisque c'est une répétition, c'est un défaut.

Un mélange de deux princes, de deux amis en discord, un sort brouillé, ce qu'Héraclius a de connaissance qui brave une orgueilleuse puissance, ne sont pas des manières de parler qui puissent entrer ni dans une tragédie, ni dans des stances.

SCÈNE II.

1   O ciel! quel bon démon devers moi vous envoie,
    Madame? — Le tyran, qui veut que je vous voie.

On sent ici que le terrain manque à l'auteur : cette scène est entièrement inutile au dénoûment de la pièce ; mais non-seulement elle est inutile, elle n'est pas vraisemblable : il n'est pas possible que Phocas se serve ici de la fille de Maurice comme il emploierait un confident sur lequel il compterait ; il l'a menacée vingt fois de la mort ; elle lui a parlé avec la plus grande horreur et le plus profond mépris, et il l'envoie tranquillement pour surprendre le secret d'Héraclius. ☞ Une telle disparate, un tel changement dans le caractère devrait au moins être excusé, s'il peut l'être, par une exposition pathétique du trouble extrême où est Phocas, et qui le réduit à implorer le secours de Pulchérie même, sa mortelle ennemie.

☞ 2 Par vous-même en ce trouble il pense réussir !

Réussir en un trouble !

3 Il le pense, seigneur ; et ce brutal espère
Mieux qu'il ne trouve un fils que je découvre un frère.

Il faut qu'en effet il soit non-seulement brutal, mais abruti, pour avoir remis ses intérêts entre les mains de Pulchérie.

4 Comme si j'étois fille à ne lui rien celer....

Tout cela est écrit du style de la comédie, et c'est dans un moment qui devrait être très-tragique.

5 De tout ce que le sang pourroit me révéler !

Un sang qui révèle est une expression bien impropre, bien obscure, bien irrégulière. Les plus beaux sentiments révolteraient avec un si mauvais style.

6 Puisse-t-il, par un trait de lumière fidèle,
Vous le mieux révéler qu'il ne me le révèle!

Voilà trois *révèle*. Il faut éviter les répétitions, à moins qu'elles ne donnent une grande force au discours; *et qu'il ne me le* fait un son désagréable.

7 Ah! prince, il ne faut point d'assurance plus claire;
Si vous craignez la mort, vous n'êtes point mon frère.

Cela est bien subtil; ce ne sont pas là des raisons: elle se presse trop; elle joue sur le mot de *frayeur*. Tout ce que disent ici Héraclius et Pulchérie n'ajoute rien à l'intrigue, ne conduit en rien au dénoûment. *Assurance plus claire* n'est ni un mot noble, ni le mot propre; on a une ferme assurance, une preuve claire.

☞ 8 J'ai beau faire et beau dire afin de l'irriter,
Il m'écoute si peu qu'il me force à douter.

Cela n'a pas besoin de commentaire; mais de si basses trivialités étonnent toujours.

☞ 9 Malgré moi comme fils toujours il me regarde.

Il faut, *comme son fils*.

10 Ah! vous ne l'êtes point, puisque vous en doutez.

C'est encore une de ces subtilités qui ne vont point au cœur, qui ne causent ni terreur ni trouble: il faut, dans un cinquième acte, autre chose que du raisonnement; et ce raisonnement de Pulchérie n'est pas juste. Héraclius peut très-bien douter qu'il soit fils de Maurice, et cependant être son fils; il a même les plus grandes raisons pour en douter. Boileau condamnait hautement dans Corneille toutes ces scènes de raisonnements, et sur-tout celles qui refroidissent toutes les pièces qu'il fit après Héraclius :

> En vain vous étalez une scène savante ;
> Vos froids raisonnements ne feront qu'attiédir
> Un spectateur toujours paresseux d'applaudir,
> Et qui, des vains efforts de votre rhétorique
> Justement fatigué, s'endort, ou vous critique.

Il est cependant naturel qu'Héraclius explique ses doutes. Le grand défaut de cette scène est, comme on l'a dit, qu'elle ne conduit à rien du tout.

11 L'œil le mieux éclairé sur de telles matières
Peut prendre de faux jours pour de vives lumières ;
Et comme notre sexe ose asez promptement
Suivre l'impulsion d'un premier mouvement, etc.

Ces expressions de comédie, et la réflexion *sur notre sexe*, achèvent de refroidir.

12 Et quoique la pitié montre un cœur généreux....

Ce terme *montre* n'est pas propre ; on croirait que la pitié a un cœur. Ces petites négligences seraient à peine remarquables si elles n'étaient fréquentes ; et ces inattentions étaient très-pardonnables pour le temps. Il fallait peut-être *prouve un cœur généreux,* ou bien *et quoique la pitié soit d'un cœur généreux.*

13 Celle qu'on a pour lui de ce rang dégénère.

De quel rang ? Est-ce du rang des cœurs généreux ? on ne dégénère point d'un rang.

14 Vous le devez haïr, et fût-il votre père.

Cela n'est pas vrai; un fils ne doit point haïr un père qui l'a élevé avec tendresse : ce sentiment est pardonnable dans la bouche de Pulchérie; mais doit-elle l'alléguer comme un motif déterminant?

SCÈNE III.

1 Quelque effort que je fasse à lire dans son âme,
Je n'en vois que l'effet que je m'étois promis.

Cela n'est pas français; *on a de la peine à lire; on fait effort pour lire*, et *l'effet d'un effort* n'a pas un sens assez clair.

2 Je trouve trop d'un frère, et vous trop peu d'un fils.

Elle ne fait là que répéter ce que Phocas a dit au quatrième acte; et cette antithèse de *trop* et de *trop peu* est souvent répétée.

3 Il tient en ma faveur leur naissance couverte.

Le ciel qui tient une naissance couverte! ce n'est pas le mot propre; *couvert* ne veut pas dire *incertain, obscur*.

4 En crois-tu mes soupirs? en croiras-tu mes larmes?

Il y a ici une remarque importante à faire pour toute la tragédie, c'est qu'il ne faut jamais faire en aucun cas ni soupirer ni pleurer ceux dont les larmes ne font soupirer ni pleurer personne. Pour peu qu'on connaisse le cœur humain, on sent bien que les soupirs et les larmes d'un Phocas ressemblent à la voix du loup berger.

ACTE V, SCÈNE III.

5 C'est me l'ôter assez (son fils) que ne vouloir plus l'être. —
C'est vous le rendre assez que le faire connoître. —
C'est me l'ôter assez que me le supposer. —
C'est vous le rendre assez que vous désabuser.

Ces répétitions, *ôter assez, rendre assez,* font une espèce de jeu de mots et de symétrie qui, n'ajoutant rien à la situation, peuvent faire languir.

6 Fais vivre Héraclius sous l'un ou l'autre sort.

On ne peut dire, *vivre sous un sort.*

7 Ah ! c'en est trop enfin, et ma gloire blessée
Dépouille un vieux respect où je l'avois forcée.

Je ne sais si Héraclius, dans l'incertitude où il est de sa naissance, doit répondre avec tant d'indignation et de mépris à un empereur qui est peut-être son père. Cette scène d'ailleurs fait un grand effet, quoique la perplexité où est le spectateur n'ait point augmenté ; mais c'est beaucoup que dans un tel sujet elle soit toujours entretenue : c'est un grand art d'y être parvenu, et c'est une grande ressource de génie. Martian fait seulement un personnage froid dans la scène ; il n'y parle qu'une fois, et est un personnage purement passif. [a]

[a] Héraclius n'a aucune incertitude de sa naissance ; il sait, dans toute la pièce, qu'il est fils de Maurice. C'est parce qu'il le sait, qu'il dit à Pulchérie, acte 1.er, scène 4 :

Ce n'est pas à nous deux d'unir les deux maisons.

Il a même révélé ce secret à Eudoxe, son amante, qui dit à Léontine, sa mère, scène 1.re du 2.e acte :

S'il m'eût caché son sort, il m'auroit mal aimée.

Lui-même dit à Léontine, 2.e scène du 2.e acte :

8 J'accepte en sa faveur ses parents pour les miens, etc.

Toute cette tirade est véritablement tragique; voilà de la force, du pathétique, et de beaux vers.

9 ... Donne-m'en pour marque un véritable effet.

Cela n'est pas français.

10 Ne laisse plus de place à la supercherie.

Jamais ce mot ne doit entrer dans la tragédie.

11 J'aurois pour cette honte un cœur assez léger!

Cela n'est pas français; *un cœur léger pour une honte!* Et cette légèreté consisterait à épouser son frère. Cette scène ne finit pas heureusement.

SCÈNE IV.

1 Seigneur, vous devez tout au grand cœur d'Exupère.

On dirait, à ce mot de *grand cœur,* qu'Exupère

> ...... Madame, il n'est plus temps de taire
> D'un si profond secret le dangereux mystère.
> ....
> *Je suis fils de Maurice;* il m'en veut faire gendre.

Voltaire a dit lui-même, sixième remarque sur la quatrième scène de l'acte premier: « Le lecteur doit se souvenir qu'Héraclius « *sait bien* que Phocas n'est point son père. » Que veut donc dire le commentateur, objectant l'incertitude où Phocas est de sa naissance? Ne seroit-on pas, à tout moment, fondé à croire que Voltaire n'a mis que de la négligence dans ses commentaires, s'il n'avoit répété plusieurs fois *qu'il a lu les pièces de Corneille avec la plus grande attention, et qu'il est sûr de lui;* et enfin si après s'être occupé pendant quatre ans de sa première édition, il n'en avoit pas fait une seconde, dix ans après, en ajoutant grand nombre de remarques?

Comment se fait-il donc que quelques personnes cherchent à excuser Voltaire, en disant qu'il a attaché peu d'importance à ses commentaires?

est un héros qui a offert son secours à Phocas ; mais ce n'est qu'un officier qui a obéi aux ordres de son maître, et qui a arrêté des séditieux : et comment n'a-t-il employé que ses amis ? L'empereur n'avait-il pas des gardes ?

SCÈNE V.

1 Trouve, ou choisis mon fils, et l'épouse sur l'heure.

Est-ce là le temps d'un mariage ? De plus, Phocas doit-il faire sur-le-champ sa belle-fille d'une personne dont il connaît la haine implacable ? Il n'a nul besoin d'elle, puisqu'il se croit maître de l'état. Il les laisse tous trois : qu'en espère-t-il ? Il a vu qu'il est haï de tous les trois ; il doit penser qu'ils tiendront conseil contre lui. Ne voit-on pas un peu trop que c'est uniquement pour ménager une scène entre Pulchérie et les deux princes ?

2 Je jure à mon retour qu'ils périront tous deux.

Il faut, *je jure qu'à mon retour ils....*

3 Je ne veux point d'un fils dont l'implacable haine
Prend ce nom pour affront, et mon amour pour gêne.

On ne prend point un amour pour gêne ; il veut dire que sa tendresse gêne Héraclius. On ne dit pas non plus, *prendre un nom pour affront*, mais *pour un affront.*

4 A mourir ! jusque-là je pourrois te chérir !

Convenons que rien n'est plus outré : un tyran furieux peut bien dire à son ennemi qu'il aime mieux le faire languir dans de longs supplices que de lui donner la mort; mais peut-on dire à une fille, *je ne t'aime pas assez pour te faire mourir?*

5. Et pense.... — A quoi, tyran? — A m'épouser moi-même.

On ne s'attendait point à cette alternative; elle aurait quelque chose de trop comique, si cette saillie d'un vieillard n'était tout d'un coup relevée par le vers suivant:

6 Quel supplice! — Il est grand pour toi; mais il t'est dû.

Si on ne considère ici que la fille de Maurice, ce n'est guère un plus grand supplice pour elle d'être impératrice que d'être bru de l'empereur régnant; mais l'âge d'un vieillard qui se présente pour époux au lieu de son fils, pourrait donner du ridicule à ces expressions, *Quel supplice! — Il est grand*.

Remarquez que cette menace soudaine et inattendue que Phocas fait à Pulchérie de l'épouser, donne lieu à une dissertation dans la scène suivante. Il semble que l'empereur ne laisse Martian, Héraclius et Pulchérie ensemble, que pour leur donner lieu d'amuser la scène en attendant le dénoûment.

SCÈNE VI.

1 L'une et l'autre fortune en montre la foiblesse;
L'une n'est qu'insolence, et l'autre que bassesse.

Si Pulchérie et ces princes étaient des personnages agissants, Pulchérie ne débiterait pas des sentences. Phocas n'a point montré de bassesse; c'est un père qui cherche à connaître son fils; il n'y a là rien de bas.

ACTE V, SCÈNE VI.

2 Il n'est point de conseil qui vous soit salutaire
Que d'épouser le fils pour éviter le père.

La syntaxe demandait, il n'est de conseil salutaire pour vous que d'épouser le fils; éviter le père est trop faible.

3 Mais, madame, on peut prendre un vain titre d'époux,
Abuser du tyran la rage forcenée,
Et vivre en frère et sœur sous un feint hyménée.

Vivre en frère et sœur; cette expression est trop familière, et n'est pas correcte. Pulchérie demande conseil; Martian lui conseille d'épouser Héraclius sans user des droits du mariage : il faut convenir que c'est là un très-petit artifice, et indigne de la tragédie. Ces conversations, dans un cinquième acte, lorsqu'on doit agir, sont presque toujours très-languissantes. Je ne sais s'il n'y a pas, dans la pièce extravagante et monstrueuse de Caldéron, un plus grand fonds de tragique, quand le fils de Phocas veut tuer son père. C'était même pour un parricide que Léontine l'avait réservé; elle s'en explique dès le second acte; on s'attend à cette catastrophe. Le fils de Phocas, près de tuer cet empereur, et Héraclius voulant le sauver, pouvaient former un beau coup de théâtre; cependant il n'arrive rien de ce que Léontine a projeté, et Martian ne fait autre chose, dans tout le cours de la pièce, que dire, *Qui suis-je?*

4 Sus donc.

On se servait autrefois de ce mot dans le discours.

familier; il veut dire, *vite, allons, courage, dépêchez-vous.*

Sus, sus, du vin par-tout; versez, garçon, versez.
PO U R C E A U G N A C.

Mais Pulchérie ne peut dire, *allons vite, sus, qui veut feindre avec moi? qui veut m'épouser, pour ne point jouir des droits du mariage?*

5 Vous saurez mieux que moi la traiter de maîtresse.

Cette contestation est-elle convenable à la tragédie? *Traiter de maîtresse* n'est ni français ni noble.

6 L'obscure vérité que de mon sang je signe
Du grand nom qui me perd ne me peut rendre digne.

Ces vers ne sont pas moins obscurs : *l'obscure vérité qu'il signe ne peut le rendre digne du nom qui le perd!*

7 Cédez, cédez tous deux aux rigueurs de mon sort :
Il a fait contre vous un violent effort.

Un sort qui fait un effort! Presque aucune expression n'est ni pure ni naturelle. Enfin la délibération de ces trois personnages n'aboutit à rien; ils n'agissent ni n'ont aucun dessein arrêté dans toute la pièce.

SCÈNE VII.

1 . . . . Mon bras
Vient de laver ce nom dans le sang de Phocas.

Je ne parle point ici d'un bras qui lave un nom; on sent assez combien le terme est impropre : mais j'insiste sur ce personnage subalterne d'Amintas, qui n'a dit que quatre mots dans toute la pièce, et qui en fait le dénoûment. Jamais, en aucun cas, on ne doit imiter un tel exemple; il faut toujours que les premiers personnages agissent.

2 Que nous dis-tu? — Qu'à tort vous nous prenez pour traîtres;
Qu'il n'est plus de tyran; que vous êtes les maîtres.

Ce mot n'est-il pas déplacé? car il s'adresse sûrement au fils de Phocas comme au fils de Maurice; il doit croire qu'un des deux princes vengera la mort de son père.

3 De quoi? — De tout l'empire. — Et par toi? — Non, seigneur;
Un autre en a la gloire, et j'ai part à l'honneur.

Il doit, au contraire, répondre *oui, seigneur*, puisqu'au vers suivant il dit, *j'ai part à cet honneur*.

4 Son ordre excitoit seul cette mutinerie.

Ce mot est trop familier; *révolte, sédition, tumulte, soulèvement*, etc., sont les termes usités dans le style tragique.

5 . . . . Admirez
Que ces prisonniers même avec lui conjurés,
Sous cette illusion couroient à leur vengeance.

Admirez qu'ils couraient n'est pas français. Cet événement est en effet bien étonnant; et jamais l'histoire n'a rien fourni de si improbable : on peut assassiner un roi au milieu de sa garde, on peut tuer César dans le sénat; mais il n'est guère possible que dans le temps que Phocas fait attaquer les conjurés il n'ait pris aucune mesure pour être le plus fort chez lui : un homme qui de simple soldat est devenu empereur, n'est pas imbécile au point de recevoir dans sa maison plus de prisonniers qu'il n'a de soldats pour les garder; on ne fait point ainsi venir des prisonniers dans son appartement avec des poignards sous leurs robes; on les fouille, on les désarme, on les charge de fers, on ne se livre point à eux. Ainsi la vraisemblance est par-tout violée.

Remarquez que, dans la règle, il faut *ces prisonniers mêmes;* mais, s'il n'est pas permis à un poëte de retrancher une *s* en cette occasion, il n'y aura aucune licence pardonnable. Corneille retranche presque toujours cette *s*, et fait un adverbe de *même* au lieu de le décliner. *a*

6 Sous cette illusion couroient à leur vengeance.

Cela n'est pas français; on ne court point à la vengeance sous une illusion.

7 Crispe même à Phocas porte notre message :
. . . . A ses genoux on met les prisonniers,
Qui tirent pour signal leurs poignards les premiers.
. . . .
Il frappe, et le tyran tombe aussitôt sans vie,
Tant de nos mains la sienne est promptement suivie.

Porte notre message, leurs poignards les premiers, tant de nos mains la sienne, etc. : ces expressions, ou impropres, ou incorrectes, ou faibles, énervent le récit, et lui ôtent toute sa chaleur.

a Voyons donc l'invraisemblance : *On ne fait point ainsi venir des prisonniers dans son appartement avec des poignards sous leurs robes.* Non, mais on *les laisse venir,* quand ils sont amenés par celui qui a été chargé de les combattre; et on ne s'en méfie point quand leur premier mouvement est de se jeter à genoux.

Oreste, dans l'Andromaque, en faisant un récit à-peu-près semblable, s'exprime ainsi :

> A ces mots, qui du peuple attiroient le suffrage,
> Nos Grecs n'ont répondu que par un cri de rage ;
> L'infidèle s'est vu par-tout envelopper,
> Et je n'ai pu trouver de place pour frapper.

La pureté de la diction augmente toujours l'intérêt.

8 « C'est lui qui me rendra l'honneur presque perdu.

Ce *presque perdu* affaiblit encore la narration. Le spectateur s'embarrasse trop peu qu'un personnage aussi subalterne qu'Exupère ait presque perdu son honneur.

9 Quel chemin Exupère a pris pour sa ruine !

Prendre un chemin pour une ruine est une expression vicieuse, un barbarisme ; et cette réflexion de Pulchérie est trop froide, quand elle apprend la mort de son tyran.

SCÈNE VIII.

1 Seigneur, un tel succès à peine est concevable.

Léontine a très-grande raison de concevoir à peine une chose qui n'est nullement vraisemblable : elle dit que la conduite de ce dessein est admirable ; mais c'était à elle à conduire ce dessein, puisqu'elle avait tant promis de tout faire. C'est une subalterne qui a voulu jouer un rôle principal, et qui ne l'a pas joué : il se trouve qu'elle ne fait autre chose, dans les premiers actes et dans le dernier, que de montrer des billets; elle a été, aussi bien que Phocas, la dupe d'un autre subalterne. Héraclius, Martian, Pulchérie, Eudoxe, n'ont contribué en rien ni au nœud ni au dénoûment. La tragédie a été une méprise continuelle, et enfin Exupère a tout fait par une espèce de prodige. Remarquez encore que cette mort de Phocas n'est là qu'un événement inattendu, qui ne dépend point du tout du fond du sujet, qui n'y est point contenu, qui n'est point tiré, comme on dit, des entrailles de la pièce : autant vaudrait que Phocas mourût d'apoplexie. Du moins Caldéron fait mourir Phocas en combattant contre Héraclius.

2 Perfide généreux, hâte-toi, etc.

Une nuée de critiques s'est élevée contre La Motte pour avoir affecté de joindre ainsi des épithètes qui semblent incompatibles. On ne s'avise pas de reprendre le *perfide généreux* de Corneille. Quand un homme a établi sa réputation par des morceaux sublimes, et qu'un siècle entier a mis le sceau à sa gloire, on approuve en lui ce qu'on censure dans un contemporain. C'est ce qu'on voit en Angleterre, où l'on élève Shakespeare au-dessus de Corneille, et où l'on siffle ceux qui l'imitent. J'avoue que je ne sais si *perfide généreux* est un défaut ou non, mais je ne voudrais pas employer cette expression.

3 Quelle autre sûreté pourrions-nous demander?

Je ne vois pas qu'on doive si aveuglément s'en

ACTE V, SCÈNE VIII.

rapporter au témoignage seul de Léontine, que sa conduite mystérieuse a pu rendre très-suspecte; et, dans de si grands intérêts, il faut des preuves claires.

4 Non, ne m'en croyez pas, croyez l'impératrice.

La naissance des deux princes n'est enfin éclaircie que par un billet de Constantine, dont il n'a point été question jusqu'à présent. On est tout étonné que Constantine ait écrit ce billet. Il ne faut jamais jeter dans les derniers actes aucun incident principal qui ne soit bien préparé dans les premiers, et attendu même avec impatience.

Toutes ces raisons, qui me paraissent évidentes, font que le cinquième acte d'Héraclius est beaucoup inférieur à celui de Rodogune. La pièce est d'un genre singulier, qu'il ne faudrait imiter qu'avec les plus grandes précautions.

5 Apprenez d'elle enfin quel sang vous a produits.

La reconnaissance suit ici la catastrophe. On doit très-rarement violer la règle, qui veut au contraire que la reconnaissance précède. Cette règle est dans la nature; car, lorsque la péripétie est arrivée, quand le tyran est tué, personne ne s'intéresse au reste. Qu'importe qui des deux princes est Héraclius? Si Joas n'était reconnu qu'après la mort d'Athalie, la pièce finirait très-froidement. Il me semble qu'il se présentait une situation, une péripétie bien théâtrale : Phocas, méconnaissant son fils Martian, voudrait le faire périr; Héraclius, son ami, en le défendant, tuerait Phocas, et croirait avoir commis un parricide; Léontine lui dirait alors : Vous croyez vous être souillé du sang de votre père, vous avez puni l'assassin du vôtre.

6 *Après avoir donné son fils au lieu du mien,*
Léontine à mes yeux, par un second échange,
Donne encore à Phocas mon fils au lieu du sien....
Celui qu'on croit Léonce est le vrai Martian,
Et le faux Martian est vrai fils de Maurice.

Tout cela ressemble peut-être plus à une question d'état, à un procès par écrit, qu'au pathétique d'une tragédie.

7 Donc, pour mieux l'oublier, soyez encor Léonce.

On a déjà dit que ce mot *donc* ne doit jamais commencer un vers.

8 Sous ce nom glorieux aimez ses ennemis,
Et meure du tyran jusqu'au nom de son fils!

Il semble que ce soient les ennemis de Léonce; il entend apparemment les ennemis de Phocas.

6 Vous, madame, acceptez et ma main et l'empire
En échange d'un cœur pour qui le mien soupire.

On ne peut dire que dans le style de la comédie, *en échange d'un cœur.*

Remarquez encore que ce mariage n'est point un échange d'un cœur contre une main; ce sont deux personnes qui s'aiment.

10 Seigneur, vous agissez en prince généreux.

Il faut, dans la tragédie, autre chose que des

compliments; et celui-ci ne paraît pas convenable entre deux personnes qui s'aiment.

¹¹ Et vous, dont la vertu me rend ce trouble heureux,
Attendant les effets de ma reconnoissance,
Reconnoissons, amis, sa céleste puissance, etc.

Rendre un trouble heureux à quelqu'un ; cela n'est pas français.

En général la diction de cette pièce n'est pas assez pure, assez élégante, assez noble. Il y a de très-beaux morceaux : l'intrigue occupe l'esprit continuellement; elle excite la curiosité; et je crois qu'elle réussit plus à la représentation qu'à la lecture. *a*

a Voltaire convient ici qu'il y a de très-beaux morceaux dans cette tragédie. L'éloge est assez mince, sur-tout après qu'il a été forcé de dire de la quatrième scène du quatrième acte: *Rien n'est plus intéressant ni plus terrible.* Dans un autre endroit: *La situation est très-intéressante;* et plus bas : *Ici le dialogue se relève et s'échauffe : voilà du vrai tragique!* Il avoit déjà dit, en parlant de la première scène du même acte: *Cette scène est intéressante par le fond. Il y a de très-beaux vers qui élèvent l'âme.*

Dans le temps où il travailloit à ses commentaires, il écrivit à M. le comte d'Argental, le 23 décembre 1761: *Il m'est impossible d'aimer Héraclius. Il n'y a pas un sentiment qui soit vrai, pas douze vers qui soient bons, et pas un événement qui ne soit forcé. Mais je commente Corneille; oui, qu'il remercie sa nièce.* Il faut avouer que c'est un grand avantage pour Pierre Corneille, d'avoir été commenté par Voltaire.

FIN DU QUATRIÈME VOLUME.

www.ingramcontent.com/pod-product-compliance
Lightning Source LLC
Chambersburg PA
CBHW070539230426
43665CB00014B/1749